Leoni Hellmayr

Der Mann, der Troja erfand

Leoni Hellmayr studierte Klassische Archäologie und Alte Geschichte an der Universität Freiburg. Heute ist sie als freie Fachjournalistin und Autorin tätig.

wbg Paperback macht die wichtigsten Titel großer Autor:innen aus dem Programm der wbg in einer jungen und wertigen Edition für alle neugierigen Leser:innen zugänglich. Als **wbg Paperback** auch erhältlich:

Klaus-Jürgen Bremm, 1866. Bismarcks deutscher Krieg
Douglas A. Howard, Das osmanische Reich. Vom Mittelalter bis zum 1. Weltkrieg
Arne Karsten, Volker Reinhardt, Kardinäle, Künstler, Kurtisanen. Wahre Geschichten aus dem barocken Rom
Harald Lesch, Ursula Forstner, Wie Bildung gelingt. Ein Gespräch
Philip Matyszak, Legionär in der römischen Armee. Der ultimative Karriereführer

Alle Titel und weitere Informationen zu **wbg Paperback** finden Sie unter www.wbg-wissenverbindet.de/paperback.

Leoni Hellmayr

Der Mann, der Troja erfand

Das abenteuerliche Leben des Heinrich Schliemann

wbg Paperback

Die deutsche Nationalbibliothek verzeichnet diese Publikation
in der Deutschen Nationalbibliografie;
Detaillierte bibliografische Daten sind im Internet
über www.dnb.de abrufbar.

wbg Paperback ist ein Imprint der wbg.

Die Herausgabe des Werkes wurde durch die Vereinsmitglieder der wbg ermöglicht.

Satz: Arnold & Domnick, Leipzig
Lektorat: Kristine Althöhn, Mainz
Einbandabbildung: Heinrich Schliemann in orientalischem Kostüm,
Foto © American School of Classical Studies at Athens, Archives,
Heinrich Schliemann Papers
Einbandgestaltung: Andreas Heilmann, Hamburg
Gedruckt auf säurefreiem und alterungsbeständigem Papier
Printed in Europe

Besuchen Sie uns im Internet: www.wbg-wissenverbindet.de

ISBN 978-3-534-27349-2

Elektronisch sind folgende Ausgaben erhältlich:
eBook (PDF): 978-3-534-27385-0
eBook (epub): 978-3-534-27389-8

Inhalt

Meinen Kindern Josephine und Samuel gewidmet

Vorwort

»Jeder Archäologe spürt im Herzen, warum er gräbt. Er gräbt …,
um … die Toten wieder lebendig werden zu lassen, damit das,
was vorüber ist, dennoch nicht für immer verloren sei.«
Geoffrey Bibby, englischer Archäologe

Wenn wir, zweihundert Jahre nach seiner Geburt, eines über Heinrich Schliemann mit Bestimmtheit wissen, so ist es, dass er längst nicht nur der Troja-Entdecker war. Zweifellos hat ihn aber erst die archäologische Ausgrabung auf dem Hügel Hissarlik weltberühmt gemacht. Warum hatte er sich mit einundfünfzig Jahren überhaupt noch in ein solches Abenteuer begeben?

Je mehr ich mich für dieses Buch mit Schliemanns Leben auseinandersetzte, desto deutlicher zeigte sich, dass von allen möglichen Antworten auf diese Frage insbesondere eine heraussticht: Schliemann ertrug keinen Stillstand.

Doch worauf gründete seine innere Unruhe, seine andauernde Rastlosigkeit? Verhaltensmuster können bereits sehr früh entstehen, und man muss kein Psychologe sein, um die Ereignisse, die uns aus Schliemanns Kindheit bekannt sind, mit ihrem extrem traumatischen Wirkungspotenzial auch so zu deuten.

Kaum zwei Monate nach seiner Geburt starb Heinrich Schliemanns sechsjähriger Bruder. Auch wenn Schliemann zu diesem Zeitpunkt noch nicht fähig war, den Tod eines Familienangehörigen zu begreifen, dürfte er dennoch durch die Empfindungen seiner Eltern – ob nun offen ausgelebt oder unterdrückt – etwas davon gespürt haben.

Im Alter von neun Jahren verlor Schliemann daraufhin seine Mutter. Von Beginn an gab er seinem Vater die Schuld für ihren Tod, und wie es scheint, war diese Schuldzuweisung berechtigt. Das unsittliche Verhalten seines Vaters, der als Pfarrer von Ankershagen im heutigen Mecklenburg-Vorpommern auch innerhalb seiner Gemeinde eine Vorbildfunktion zu erfüllen hatte, entwickelte sich bald darauf zum öffentlichen Skandal. Den Unmut der Dorfbewohner bekamen die Kinder Ernst Schliemanns deutlich zu spüren. Wenn ein kleiner Junge keine Freunde mehr hat, weil die anderen nicht mehr mit ihm spielen dürfen, wird er das sicherlich nicht so leicht vergessen. Die frühe Phase aufgezwungener Einsamkeit könnte Schliemann geprägt haben. Als Ausweg aus dieser entsetzlichen Situation sah sein Vater nur das Wegbringen seiner Kinder. Und so musste Heinrich Schliemann mit zehn Jahren Ankershagen verlassen, ebenso wie seine Geschwister, die sich in alle Himmelsrichtungen zerstreuten. Die Familie war zerbrochen und damit zugleich die Schutzzone verloren, in der ein Kind oder ein Heranwachsender die Chance hätte, sich selbst kennenzulernen und allmählich seine Persönlichkeit zu entwickeln.

Schliemann hingegen war von nun an ein Reisender. Mal blieb er mehrere Jahre an einem Ort, oft aber nur wenige Monate, Wochen oder gar Tage. Im Prinzip war er immer unterwegs. Bewegung und Rastlosigkeit, ob körperlich oder geistig, gehörten als feste Größen in sein Leben – seine verzweifelte Suche nach etwas, vielleicht nach sich selbst, offenbar auch.

Ebenso wie die Kindheit einen Menschen prägt, kann auch die eigene Generation oder, in noch weiterem Sinne betrachtet, das eigene Zeitalter ein Leben maßgeblich beeinflussen.

In Europa war das 19. Jahrhundert eine Epoche, in der eine optimistische Zukunftsoffenheit einem bewussten Rückblick auf die Vergangenheit gegenüberstand. Der Übergang von der Agrar- zur Industriegesellschaft brachte viele technische Errungenschaften und Neuheiten mit sich: Massenproduktion, Telegrafie, internationaler Handel und neue Transportmittel wie die Eisenbahn. Durch diesen Fortschritt entstand ein völlig neues Begreifen von Raum und Zeit. Scheinbar gab es keine unüberwindbaren Grenzen mehr, die Welt war so intensiv vernetzt wie niemals zuvor. Das führte in der Folge nicht nur zu einer neuen Form von Freiheit, sondern auch zu neuen gesellschaftlichen Zwängen. So war das Leben mithilfe der standardisierten Zeitmessung fortan streng getaktet; Pünktlichkeit wurde zu einer Selbstverständlichkeit.

Mit dem Fortschritt gingen zugleich manche traditionellen Werte und Glaubenssysteme verloren – das tief menschliche Bedürfnis nach Stabilität und Kontinuität musste in anderer Weise gestillt werden. Etwa durch die Beschäftigung mit der Menschheitsgeschichte – ausgerechnet in diesen Zeiten des Wandels liegen die wahren Anfänge der Archäologie.

Heinrich Schliemann war in vielerlei Hinsicht ein »Kind seiner Zeit«, und so war es mir ein Anliegen, in diesem Buch seine Lebensereignisse wie auch seine Taten in den größeren Zusammenhang des Zeitgeschehens einzubetten.

Dank seines Ehrgeizes und seines Talents schaffte er den Weg aus seiner Armut heraus aus eigener Kraft, begann bereits in seinen frühen Zwanzigern eine erfolgreiche Kaufmannskarriere und war mit vierzig Jahren schließlich Millionär. In seinem Beruf halfen ihm nicht nur Glück, sondern auch eine große Portion Mut, neue Wege zu gehen, sowie ein bemerkenswertes Gespür dafür, welche Geschäfte mit welcher Ware Gewinn in der Zukunft bringen könnten. Doch als er reich genug war, um sich zur Ruhe setzen zu können, tat er dies keinesfalls. Er beendete die Kaufmannstätigkeit und suchte nun nach einer Aufgabe, die ihn geistig erfüllen würde – die aber zugleich noch eine viel größere Bedeutung haben sollte. Schliemann wollte sich einen gebührenden Platz in der Gesellschaft verschaffen. Schließlich entschied er sich für die Beschäftigung mit der Vergangenheit. Archäologie wurde seine Passion.

Von Heinrich Schliemann durchgeführte und geplante Grabungen

Je länger ich mich mit seinem Leben beschäftigte, desto kürzer schien mir manches Mal der zeitliche Abstand, der zwischen unserer Gegenwart und Heinrich Schliemanns Epoche liegt. Seine Getriebenheit, der Druck, den er sich selbst auferlegte, und das Gefühl, ständig gegen die Zeit zu arbeiten – kommt uns das nicht bekannt vor? Nicht ohne Grund wird von manch einem behauptet, die Industrielle Revolution sei in ihrem Einfluss auf die Menschheit mit der Neolithischen Revolution vergleichbar. Im 19. Jahrhundert liegen gewissermaßen die Wurzeln der Lebensart, die bis heute den Rhythmus unserer Gesellschaft maßgeblich bestimmt.

Heinrich Schliemann hat uns einen enormen Fundus an Dokumenten hinterlassen, darüber hinaus sind viele weitere Quellen wie etwa Zeitungsartikel überliefert. Die Forschung verfügt mittlerweile über ein recht differenziertes Bild von seinem Leben. Dennoch beruhen nach wie vor die meisten unserer Informationen auf Aussagen aus seinen Selbstzeugnissen – und da Schliemann sich und seinen Werdegang gerne inszenierte, ist es in manch einem Fall nach wie vor schwierig, Realität von Fantasie zu trennen. Weil er nicht immer bei der Wahrheit geblieben ist, polarisiert seine Person bis heute. In seinem Leben schien sich eben alles um den Mythos zu drehen. Das ging so weit, dass er letztendlich sogar einen Mythos um sich selbst erschuf. Auch das ist eine Seite Heinrich Schliemanns, die ihn bis heute so faszinierend macht.

Viele Personen haben mich beim Entstehen dieses Buches begleitet. Mein ganz besonderer Dank gilt dabei Tina Niethammer – für ihre großartige Unterstützung und ihre unermüdliche Geduld.

Metamorphose

Es ist der 28. November 1841, als die *Dorothea* zu ihrer Jungfernfahrt vom Hamburger Hafen ablegt. Über der Stadt liegt die friedliche Stille und Finsternis des frühen Wintermorgens. Eigentlich hätte das Segelschiff zu diesem Zeitpunkt längst auf dem Atlantik in Richtung Venezuela fahren sollen, doch wegen des fehlenden Windes hatte sich die Abfahrt um mehrere Tage verzögert. Nun ist es so weit: Zur Freude des Kapitäns bläht bereits in der Nacht zuvor eine kräftige Brise die Segel der Brigg auf, sodass die Reise endlich beginnen kann. Als die Leinen losgemacht werden und die *Dorothea* sich zügig von der Hafenkante entfernt, hat sie dreizehn Besatzungsmitglieder sowie drei Passagiere an Bord. Zu Letzteren gehört ein junger Mann. Dass er in weniger als zwei Monaten bereits seinen zwanzigsten Geburtstag feiern würde, vermutet man auf den ersten Blick nicht – zu klein scheint er und von zu schmächtiger, fast kindhafter Statur. Seine Haut ist von einer kränklichen Blässe gezeichnet, als wäre auf sie viele Wochen lang kein Sonnenlicht mehr gefallen. Der junge Mann heißt Heinrich Schliemann, und mit der *Dorothea* will er in eine unbekannte Zukunft fernab der Heimat aufbrechen, von der er sich Abenteuer und Glück erhofft.

Das Gepäck des jungen Mannes ist übersichtlich. Es besteht aus nicht viel mehr als einer Seegrasmatratze, zwei Wolldecken und – das wohl Kostbarste – mehreren Empfehlungsschreiben, die ihm helfen sollen, in Südamerika eine Beschäftigung zu finden.

Bereits am zweiten Tag – die Brigg hat über die Elbe mittlerweile das offene Meer erreicht und fährt auf der Höhe von Helgoland – zieht ein Sturm auf. Das Wanken des Schiffes wird in den kommenden Stunden immer stärker und das dumpfe Aufschlagen der Wellen an den Schiffswänden immer durchdringender. Schliemann ist nicht der Einzige, der unter Seekrankheit leidet und seinen Schlafplatz am liebsten gar nicht mehr verlassen würde. Am zehnten Tag hat sich der Sturm zu einem Orkan entwickelt, dessen Kräfte eine gefährliche Dynamik im Meer erzeugen. Die Wellen reißen die *Dorothea* mal hoch in den Himmel, dann wieder tief in den Abgrund, wo das Wasser sie von allen Seiten endgültig zu verschlingen droht. Um Mitternacht ruft der Kapitän alle an Deck; dort müssen Schliemann und seine Mitreisenden von nun an ausharren. Irgendwann glaubt Schliemann, möglichst weit oben in den Masten am sichersten zu sein. Als er eben im Begriff ist, hinaufzuklettern, kann das Schiff dem Sturm nicht mehr standhalten – mit einem ohrenbetäubenden Krachen zerbricht es und sinkt. Schliemann verliert den Halt und fällt tief ins eisige Wasser. Mit den letzten Kräften schwimmt er zurück an die Oberfläche. Neben ihm schaukelt eine leere Tonne, die er nach mehreren Anläufen endlich zu fassen kriegt. Seine Hände klammern sich an dem nassen, rutschigen Holz fest. Von der Kälte völlig verkrampft lassen sie auch dann nicht die Tonne los, als ihn die Erschöpfung immer wieder besinnungslos werden lässt. Stundenlang treibt er auf dem Meer, bis er schließlich auf einer Sandbank liegen bleibt. Als Schliemann wieder zu sich kommt, glaubt er, entfernte Stimmen zu hören. Zaghaft öffnet er seine vom Salzwasser brennenden Augen und entdeckt tatsächlich Menschen, von hier aus gesehen kaum größer als Ameisen, die an einem Strand stehen und in seine Richtung zu gestikulieren scheinen. Die Bewohner der holländischen Insel Texel schicken ein Boot mit mehreren Männern hinaus zur Sandbank. Schliemann ist gerettet.

*

Der Schiffbruch und das wundersame Überleben eines äußerlich so unscheinbaren Passagiers – diese Erzählung soll der Auftakt zu Heinrich Schliemanns Lebensbeschreibung sein. Schliemanns Weg wirkt auf der einen Seite eigentümlich, denn bis zu seinem Lebensende fällte er viele Entscheidungen, die teils bizarr anmuten, und ertrug auch viele Schicksalsschläge, von denen manche uns unvorstellbar erscheinen. Auf der anderen Seite treffen wir in Schliemanns Leben ständig auf Bedingungen, Situationen und Wendepunkte, die wir in vielen Biografien seiner Zeitgenossen in ganz ähnlicher Form wiederentdecken und die somit – im großen Kontext betrachtet – an ihrer ursprünglichen Außergewöhnlichkeit deutlich verlieren.

Nur wenige Wochen nach dem traumatischen Ereignis auf See schreibt Schliemann einen vierundsechzigseitigen Brief an seine Schwestern, in dem er schildert, was ihm alles widerfahren ist, seit er seine Heimat Mecklenburg verlassen hat. Natürlich berichtet er ihnen auch von dem Schiffsunglück, alles der »reinsten Wahrheit gemäß«. Sein glückliches Überleben lässt ihn darauf schließen, »dass das Schicksal, was mich so wunderbar gerettet und nach Holland geführt, mir auch hier mein gutes Fortkommen schenken würde ...«

Schliemann hat noch mehrmals in seinem Leben den Schiffbruch beschrieben, auch in seiner Selbstbiografie, die rund vierzig Jahre nach dem Ereignis erschien. Während sich hier wie auch bereits in dem Brief an seine Schwestern zeigt, mit welchem Talent er es schaffte, seine Darstellungen präzise, lebendig und eindrucksvoll zugleich zu schildern, nimmt er es mit den Details nicht ganz so genau, ob nun bei solch banalen Angaben wie der Anzahl der an Bord anwesenden Menschen oder der Art des Rettungsmittels. Je nachdem, in welchem Dokument man liest, wird aus der Tonne ein Boot und aus den drei Überlebenden werden vierzehn. Oder es kommen über die Jahrzehnte hinweg dramatische Zugaben hinzu, so zum Beispiel der kleine Koffer Schliemanns, der als einzige Habseligkeit der gesamten Schiffsfracht auf dem Meere schwimmend gefunden wurde und die so wichtigen Empfehlungsschreiben mit sich trug. Schliemann erkannte offenbar sehr früh die Kraft eines Mythos und dessen Tragweite. Die Legende aus seinen jungen Jahren weist auf die Anfänge einer widersinnigen Eigenheit Schliemanns, einer Art von Paradoxie. Denn während er im Laufe des Lebens seine Bestimmung darin fand, die Realität eines der weltbekanntesten Mythen aufzuspüren, ließ er zugleich sein eigenes Leben immer mehr hinter einer selbst geschaffenen Legende verschwinden. Denn wohl nichts wünschte sich Schliemann so sehr, wie seinem Leben von Kindheit an einen Sinn zu verleihen.

*

Am Strand von Texel wartet die kleine Menschengruppe neugierig auf das Boot, das mittlerweile den Gestrandeten von der Sandbank aufgelesen hat und sich auf dem Rückweg befindet. Schliemann verliert zwischendurch erneut das Bewusstsein. Weder bekommt er mit, wie die Strandgänger ihn weg von der Küste in ein nahe gelegenes Haus tragen, noch, wie sie ihn dort behutsam auf eine Sitzbank legen. Erst, als ihn der Wirt des Hauses ein wenig aus der Liegeposition aufrichtet und ihm heißen Kaffee einflößt, gibt Schliemann zum Schrecken aller Anwesenden einen plötzlichen, markerschütternden Schrei von sich. Mit aufgerissenen Augen tastet er vorsichtig seine Zähne ab. Zwei Vorderzähne sind abgebrochen. Stöhnend vor Schmerz betrachtet er nun seinen ganzen Körper. Er ist übersät von Prellungen und Schnitten, die Füße sind dick angeschwollen. Als sich Schliemann von diesem ernüchternden Anblick wieder erschöpft zurücklehnt, fängt der Wirt an, die Wunden zu versorgen. Schliemann tut in diesem Augenblick sogar das Denken weh, trotzdem reicht seine geistige Verfassung aus, um eines ganz sicher zu wissen: Die Reise ist nicht abgebrochen, nur unterbrochen. Lediglich das ursprünglich angestrebte Ziel sollte er noch einmal überdenken.

Einige Tage später ist Schliemann wieder so weit zu Kräften gekommen, um Texel verlassen zu können. Der Wirt hat ihn nicht nur gesund gepflegt und mit Essen aufgepäppelt, sondern ihm auch einen weiteren wertvollen Dienst erwiesen: Schliemann durfte ihm einen Brief an den Schiffsmakler Wendt aus Hamburg diktieren, der ihn überhaupt erst auf die Reise nach Südamerika gebracht hatte. In mehr als dürftiger Kleidung, mit wenigen Almosen in der Tasche und allein in der Hoffnung, von seinem einstigen Gönner bald zu hören und erneut Unterstützung zu erfahren, geht Schliemann an Bord eines Schiffes, das am 20. Dezember in Amsterdam anlegt.

Schliemann nimmt sich, als er das Festland betritt, für seinen ersten Eindruck von der Stadt kaum Zeit; zu eilig hat er es, vom Hafen wegzukommen. Mehrere Stiefelputzer, die die Passagiere des Schiffes in Empfang nehmen, lassen Schliemanns Schritte noch schneller werden: In der zerrissenen Jacke und den alten Klumpschuhen, die der Wirt ihm überlassen hatte, halten sie den heruntergekommenen Mann für einen Konkurrenten und pöbeln ihn von der Seite an. Auch wenn Schliemann ihre Sprache nicht versteht, kann er sich zusammenreimen, dass sie ihn alles andere als willkommen heißen. Eines seiner ersten Ziele ist ein imposantes Haus an der Amstel, in dem Herr Quack, der Konsul von Mecklenburg, lebt. Von diesem erhält er als Starthilfe zehn Gulden, die zusammen mit den Almosen von Texel zur Bezahlung seines ersten Quartiers, für ein paar gebrauchte Kleider und einige Mahlzeiten ausreichen. Die Folgen des Schiffbruchs, der kaum zwei Wochen zurückliegt, sitzen Schliemann tief in den Knochen. Von den wenigen Bewegungen am Tag fällt er am Abend völlig erschlagen ins Bett. Trotzdem findet er keinen tiefen Schlaf. Immer wieder wacht er auf, weiß vor lauter Verwirrung nicht

Im Pfarrhaus von Ankershagen verbrachte Heinrich Schliemann seine Kindheit.

mehr, wo er sich befindet. Fieber kommt hinzu, so stark, dass er wieder das Bewusstsein verliert. Eines Morgens wird er von dem Geruch ungewaschener Kleidung und quälenden Jammerlauten geweckt – die Wirtsleute haben ihn in ein Armenkrankenhaus bringen lassen, und nun liegt er hier, mit dröhnendem Kopf und starken Zahnschmerzen, in einem Zimmer voller kranker Menschen, deren Sprache er nicht spricht, deren Schreie er aber auch ohne Kommunikation versteht. Das also ist Schliemanns erstes Weihnachtsfest fern von Mecklenburg.

*

»Heimat, ursprünglich der Ort, an welchem man sein Haus (Heim) hat, an welchem man wohnt, entspricht also genau dem lateinischen domicilium.«
(Brockhaus, 1902)

Es ist sicherlich kein Zufall, dass ein Begriff erstmals richtig wahrgenommen wurde, als dieser seine jahrhundertealte Selbstverständlichkeit zu verlieren begann. So ist es mit allen Dingen, die den Raum eines Individuums füllen, ob materiell oder immateriell: die innige Beziehung zu einem Menschen, das schützende Dach, die tägliche warme Mahlzeit.

Als im 19. Jahrhundert Massen von Menschen – innerhalb von hundert Jahren werden es mehr als achtzig Millionen gewesen sein – begannen, freiwillig in die Ferne abzuwandern, fragte man sich also, was es eigentlich genau war, das sie für ihre Entscheidung zu opfern bereit waren. Sie ließen ihre Heimat zurück, den Ort, in den sie hineingeboren wurden, wo sie die ersten Kontakte zu anderen Menschen erfuhren, wo sie ihre Kindheit oder zumindest einen Teil davon verbracht hatten. Und die Erfahrungen der Kindheit, das wissen wir heute, können Identität, Charakter, Weltauffassungen entscheidend prägen.

*

Mit gerade einmal neunzehn Jahren fasste Schliemann den Entschluss, seine Heimat zu verlassen. Die Geschichten von den Schicksalen anderer Auswanderer dürften bei den Mecklenburgern bereits bekannt gewesen sein. Weil die Segelschiffe, eigentlich Frachtfahrzeuge, nicht für den Transport von Menschen konzipiert worden waren, lebten die Passagiere wochenlang dicht gedrängt in den stickigen, dunklen Zwischendecks. Sie mussten desaströse hygienische Zustände ertragen und genügend eigene Lebensmittel dabeihaben. Zu wenig Verpflegung wurde vor allem dann gefährlich, wenn die Überfahrt länger dauerte als erwartet. Eine Überseefahrt nach Amerika zu überleben, war alles andere als wahrscheinlich.

Schliemann wird das gewusst haben, als er in Hamburg von einem Schiffsmakler mit dem Angebot konfrontiert wurde, ihm bei einer Arbeitsstelle in Venezuela behilflich sein zu können. Trotzdem sagte er ohne Zögern zu. Statt sich die Gefahren auf offener See vorzustellen, spielten sich in seinem Kopf Schiffs- und Reisefantasien ab, wie er später seinen Schwestern schrieb. Anscheinend träumte er schon seit Jahren davon, woanders ein Leben zu beginnen. Die Abenteuerlust, vielleicht zu diesem Zeitpunkt noch aus einem jugendlichen Leichtsinn heraus geboren, war aber längst nicht der einzige Grund hierfür. Der Blick in Schliemanns Vergangenheit zeigt, dass er nicht viel zu verlieren hatte und deshalb die Flucht nach vorne wagte.

*

»In diesem Dorfe verbrachte ich die acht folgenden Jahre meines Lebens, und die in meiner Natur begründete Neigung für alles Geheimnisvolle und Wunderbare wurde durch die Wunder, welche jener Ort enthielt, zu einer wahren Leidenschaft entflammt.«

*(Schliemann, Aus dem Vorwort von **Ilios**)*

Der Weg zu jenem wundersamen, kleinen Dorf namens Ankershagen führt vorbei an sanft geschwungenen Hügeln, Seen und Wiesen, auf denen Kraniche und Störche rasten, vorbei an endlosen Rapsfeldern, die je nach Jahreszeit die einfache Landschaft in sattes Gelb tauchen. Das Erste, worauf der Blick des Besuchers nach dem Ortseingang fällt, ist eine breite Feldsteinkirche, rund achthundert Jahre alt. In einer etwas größeren Siedlung oder umgeben von einer anderen Landschaft würde sie möglicherweise wenig auffallen. Doch dieses Dorf und die weite, stille Umgebung verleihen ihr einen sonderbaren, markanten Charakter. Als würde sie bereits einen Hinweis darauf geben, dass in Ankershagen die Vergangenheit die Gegenwart überwiegt.

Heinrich Schliemann war kaum ein Jahr alt, als sein Vater Ernst Schliemann die Pfarrstelle von Ankershagen übernahm. Der Pastor und seine Frau Luise zogen mit ihren Kindern von Neubukow in das Pfarrhaus direkt gegenüber der Feldsteinkirche.

Wenn Heinrich aus dem Fenster seines Kinderzimmers blickte, konnte er in den Pfarrgarten sehen, bis hinüber zu einem kleinen Teich, der unmittelbar hinter dem Grundstück lag. Schon bald kannte er die Legende vom »Silberschälchen«. Und so stellte er sich spät nachts, wenn er nicht schlafen konnte, gerne vor, wie draußen eine Jungfrau mit einer Silberschale in den Händen aus dem Wasser steigt. Mit seiner Freundin, einem gleichaltrigen Mädchen namens Minna Meincke, die im Nachbardorf lebte, unternahm er nach der Schule ausgiebige Erkundungen der Umgebung. Immer waren die beiden Kinder auf der Suche nach Orten, zu denen vor allem die älteren Dorfbewohner viele unheimliche Geschichten zu erzählen wussten. Dazu mussten sie nicht unbedingt weit laufen – bereits die Gräber auf dem Friedhof um die Feldsteinkirche und die Toten, die dort lagen, sorgten für Nervenkitzel. Besonders gruselten sich Heinrich und Minna vor dem begrabenen Raubritter, dessen Bein angeblich früher jede Nacht aus dem Grab gewachsen war. Der Totengräber, der in den beiden Kindern zwei aufmerksame und stets wiederkehrende

Zuhörer gefunden hatte, beschwor, dass er in einer Nacht, als er selbst noch klein gewesen war, das Bein abgeschnitten und damit Birnen von einem Baum geschlagen hätte. Heinrich bat daraufhin seinen Vater immer wieder darum, das Grab öffnen zu lassen, um endlich die Ursache dafür zu finden, weshalb das Bein mittlerweile nicht mehr an die Oberfläche wachsen wollte.

Manchmal durchstreiften die Kinder die Ruinen der nahe gelegenen Burg, wo der Raubritter mit dem unsterblichen Bein einst gelebt haben soll. Sie kletterten auf den zwei Meter dicken Mauern oder suchten nach unterirdischen Geheimgängen. An anderen Tagen gingen sie zu einer prähistorischen Stätte in der Nähe des Dorfes, einem Hünengrab. Der Legende zufolge war darin ein Kind in einer Wiege aus Gold bestattet worden. Heinrich verstand nicht, warum sein Vater in finanziellen Notzeiten nicht einfach die Wiege aus dem Grab schaufelte, um seine Geldsorgen ein für alle Mal zu lösen.

Heinrich behielt diese Abenteuer bis ins hohe Alter in schöner, fast romantischer Erinnerung, und in Minna hatte er eine Freundin gefunden, die die Begeisterung für seine absonderlichen Freizeitaktivitäten teilte. Als sie in einem Winter gemeinsame Tanzstunden nahmen, machten die beiden Kinder im Anschluss oftmals noch einen Spaziergang über den Friedhof oder lasen in den Kirchenbüchern; am liebsten durchforsteten sie alte Geburts-, Ehe- und Todeslisten. Heinrich war nach solchen Nachmittagen ganz beseelt von Abenteuer und Nervenkitzel. Spätestens aber, wenn er für das Abendbrot mit flinken Schritten zu seiner Familie zurückkehrte, kräftig an der Türklinke des Pfarrhauses zog, in den dunklen Eingang trat und die Holzdielen unter seinen Schuhen zu knarzen begannen, schienen die wunderbaren Erlebnisse des Tages in weite Ferne gerückt zu sein. Wenn die schwere Holztür krachend hinter ihm ins Schloss fiel, holte Heinrich die Realität endgültig ein.

*

Es erfordert viel psychologisches Feingefühl, ein gesundes Maß an Empathie und ebenso viel professionelle Distanz für den Versuch, die Erlebnisse und Folgen der Kindheit einer fremden Person nachzuzeichnen. Die Kindheit ist, gerade weil der Mensch zu diesem Zeitpunkt noch kein selbstständiger Teil der Gesellschaft ist, eine Phase, die zu einem wesentlichen Teil hinter verschlossenen Türen stattfindet. Die Zeugen sind in der Mehrheit Menschen, die dem Kind sehr nahestehen, somit aber auch befangen sind; andere Quellen stehen kaum zur Verfügung. Es wird nicht einfacher, wenn es um die Kindheit eines Mannes geht, der in einem anderen Zeitalter lebte. Wir müssen allein mit seinen persönlichen Erzählungen arbeiten und hinnehmen, dass sich – wer kennt es nicht – die Erinnerungsfetzen an die früheste Kindheit über die Jahre hinweg verzerren können. Wenn der Betroffene an ihre Wahrheit glaubt, ist es vielleicht hinfällig, wie viel davon tatsächlich genauso stattfand.

*

Das, woran Heinrich Schliemann sich erinnert, verfolgte ihn sein Leben lang. In einer italienischen Sprachübung, die er dreißig Jahre später zu Papier bringen wird, zeichnet er die Situation zwischen seinen Eltern so eindrücklich nach, als wäre sie erst gestern geschehen: Sein Vater – Heinrich hält ihn für verabscheuenswürdig – ging regelmäßig fremd und misshandelte seine Mutter. Er schwängerte sie und ließ nicht mehr von ihr ab.

Die Konflikte zwischen Ernst und Luise Schliemann könnten sich in den ersten Jahren noch unbemerkt von den Dorfbewohnern in den eigenen vier Wänden zugetragen haben. Die Liebschaften des Pastors sprachen sich aber sicherlich bald herum, und spätestens seine Beziehung zum eigenen Dienstmädchen namens Sophie Schwarz wurde zu einem offenen Geheimnis. Als Luise Schliemann die Demütigungen nicht mehr aushielt und die Magd aus dem Haus warf, waren die Konflikte damit nicht beendet. Im Gegenteil: Heinrichs Vater wurde gegenüber seiner Frau noch aggressiver, die Hausangestellten erzählten im Dorf, dass er sie schlagen würde. Seine Geliebte brachte er in einem Zimmer im benachbarten Waren unter und besuchte sie dort, sooft er konnte. Seine Pflichten als Pastor vernachlässigte er ebenso wie seine Familie. Das Martyrium, das vor allem Heinrichs Mutter durchlebte, muss unvorstellbar gewesen sein. In einem ihrer letzten Briefe an Heinrichs ältere Schwester Elise, die wohl zur selben Zeit eine Ausbildung zur Wirtschafterin in Parchim machte, schien sich die Mutter innerlich bereits auf den nahenden Tod vorzubereiten: »Aber die Tage, die dann kommen, kannst Du jeden Augenblick denken, dass ich im Kampfe zwischen Leben oder Todt bin. Solltest Du von letzterem benachrichtigt werden, so gräme Dich nicht viel, sondern freue Dich vielmehr, dass ich ausgelitten habe auf dieser für mich so undankbaren Welt!«

Zwei Monate, nachdem sie ihr neuntes Kind, Heinrichs Bruder Paul, zur Welt gebracht hatte, starb Luise Schliemann mit sechsunddreißig Jahren an den Folgen eines Nervenfiebers – eine Krankheit, die durch psychischen Stress oder seelische Erschöpfungszustände ausgelöst werden kann. Wer diese verursacht haben könnte, wusste mittlerweile das gesamte Umfeld. Heinrich war damals neun Jahre alt.

Bereits einen Tag nach dem Tod der Frau ließ Ernst Schliemann einen Nachruf veröffentlichen. Der Pastor hatte innerhalb weniger Stunden einen ungewöhnlich langen, detaillierten Text verfasst, in dem es ihm mit schwülstigen Worten auf bemerkenswerte Weise gelang, weniger von seiner Frau, als vielmehr über sich selbst zu schreiben: Eigentlich ging es in der Todesanzeige um das Schicksal eines bemitleidenswerten Witwers und alleinerziehenden Vaters von sieben Kindern. Ernst Schliemann übernahm sowohl die Trauerrede in der Kirche als auch die Rede am offenen Grab. Seine Frau ließ er an einer Stelle auf dem Friedhof bestatten, die gut sichtbar vom Pfarrhaus lag. Er ließ dem Schein seiner unendlichen Trauer ungefähr ein halbes Jahr Zeit. Dann holte er Sophie Schwarz zu sich ins Haus zurück. Nun ging das Martyrium von Neuem los – diesmal für Heinrich und seine Geschwister.

Eine Woche nach dem Wiedereinzug der Dienstmagd, es war ein herbstlicher Sonntag, wurde das morgendliche Vogelgezwitscher um Ankershagen von einem Moment auf den anderen jäh unterbrochen: Ohrenbetäubendes Klirren und Scheppern hallte von den Häuserwänden über die Dorfstraße hinweg. Mehr als zweihundert Menschen hatten sich vor dem Pfarrhaus versammelt und schlugen mit Stöcken auf Töpfe ein. Dazu brüllten sie Spottgedichte. Von dem plötzlichen Lärm verängstigt versteckten sich Heinrich und seine Geschwister im Haus; trotz verschlossener Fenster hörten sie jedes der hasserfüllten Schimpfworte mit scharfer Deutlichkeit. Irgendwann hielt es Heinrich nicht mehr aus und wollte sehen, was sich auf dem Vorplatz abspielte. Er schob einen der zugezogenen Vorhänge vorsichtig beiseite und sah durch einen schmalen Spalt nach draußen: Nur wenige Meter vor ihm stand die aufgebrachte Gruppe und johlte in seine Richtung. Die meisten der zornerfüllten Gesichter kannte Heinrich gut, fast jeden von ihnen hatte er zumindest schon einmal gesehen. Das waren seine Nachbarn, die Bewohner von Ankershagen

Ernst Schliemann, Heinrichs Vater

und den ringsum liegenden Dörfern. Als er bemerkte, wie sich ein Mann in der vordersten Reihe nach einem Stein auf dem Boden bückte, sprang er erschrocken vom Fenster weg und duckte sich. Eine Sekunde später klirrte es nebenan. Der Mann hatte offenbar mit dem Stein auf das Küchenfenster gezielt und es erfolgreich getroffen. Irgendwann beendete die Gruppe ihre Kesselmusik und ging wieder auseinander. Doch nicht für lange.

Den Skandal, den Ernst Schliemann mit seinem Verhalten verursacht hatte, wollte die Gemeinde Ankershagen nicht länger hinnehmen. Ihre Proteste wiederholten sie an den drei folgenden Sonntagen. Und mehr noch: Die Bewohner vermieden von nun an den Gottesdienst von Ernst Schliemann, und die Kirchengemeinde schickte eine Abordnung nach Waren, um sich über das Fehlverhalten ihres Pastors zu beschweren. Die Dorfbewohner wollten in erster Linie den Pastor treffen, aber mindestens so schwer trafen sie seine Kinder. Heinrichs Freunde tauchten nicht mehr bei ihm auf – ihre Eltern verbaten ihnen den Kontakt zu ihm. Auch Minna durfte nicht mehr mit Heinrich spielen; fortan musste er seine Streifzüge zu den geheimnisvollen Orten allein unternehmen. Solche Ausflüge machte er aber ohnehin kaum noch. Zu sehr spürte er die Blicke und das demonstrative Schweigen, wenn er im Dorf unterwegs war.

Als Großherzog Friedrich Franz I. persönlich eine Ermittlung gegen Ernst Schliemann einleitete, um den Vorwürfen zu dessen angeblich unmoralischem Verhalten und den übrigen Verfehlungen auf den Grund zu gehen, sah Heinrichs Vater den Zeitpunkt gekommen, seine Kinder von Ankershagen wegzuschicken. Nicht einmal ein Jahr nach dem Tod der Mutter brach die Familie auseinander und zerstreute sich in unterschiedliche Richtungen. Heinrichs Geschwister wurden bei verschiedenen Verwandten untergebracht. Er selbst zog bei der Familie seines Onkels in Kalkhorst ein und wurde in den folgenden eineinhalb Jahren von einem Privatlehrer auf den höheren Bildungsweg vorbereitet.

Im Herbst 1833 war es dann soweit: Der elfjährige Heinrich kam auf das Gymnasium Carolinum in Neustrelitz. Doch die Folgen des Skandals in Ankershagen wirkten immer noch nach. Heinrichs Vater war mittlerweile suspendiert worden und konnte das Schulgeld bald nicht mehr bezahlen. Heinrich musste nach drei Monaten das Gymnasium verlassen und auf die kostengünstigere Realschule wechseln. Die Enttäuschung über diesen aufgezwungenen Rückschritt bleibt ein Thema in Heinrichs Leben. Einen Versuch, dieses ungewollte Ereignis zu kompensieren, es metaphorisch in den Griff zu kriegen, könnte man aus seiner Selbstbiografie herauslesen, die er Jahrzehnte später niederschrieb. Dort formuliert Heinrich das Verlassen des Gymnasiums als eine Entscheidung, die er selbstständig getroffen hätte, um die wenigen Mittel des Vaters nicht überzustrapazieren.

Mit vierzehn Jahren begann Heinrich direkt nach dem Abschluss der Realschule eine Kaufmannslehre in einem Krämerladen in Fürstenberg. Die folgenden fünf Jahre arbeitete er von morgens um fünf Uhr bis nachts um elf Uhr. Er verkaufte Heringe, Butter, Kaffee, Talglichter und vieles mehr, mahlte zwischendurch Kartoffeln für die Brennerei oder fegte den Laden. Zur Weiterbildung blieb ihm keine Zeit, im Gegenteil: Das Wenige, was er zuvor gelernt hatte, vergaß er während der Lehrjahre ganz. Außerdem wohnte Heinrich zum ersten Mal weit entfernt von Familie und Verwandten. Zwar fand er in seinem Lehrherrn Hans Theodor Hückstädt einen aufgeklärten und verständnisvollen Mann, mit dem er noch viele Jahrzehnte brieflichen Kontakt pflegte. Dennoch behielt er seine Zeit in Fürstenberg in schlechter Erinnerung und stellte sie stets als einen der Tiefpunkte seines Lebens dar.

Nach fünf zähen Jahren voller anstrengender und eintöniger Arbeit folgte ein Jahr, das von wichtigen Entscheidungen und Begegnungen geradezu überhäuft war und letztendlich in dem Schiffsunglück vor Holland gipfeln sollte. Heinrichs Leben schien Fahrt aufzunehmen. Nachdem sein Arbeitsverhältnis in Fürstenberg beendet war, wollte er zunächst nach New York auswandern, landete dann aber in Rostock, von wo es ihn bald nach Hamburg zog. Nach vielen Jahren ohne Familie und Verwandtschaft traf er innerhalb weniger Monate wieder auf seinen Vater und dessen neue Ehefrau, sah seine beiden jüngsten Geschwister Louise und Paul und lernte zugleich seine neuen Halbgeschwister kennen, Karl und Ernst. Er ging nach Neubukow zum Grab seines älteren Bruders, der zwei Monate nach Heinrichs Geburt gestorben war. In Wismar traf er einen Teil seiner Verwandtschaft. Von dort gelangte er schließlich nach Hamburg.

Nach der Zeitreise durch die mecklenburgische Provinz lernte Heinrich zum ersten Mal in seinem Leben eine Stadt kennen, deren Anblick allein ihn so sprachlos machte, dass er in seiner Unterkunft eine Stunde lang nackt am Fenster stand, ohne es zu bemerken. Auf dem Weg durch die Stadt sog Heinrich das Treiben mit all seinen Sinnen auf: diese vielen Menschen, egal, wohin er blickte; wie sie liefen und rannten, wie sie Heinrich wegdrängten oder ihn vor sich herschoben. Das Dauerrauschen aus dem Geschrei der Händler, die ihre Ware feilboten, aus dem Dröhnen der vorbeifahrenden Pferdekutschen, die den zähen braunen Matsch auf den Straßen hochspritzen ließen, und aus dem mechanischen Klang der Glocken, die von den Kirchturmuhren hoch über den Gebäuden bis hinunter in die Straßenschluchten drangen.

In Hamburg kam es zu einer weiteren prägenden Begegnung. Heinrich suchte Sophie Schwarz auf, deren Affäre mit seinem Vater den Skandal in Ankershagen vor nunmehr zehn Jahren ausgelöst hatte. Sie arbeitete mittlerweile als Zimmermädchen in einem Hotel. Zwar war sie anders gekleidet, aber an ihrem plumpen Gesicht erkannte Heinrich sie trotzdem sofort. Obwohl er sie eigentlich verabscheute, berichtete Heinrich seinen Schwestern später in einem Brief von dem, was Sophie aus ihrer eigenen Perspektive über die schlimmen Ereignisse von damals zu sagen hatte. Ganz besonders ausführlich schilderte er dabei die Vorwürfe, die sie seinem Vater machte, die verlogenen Liebesversprechen eines geachteten Mannes, der das Wort des Höchsten verkündet. Er hatte sie in ihrer armseligen Lage als Dienstmagd ohne große Zukunftsaussichten geblendet. Heinrich brauchte nicht weniger als zehn Briefblätter, um die Anklage Sophies niederzuschreiben. Keine einzige ihrer Aussagen über Ernst Schliemann schien Heinrich seinen Schwestern vorenthalten zu wollen. Seine anfängliche Abscheu gegenüber Sophie schien einem anderen Gefühl gewichen zu sein – vielleicht dem Gefühl eines Leidensgenossen.

Arbeitslos, schwach auf der Lunge und mit Schmerzen in der Brust wurde die Situation in der großen fremden Stadt für Heinrich langsam brenzlig. Um seinen Körper zu kräftigen, ging er regelmäßig in eisig kaltem Wasser baden. Um seine finanziellen Engpässe überbrücken zu können, schrieb er einen Brief an seinen Onkel in Vipperow und bat ihn darum, ihm zehn Reichstaler zu leihen. Dieser schickte ihm zusammen mit dem Geld einen Brief, dessen Inhalt Heinrich tief verletzte. Der Stolz des Neunzehnjährigen muss bereits zu diesem Zeitpunkt groß gewesen sein. Er schwor sich daraufhin, nie wieder um die Hilfe eines Verwandten zu bitten, egal, wie schwer seine Not auch sein möge.

Heinrich war schon einige Zeit in Hamburg, doch es hatten sich bislang keine beruflichen Perspektiven für ihn ergeben. Da lernte er auf der Börse einen Schiffsmakler kennen, der ihn auf eine Idee brachte. Auf die Idee eines Neuanfangs in der Ferne.

*

Als Schliemann am ersten Weihnachtstag 1841 im Amsterdamer Armenkrankenhaus liegt, ist der Enthusiasmus, mit dem er nur wenige Wochen zuvor seine Reise angetreten hatte, auf ein Quäntchen zusammengeschrumpft. Schuld daran hat sein trostloses Umfeld: ein einziges Zimmer gefüllt mit mehr als hundert wimmernden Patienten, von denen jeden Tag drei bis vier als Leichen hinausgeschafft werden. Vor allem aber die unerträglichen Schmerzen in seinem Mund quälen ihn permanent. Einen Abend zuvor, kurz bevor das gedämpfte Glockenläuten der Christmette bis in die Räume des Krankenhauses vorgedrungen war, hatte ein Arzt ihm die Wurzeln seiner abgebrochenen Vorderzähne entfernt. Dieses Jahr, das so vielversprechend begonnen hatte, könnte eigentlich kaum schlimmer enden, stellt Schliemann mit geschwollenem Gaumen fest.

In dem Augenblick, als er sich endlich aus der stundenlangen Rückenlage befreit und in eine einigermaßen bequeme Seitenposition geschoben hat, um trotz der Pein etwas Schlaf zu finden, hört er, wie die Tür geöffnet wird und Schritte durch das Zimmer hallen. Direkt vor seinem Bett werden sie langsamer und klingen ab. Schliemann blickt nach oben und erkennt nach einigen Sekunden Herrn Quack wieder, den Konsul von Mecklenburg, den er am Tag seiner Ankunft in Amsterdam aufgesucht hatte. Nachdem er ihn mit einem Nicken begrüßt hat – auf das Reden verzichtet er lieber –, überreicht der Konsul ihm einen Brief. Es ist eine Antwort vom Schiffsmakler Wendt, den Schliemann von der Insel Texel aus um Hilfe gebeten hatte. Schliemann überfliegt hastig die Zeilen. Danach braucht er einige Augenblicke, um sein Glück zu begreifen. Wendt wird ihm nicht nur Geld senden, sondern will ihn darüber hinaus auch bei der Suche nach Arbeit unterstützen. Die Nachricht wirkt auf Schliemann wie Medizin. Bereits am nächsten Morgen verlässt er das Krankenhaus – allein die Pflaster im Gesicht erinnern ihn noch einige Zeit an das scheußlichste Weihnachtsfest seines Lebens.

Zwei Monate nach seiner Ankunft hat sich Schliemann in Amsterdam sein neues Leben eingerichtet. Die Stadt ist nicht sehr groß und wirtschaftlich längst nicht mehr so bedeutend wie Hamburg, aber sie gefällt ihm trotzdem, zumindest als eine Zwischenstation. Sein Plan steht bereits fest: Für einige Jahre will er hierbleiben, danach wird er sein Glück außerhalb Europas suchen.

Von dem Geld des Schiffsmaklers Wendt hat sich Schliemann neue Kleider gekauft und ein kleines Zimmer im fünften Stock eines Hauses gemietet.

Und dank der Empfehlung Wendts hat Schliemann auch Arbeit gefunden, und zwar im Handelskontor Hoyack & Co. Als er seinen neuen Arbeitgebern während des Vorstellungsgesprächs ein Schriftstück innerhalb von fünfzehn Minuten in vier verschiedene Sprachen übersetzt, blicken sie sich überrascht an. Schliemann wird eingestellt.

Das Kontor liegt an der Keizersgracht, einer der Hauptgrachten, die den mittelalterlichen Stadtkern umschließen. In Hoyacks Haus laufen die Patrone und ihre rund zwanzig Mitarbeiter auf Marmorböden und -stufen. Das Hausinnere wird von Gaslampen hell erleuchtet – allein im großen Kontorsaal zählt Schliemann achtundvierzig davon. Einunddreißig Schiffe gehören zum Inventar; gehandelt wird unter anderem mit Getreide und Kolonialwaren. Während Schliemann noch vor einem Jahr auf den Regalen eines kleinen Krämerladens Staub wischte, macht er nun Botendienste für eines der größten Handelshäuser Amsterdams. Zugleich empfindet er seine Arbeitszeiten als deutlich entspannter. Vormittags beginnt das Geschäft nicht vor zehn Uhr. Nachmittags gegen drei Uhr bricht Schliemann zur Börse auf. Nach einer halbstündigen Pause arbeitet er nochmals bis acht Uhr im Kontor. Am Feierabend verabschiedet sich Schliemann vor der prächtigen Eingangstür des Kontors von seinen Kollegen, die sich in unterschiedliche Richtungen zerstreuen. Er will noch etwas frische Luft schnappen, bevor er nach Hause geht, und unternimmt einen Spaziergang. Überall beleuchten Gaslaternen den Weg durch die Gassen, spiegeln sich in den sanften Wellen des pechschwarzen Wassers der Kanäle und Grachten wider. Bei Nacht, in künstliches Licht getaucht und in friedlicher Stille, findet Schliemann Amsterdam noch viel eleganter und herrlicher – so stellt er sich eine Stadt von Welt vor.

Die vielen neuen Eindrücke auf seiner abenteuerlichen Reise und von seinem neuen Zuhause schwirren in seinem Kopf. Er möchte jemandem davon erzählen, am liebsten seinen Schwestern Wilhelmine und Doris. Als er alle Ereignisse der letzten Wochen endlich schriftlich festgehalten hat, von denen die Schwestern seiner Meinung nach wissen sollten – angefangen von den besonderen Begegnungen kurz vor der Abreise, seinem erstaunlichen Überleben des Schiffsbruchs bis hin zu seiner glücklichen Ankunft in Amsterdam, einer Stadt, von deren Pracht sich seine Schwestern in der Provinz ja keine Vorstellung machen können –, will er den Brief unterschreiben. Da hält er inne und überlegt eine Weile, wie sich der schicksalhafte Beginn seines neuen Lebens am besten vermitteln ließe. Schließlich setzt er den Stift auf das Papier und unterschreibt mit: Henry Schliemann. So wird es fortan unter all seinen Briefen stehen.

Die Abendspaziergänge bleiben Schliemanns einziges Freizeitvergnügen. Sein Verdienst reicht nicht aus, um die Schaubühnen oder eines der zahlreichen Kaffeehäuser zu besuchen, wo er vielleicht auch einem seiner Kollegen begegnen würde. Und es gibt noch einen weiteren Grund, weshalb er nach einem solchen Ausflug lieber rasch wieder in seine Dachkammer zurückkehrt. Dort angekommen, legt er seinen Rock beiseite, um zwei wollene Unterjacken anzuziehen und ein Katzenfell um seinen Bauch zu wickeln. Eine Heizung fehlt im Zimmer, und den Ofen aus Gusseisen, den er sich vom Schmied gegen eine monatliche Gebühr geliehen hat, wirft er im ersten Winter nur selten an – zu teuer sind die Steinkohlen. Er sitzt an einem kleinen Tisch und schlägt mit kalten Fingerspitzen das siebte Kapitel des Buches *Ivanhoe* auf. Dann fängt Schliemann, dessen Gesicht nur bis zur roten Nasenspitze aus seinem Wollschal ragt, mit lauter durchdringender Stimme an, den ersten Satz zu lesen: »*The – con-dit-ion – of – the – Eng-lish – na-tion – was – at – this – time – suf-fi-cient-ly mi-se-ra-ble.*« Jedes Wort, jede einzelne Silbe betont er in einer unbeirrt steten Geschwindigkeit. So fährt er lange Zeit fort, und die englischen Wörter durchschneiden im Stakkato wie Peitschenhiebe mechanisch die nächtliche Stille. Sie dringen durch die dünnen Wände bis hinunter zu den Bewohnern im dritten Stockwerk. Als irgendwann ein kräftiges Klopfen unter den Dielen seines Zimmers ertönt, blickt Schliemann auf die Uhr: Eine Stunde ist vorbei, seit er begonnen hat. Somit kann er die Sprachübung für heute guten Gewissens beenden und seine Nachbarn für den Rest der Nacht verschonen. Er legt das Buch beiseite und greift zu Stift und Papier. Nachdem er seine Hände kurz geknetet hat, um sie besser zu durchbluten, fängt er schweigend an, seine Gedanken auf Englisch niederzuschreiben. Es ist weit nach Mitternacht, als er sich zu Bett legt.

Englisch ist fortan seine neue, treue Begleitung: wenn er auf dem Weg zum Kontor ist, wenn er auf dem Weg nach Hause ist, wenn er in der Warteschlange vor dem Postamt steht, wenn er nachts nicht einschlafen kann. Er übt das Sprechen, er lernt seine selbst geschriebenen Sätze, aber auch ganze Romane auswendig, mal im Lauten, mal im Leisen. Er überwindet seine Abneigung gegen Gottesdienste und besucht regelmäßig eine englische Kirche, um während der Predigten sein Gehör für die Sprache zu trainieren. Als er ein halbes Jahr in Amsterdam lebt, sind seine Englischkenntnisse für seine Ansprüche bereits ausreichend. Schliemann räumt die alten Lernmaterialien beiseite, um Platz für neue Bücher zu schaffen. Inzwischen ist es Sommer geworden, und in seiner Kammer direkt unter dem Dach steigen die Temperaturen tagsüber in unerträgliche Höhen. Während er über den Büchern brütet, bilden sich auf seiner Stirn kleine Schweißperlen. Aber weder die Winterkälte noch die Sommerhitze halten ihn davon ab, seine Lektionen durchzuziehen. Statt mit Englisch quält Schliemann seine Nachbarn nun Abend für Abend mit den ersten stockenden Übungen im Französischen. Weitere Monate vergehen, und bald kann er sich neben Englisch und Französisch auch auf Holländisch, Spanisch und Portugiesisch unterhalten. Seine selbst erfundene Methode, bestehend aus lautem Lesen, Auswendiglernen und Korrigieren durch Lehrer, hat er in der Zwischenzeit so perfektioniert, dass ihm das Erlernen einer Sprache innerhalb von sechs Wochen gelingt. Sie erfordert viel Zeit und harte Disziplin, aber eines hat Schliemann seit seiner Abkehr von der Heimat begriffen: Die Ziele, die er sich gesteckt hat, wird er nie auf bequemen Wegen erreichen.

*

Es ist das späte Frühjahr 1844. Seit rund zwei Jahren lebt Schliemann in Amsterdam und wurde erst kürzlich im Handelshaus B. H. Schröder & Co. eingestellt. Schliemann geht gerne zu seinem neuen Arbeitsplatz. Statt unterfordernder Botengänge zum Postamt übernimmt er verantwortungsvolle Tätigkeiten als Korrespondent und Buchhalter des Kontors, mit einem deutlich besseren Gehalt. Herrn Schröder konnte er vor allem durch seine vielfältigen Sprachkenntnisse überzeugen. Schliemann spürt, dass dieser seine Talente schätzt und ihm etwas zutraut. Gleichzeitig schaut der Patron seinem neuesten Angestellten genau auf die Finger. Aber Schliemann kümmert das nicht weiter, im Gegenteil. Endlich wird er von jemandem gesehen.

Während seine Karriere bereits erfreuliche Fortschritte zeigt, verändert Schliemann an seinem Privatleben so gut wie gar nichts. Er unternimmt nicht viel mehr als seine Abendspaziergänge, lebt weiterhin in dem kleinen Dachzimmer, das zu jeglicher Jahreszeit die denkbar ungünstigste Temperatur hat.

Und er ernährt sich noch immer von Schwarzbrot und Roggenmehlbrei. Das Geld, das er zusammenspart, sendet er seiner Familie nach Mecklenburg. Die einzigen Gäste, die er empfängt, sind seine Sprachlehrer. Aber selbst *die* kommen seit längerer Zeit nicht mehr vorbei. Denn für die neueste Sprache, die Schliemann unbedingt beherrschen will, findet er niemanden. Genau darin liegt der Reiz für ihn: Könnte er Russisch sprechen, wäre er damit wohl der Erste in Amsterdam.

Allein schon die Suche nach geeignetem Lernmaterial gestaltet sich schwierig. Von dem Moment an, als er sein neues Projekt vor Augen hat, nutzt Schliemann jede freie Minute, um in Antiquariaten nach russischen Büchern Ausschau zu halten. Es dauert Wochen, bis er das Nötigste erstanden hat: ein Lexikon, eine Grammatik und eine Übersetzung der Abenteuer des Telemach.

Die Suche nach einem Lehrer gibt Schliemann schließlich auf und beginnt mit dem allabendlichen Auswendiglernen und Schreiben. Doch er muss sich bald eingestehen, dass das laute Sprechen und das darauf folgende Schweigen der Zimmerwände einfach nicht befriedigend sind, genauso wenig wie das aggressive Klopfen unter den Dielen, das irgendwann folgt. Schliemann braucht einen willigen Zuhörer. Schließlich bezahlt er einen Mann, einen Juden aus armen Verhältnissen. Für vier Gulden pro Woche muss dieser sich jeden Abend einen russischen Monolog anhören, von dem er kein Wort versteht. Nach etwa zwei Stunden verabschiedet Schliemann mit heiserer Stimme seinen Gast, der etwas benommen auf den Treppenstufen wankt und mit einem leichten Dröhnen in den Ohren in die Nacht verschwindet. Sechs Wochen später entlässt er den Juden von seinen Pflichtbesuchen. Schliemann beherrscht nun genügend Russisch, um Geschäftsbriefe in dieser Sprache zu schreiben und mit russischen Kaufleuten Gespräche zu führen.

Im Kontor bemerkt niemand etwas von Schliemanns schlafraubender Freizeitaktivität. Er erfüllt seine Aufgaben gewissenhaft und nimmt die Ratschläge erfahrener Kollegen an. Wann immer Schröder an Schliemanns Schreibtisch vorbeiläuft oder von Weitem einen Blick zu ihm hinüberwirft, sieht er den jungen Mann, wie er sich konzentriert und mit gestrecktem Rücken über ein Buch oder eine ausländische Zeitung beugt. Letztere durchsucht er nach Artikeln, die für das Kontor in irgendeiner Form relevant sein könnten, liest sie durch und wertet sie hinterher aus. Zufrieden wendet sich Schröder von diesem

Anblick ab und fühlt sich wieder einmal in seiner Entscheidung bestätigt, dem jungen Deutschen eine Chance gegeben zu haben. Zwar musste er schon nach wenigen Wochen in der ein oder anderen Situation leicht die Augenbraue heben, als bei seinem neuesten Angestellten völlig unerwartet ein erstaunliches, fast schon unverschämtes Maß an Selbstbewusstsein aufblitzte – doch darüber sieht Schröder bei solch fleißigem Gebaren gerne hinweg. Der Übermut, denkt er, ist sicherlich nur Schliemanns jugendlichem Alter zuzurechnen.

*

»In der Tat gehen uns Neuyork und Lima näher an als Kiew und Smolensk«, schreibt der preußische Historiker Leopold von Ranke (1795 - 1886) im Jahr 1827. Ranke spricht wohl den meisten Westeuropäern seiner Zeit aus dem Herzen. Das Russische Zarenreich, obwohl so viel näher gelegen als Amerika, scheint ihnen rätselhaft – und gefühlt in unerreichbarer Ferne gelegen. Dass Zar Alexander I. gerade einmal ein Vierteljahrhundert zuvor in den napoleonischen Kriegen als »Retter Europas« gefeiert worden war und Russland auch auf dem Wiener Kongress bei der Neuordnung des Kontinents eine bedeutende Rolle gespielt hatte, änderte daran auch nicht viel. Russland und seine Bewohner wirken auf die Europäer immer noch »barbarisch«, rückständig und fremdartig, wenngleich Letzteres nicht oberflächlich sichtbar sei. Napoleon soll einst gesagt haben, man müsse am Russen nur kratzen, um den Tataren zu finden. Dieses Bild spukt noch Jahrzehnte später in den Köpfen vieler, wenn sie an das Zarenreich denken.

*

Es ist ein später Nachmittag im Winter 1846, als Schliemann im offenen Schlitten über die Waldaihöhen durch das so fremdartige Land fährt. Die Sonne ist fast untergegangen, am tiefblauen Himmel leuchten bereits die ersten Sterne durch die wenigen Lücken, die der aufsteigende Nebel noch zulässt. Im schwachen Dämmerlicht tauchen zwischen den bewaldeten Hügeln pechschwarze Seen auf und verschwinden wieder. Gleichmäßig trampeln die Pferde über den verschneiten Pfad. Wohin der Schlitten fährt, scheint nur sein schweigsamer Fahrer zu wissen. Denn vor ihnen liegt Finsternis.

Schliemann hält es in diesem Moment für durchaus realistisch, noch nie zuvor einer solchen Kälte ausgesetzt gewesen zu sein. An der letzten Station, an der sie haltgemacht hatten, war das Quecksilber eingefroren. Mit steifen Händen versucht er, die Pelzmütze noch tiefer in den Nacken zu ziehen. In seinen Ohren pocht der Schmerz. Seit ungefähr zwanzig Stunden sitzt er in dem Schlitten, der ihn nach St. Petersburg zurückbringen soll. Vor einem knappen Jahr ist er von Amsterdam dorthin gezogen und bereits zum vierten Mal hat er die beschwerliche Fahrt ins siebenhundert Kilometer entfernte Moskau auf sich genommen. Nun liegen noch mehr als fünfundzwanzig Stunden vor ihm: eine ganze Nacht und ein weiterer Tag, bis er am Ziel ankommen wird. Aus Erfahrung weiß er, dass sich die letzten Kilometer besonders lang hinziehen werden. Erst, wenn am Horizont die Silhouette von St. Petersburg zu sehen ist, wird er Vorfreude und Erleichterung über die baldige Ankunft verspüren.

Schliemann muss immer wieder seine Augen reiben – der schneidende Wind lässt sie tränen, und die austretende Flüssigkeit fängt in der frostigen Kälte sofort an zu gefrieren. Allein schon das Luftholen ist eine Qual. Flach atmend und mit geschlossenen Augen drückt er sich tief in die Sitzbank und denkt an die letzten Tage zurück.

Seine Reisen nach Moskau waren bisher stets ein kleines Abenteuer gewesen, nicht nur der Weg dorthin, sondern auch der Aufenthalt selbst. Voller Nervenkitzel hoffte Schliemann, vor Ort neue spannende Kontakte in der Handelsbranche zu knüpfen und lukrative Geschäfte abzuwickeln. Seine Hoffnung hatte sich stets erfüllt, seine Erwartungen wurden zumeist sogar übertroffen. Auf den Rückfahrten nach St. Petersburg hatte er das zähe Tempo der Reise genutzt, um die guten Nachrichten an seine Auftraggeber in Europa gedanklich vorzuformulieren. Zu Hause angekommen, würde er dann die Briefe mit ausführlichen Details niederschreiben, nicht ohne den Adressaten das Lob für Schliemanns großartige Leistungen schon einmal vorwegzunehmen. Bereits zu diesem Zeitpunkt besitzt er einen reichen Wortschatz an Superlativen.

Nun ist alles anders gekommen. Im Schlitten frierend, zerbricht Schliemann sich den Kopf darüber, wie er in Worte fassen soll, was in Moskau passiert ist. Er hatte sich mit Wladimir Alexejew getroffen, einem Moskauer Kaufmann. Der Kontakt war, genau betrachtet, nicht rein beruflich, denn

Schliemann war mit der Familie von Alexejew privat befreundet. Vielleicht, denkt er, hatte er deshalb eher voreilig und vertrauensvoll begonnen, sich auf Geschäfte mit dem jungen Kaufmann einzulassen. Bislang war er mit seinen spontanen Entscheidungen überwiegend gut gefahren. Doch diesmal war es ein Fehler gewesen. Das Treffen entwickelte sich zu einem Desaster, die Geschäftsverbindung ist grandios gescheitert – und Schliemann hat schon die finanziellen Verluste ausgerechnet, die sein Misserfolg nach sich ziehen wird. Schröder wird entsetzt sein.

Mittlerweile ist die Sonne wieder aufgegangen, aber die Temperaturen sind nur unmerklich gestiegen. Der Schlitten quietscht leicht, während er über den vereisten Boden gleitet. Schliemann zählt die Bauernhöfe, die er im Vorbeifahren entdeckt. Viele sind es nicht. Sie liegen weit entfernt voneinander und wirken verloren in der unendlichen Landschaft aus Wäldern, Hügeln und Seen. Die Bauern, die am Wegesrand unterwegs sind und vom Schlitten überholt werden, sind für die Jahreszeit eher notdürftig gekleidet. Auf dem Rücken tragen sie primitive Geräte zum Beackern der Felder oder ziehen sie auf Holzkarren hinter sich her. Die meisten von ihnen sind nach wie vor Leibeigene und leben in feudalen Verhältnissen, wie man sie in Westeuropa schon länger nicht mehr kennt. Schliemann kann beim Anblick der russischen Bauern kaum glauben, dass er sich in dem Land befindet, in dem zugleich so prächtige Städte wie St. Petersburg und Moskau stehen.

Irgendwann wird die Stille durch ein Hämmern und schrille Töne unterbrochen. Schliemann, der für einen Augenblick eingedöst war, richtet sich, von dem mechanischen Geräusch wach geworden, in seinem schweren Pelzmantel auf und sucht mit den Augen den Horizont ab. Tatsächlich, sie nähern sich den Arbeitern, die die Gleise für die neue Eisenbahnstrecke verlegen. Weit sind sie nicht gekommen, seit Schliemann auf dem Weg nach Moskau an ihnen vorbeigefahren war. Dabei hatte der Bau der geplanten Strecke zwischen St. Petersburg und Moskau schon 1842 begonnen – als Schliemann gerade einmal ein halbes Jahr in Amsterdam lebte. Vier Jahre ist das her, doch es kommt ihm vor wie eine Ewigkeit, die zwischen dem Botenjungen mit dem winzigen Dachzimmer und dem vielreisenden Handelsagenten liegt. Ernüchtert gibt er die Hoffnung auf, dass er schon in naher Zukunft in einem angenehm warmen Zugabteil nach Moskau fahren kann, während die Hügel und Seen nur noch wie dünne Fäden an seinem Fenster vorbeiziehen. Er tröstet sich damit, dass er in kaum einer Stunde in der Stadt ankommen wird.

Noch am selben Abend bringt er die unangenehme Aufgabe hinter sich und schreibt den Brief an Schröder. Die Antwort lässt nicht lange auf sich warten. Schliemann reißt das Kuvert auf und fängt an, die ersten Zeilen zu lesen. Schröder sehe

»mit Bedauern Ihre getäuschten Illusionen in betreff der Verbindung mit W Alexejeff, allein wundern tut es mich nicht im Entferntesten, vielmehr habe ich es längst erwartet, und zwar von vornherein, wie Sie auch bei Ihrer Anwesenheit hier bemerkten, die begründetsten Zweifel über alle Ihre hirnscheinigen Projecte gesagt. Sie haben durchaus keine Kenntnisse von Menschen und Welt, schwatzen und versprechen viel zu viel, schwärmen immerwährend für Hirngespinste, nur in Ihrer Einbildungskraft erreichbar, in der Wirklichkeit niemals.«

Seufzend überfliegt Schliemann die nächsten Zeilen, um abzuschätzen, inwieweit sich das Zetern fortsetzt. Mittlerweile kann er mit Schröders heftigen Reaktionen gut umgehen. Er liest die Seiten einmal durch, wertet sie nach relevanten Aussagen aus und lässt die unnötigen Kritikpunkte – diesmal wieder in der Mehrheit – auf sich beruhen, ohne noch einmal daran zu denken. Eine zeitsparende Methode, die er sich beim Lesen der ausländischen Zeitungen in Amsterdam angeeignet hatte.

Einige Tage später fasst er seine eigenen Überlegungen zu der missglückten Geschäftsverbindung in einem Brief an seinen Vater zusammen: »Obgleich ich in meinen Plänen mit Wladimir Alexejeff … Schiffbruch erlitt, so glaube ich wird die Verbindung mit diesem Freunde über kurz oder lang wieder zu Stande kommen … Wenn mir das Glück auf diese Weise wohl will, so werde ich als wahrer Diplomat die Bühne besteigen. … Jetzt heißt es ›eile mit Weile‹; aber daran bin ich nicht gewöhnt und kann kaum meinen brennenden Ehrgeiz in Zaum halten.« Zum Schluss ergänzt er den Brief noch um folgenden Satz: »Deine lieben Briefe an mich bitte wie folgt zu adressiren: Henry Schliemann St. Petersburg, einer weiteren Adresse bedarf es dazu nicht, da ich hier etablirt und genügsam bekannt bin.«

Die Kommunikation mit Schröder zeigt ihm letztendlich nur, dass die Entscheidung, nach Russland zu ziehen, die einzig richtige war. Unter Schröders Fittichen fühlte sich Schliemann eingeengt, in zweitausend Kilometern Entfernung kann er hingegen seine Persönlichkeit schon viel besser entfalten. Er findet, dass die Ergebnisse, die er im vergangenen Jahr erzielt hat, für sich sprechen:

Im Januar 1846 war Schliemann innerhalb von sechzehn Tagen auf dem Landweg von Amsterdam nach St. Petersburg gezogen. Aus der Perspektive eines Kaufmanns war er hier auf eine wahre Schatzgrube gestoßen. Was in Europa an Waren fehlte, gab es in Russland scheinbar im Überfluss; für die Güter, mit denen Europa wiederum das Zarenreich beliefern konnte, ließen sich in Russland große Gewinne erzielen. Innerhalb kurzer Zeit schloss er in St. Petersburg wichtige Kontakte mit russischen Händlern und reiste bereits nach sechs Tagen weiter nach Moskau, um dort dasselbe zu tun. Das Land, von dem er so viel Unheimliches gehört hatte, gefiel ihm mit jedem Tag besser. Schliemann, ein aufgeschlossener junger Ausländer, dem die gewiefte Art seiner älteren Kollegen noch zu fehlen schien und mit dem sie sich endlich einmal in der eigenen Landessprache auf einer persönlicheren Ebene unterhalten konnten, gefiel auch den Russen. Er gewann bald das Vertrauen der Reichsten von St. Petersburg und machte immer lukrativere Geschäfte.

Im Oktober 1846 reiste er zehn Wochen lang durch Westeuropa, um auch in anderen Ländern berufliche Beziehungen aufzubauen. Erneut stellte Schliemann fest: Seine Sprachgewandtheit räumt ihm gegenüber seinen Konkurrenten klare Vorteile ein. Als er mit dem Schiff von Danzig nach Westen fährt und die mecklenburgische Küste sieht, regt sich nichts in ihm. Als sie im Nebel verschwindet und die Entfernung zur einstigen Heimat wieder größer wird, wendet er sich zum Bug hin und blickt kein einziges Mal zurück.

*

Gleich muss es vorbei sein. Das Licht ist weg. Eben noch sah er es und hoffte, es erreichen zu können. Der schäumende Strudel hinderte ihn daran und zog ihn gnadenlos in die entgegengesetzte Richtung, in die Tiefe. Die Wasserwände vereinten sich über seinem Kopf zu einer einzigen Masse, und das Licht verschwand dahinter. Oben und unten existiert nicht mehr, es gibt nur noch eine Dimension. Er weiß nicht, wohin. Er traut sich nicht zu atmen, denn dann würde Wasser seine Lungen füllen und er würde ertrinken. Jetzt muss es wirklich gleich vorbei sein.

Da wacht Schliemann auf. Er liegt in seinem Bett und kann nur schemenhaft den Raum erkennen. Er horcht. Nichts. Selbst von draußen dringen keine Geräusche in die Wohnung, weder die klackernden Schritte von Fußgängern, noch das Hufgeklapper von Pferden auf den gepflasterten Straßen. Niemand ist unterwegs. Schliemann steht nach einigen Momenten auf und zieht sich einen Morgenrock über. Er weiß, dass es keinen Sinn mehr macht, liegen zu bleiben – das Einschlafen fällt ihm schwer, erst recht, wenn er von einem Albtraum wach geworden ist.

Am Schreibtisch geht er seine Pläne für den Tag durch. Die eingegangene Korrespondenz muss längst wieder in die Kopierbücher abgeschrieben werden, das wird ihn sicherlich den gesamten Vormittag kosten. Am Mittag will er sich mit dem Besitzer einer Baumwollspinnerei treffen, um eine Lieferung des Farbpulvers Indigo neu auszuhandeln. Am Nachmittag schaut er wie immer auf der Börse vorbei, und zum Dinner ist er mit Peter Alexejew verabredet, einem steinreichen St. Petersburger Großhändler. Dessen Vermögen umfasst wohl einhundert Millionen Rubel, sein Privatvermögen noch nicht einmal einberechnet. Schliemann ist überzeugt davon, dass Alexejew nach Rothschild der reichste Mann sein muss. Heute Abend will er sich mit ihm über Produkte auf dem Markt unterhalten, deren Potenzial Schliemann bereits zu riechen glaubt: Salpeter, zur Herstellung von Sprengstoff beispielsweise. Papier könnte ebenfalls bald sehr begehrt sein – davon ist er überzeugt, seit er von Russlands Plänen erfahren hat, ein neues Gesetzbuch herausgeben zu wollen. Er wird versuchen, das Essen mit Alexejew möglichst in die Länge zu ziehen, bevor er wieder in seine Wohnung zurückkehren wird, in der außer ihm nur ein Bediensteter lebt. Er hält die Stille momentan nur schwer aus, vor allem, seit er vor einigen Wochen einen Brief aus Mecklenburg erhalten hat – seit er weiß, dass Minna vergeben ist.

Zehn Jahre vor der niederschmetternden Nachricht hatte Schliemann sie das letzte Mal gesehen. Es kommt ihm vor, als wäre es gestern gewesen: das vierzehnjährige Mädchen, groß gewachsen, in einem schlichten schwarzen Kleid. Schliemann zählt die Begegnung zu einem dieser großen starken Momente des Lebens, wenn die Unendlichkeit in wenige Sekunden hineinpasst. Beide sahen sich, rangen vergeblich um Worte und gaben sich schließlich dem Zauber der Situation hin. Erst als ihre Eltern den Raum betraten, endete der Augenblick, der nur Heinrich und Minna gehört hatte.

Seit er sich in St. Petersburg erfolgreich etabliert hat, sehnt sich Schliemann nach jenem Gefühl zurück: in Zweisamkeit von der banalen Realität entrückt zu sein. Und inmitten der vielen positiven Veränderungen – Geld, abenteuerliche Reisen, Sprachen, Gönner und Bewunderer, Vierzimmerwohnung samt persönlichem Diener – spürt er eine Lücke in seinem Leben. Ihm fehlt eine treue Wegbegleiterin, und für diesen Platz konnte er nur Minna in Betracht ziehen. So sendete Schliemann über einen gemeinsamen Freund einen Heiratsantrag an seine Kindheitsfreundin. Doch es war zu spät: Minna hatte vor Kurzem einen zwanzig Jahre älteren Gutspächter geheiratet.

Seit er davon erfahren hat, muss er in jeder freien Minute daran denken. Ihm fallen fast vergessene Situationen aus seiner Kindheit in allen Details wieder ein, als ob sich ein schwerer verstaubter Vorhang von seiner Erinnerung gehoben hat. Da waren nicht nur die Abenteuer mit Minna, bei denen sie sich auf die Jagd nach Zeugnissen der Vergangenheit begaben, sondern auch die vielen Pläne, die sie für die Zukunft geschmiedet hatten: eine gemeinsame Zukunft. Einige Zeit macht ihn der Gedanke an die verpasste Gelegenheit unkonzentriert und krank. Dann fängt er an, die Stunden, in denen das Geschäft geschlossen ist, in denen die Handelspartner sich längst im Kreise ihrer Familien befinden und der Großstadtlärm endlich verebbt ist, mit noch mehr Ablenkungen zu füllen. Dazu gehört vor allem Korrespondenz. Allein im Jahr 1847, als er vergeblich um Minnas Hand angehalten hat, schreibt er mehr als sechshundert Briefe an Geschäftspartner, Freunde und Bekannte und an seine Verwandten in Mecklenburg. Während er den Schwestern schon kurz nach der Ankunft in Amsterdam geschrieben hatte, meldet er sich jetzt auch regelmäßig beim Vater sowie den beiden jüngeren Brüdern und erkundigt sich nach deren Ergehen. In St. Petersburg ist Schliemann über die Lebenssituation von nahezu allen Mitgliedern seines engsten Familienkreises informiert.

Seinen Schwestern Wilhelmine, Dorothea, Elise und Louise, allesamt noch unverheiratet und bei verschiedenen Verwandten untergekommen, sendet er bei Bedarf Geld. Seinem ein Jahr jüngeren Bruder Ludwig hat er zu einer Anstellung in Amsterdam verholfen, kurz bevor er selbst Amsterdam verließ und nach St. Petersburg zog. Ludwig geriet schon bald mit seinen Arbeitgebern in Streit über das Gehalt und fand durch Vermittlung von Schröder & Co. eine Anstellung in einem anderen Handelshaus. Ludwigs Briefe, in denen er es schafft, seinen älteren Bruder zu bitten, seine Beziehungen für Ludwigs Karriere spielen zu lassen, und ihm dabei gleichzeitig altkluge berufliche Ratschläge zu erteilen, empfindet Heinrich zwar als lästig, lässt sich davon aber nicht weiter beirren. Ludwig hat er noch nie viel zugetraut. Die berufliche Zukunft seines jüngeren Bruders Paul macht ihm hingegen tatsächlich Sorgen. Paul, der erst wenige Wochen alt war, als ihre leibliche Mutter starb, ist sechzehn Jahre alt und lebt beim Vater und dessen neuer Familie.

Der Weg, Pauls Schicksal zu beeinflussen, führt nur über Ernst Schliemann. Heinrich versucht zunächst, seinen Vater davon zu überzeugen, dass eine kaufmännische Lehre in Amsterdam eine gute Möglichkeit für Paul wäre. Er würde seinem kleinen Bruder den Aufenthalt finanzieren. Sein Vater reagiert erst zwei Monate später und nach mehrmaliger Aufforderung auf seinen Vorschlag: Paul habe eigenständig entschieden, dass er lieber in der Landwirtschaft tätig sein wolle – und er würde ihm da auch gar nicht reinreden wollen. Paul traue sich das Erlernen von Sprachen und das kaufmännische Rechnen eben nicht zu. Heinrich ist nicht weiter überrascht über die ablehnende Reaktion seines Vaters. Er kennt es schon aus anderen Situationen: Weder will der Vater Geld von Heinrich annehmen, noch die Zeitungen lesen, die Heinrich extra für ihn abonniert hat. Er schickt ihm trotzdem weiterhin Geld und bezahlt ihm Zeitungen. Ebensowenig lässt er von seinem Plan ab, Pauls Schicksal in eine vernünftige Richtung zu lenken – in möglichst großer Distanz zum Wohnort von Ernst Schliemann. Dessen zweite Frau, die zwischenzeitlich zu einem anderen Mann gezogen war, ist wieder zurückgekehrt. Laut dem Vater verhält sie sich unberechenbar und aggressiv, rennt durch das Haus und zerschlägt Gegenstände, droht überall mit Brandstiftung und Mord. Durch dieses unberechenbare und aggressive Verhalten könnte sie ihn, so befürchtet Ernst Schliemann, sogar in einen zweiten Skandal hineinziehen.

Heinrich will Paul so schnell wie möglich aus diesen Zuständen retten, auch seine Schwestern sind entsetzt. Dorothea fasst es in einem Brief so zusammen:

»Ach mein Heinrich warum sind unsere Verhältnisse auch so schrecklich – daß wir lieber das väterliche Haus meiden und unser Brod unter fremden Leuten essen und uns verdingen als zu Hause zu sein, wie gerne möchte ich bleiben wenn es möglich wäre, aber die Verhältnisse sind nun einmal so und nicht anders!«

Während sich Schliemann über die familiäre Situation in Mecklenburg und Amsterdam auf dem Laufenden hält, geht es für ihn selbst weiterhin aufwärts, zumindest beruflich. Er hat ein eigenes Handelshaus gegründet und macht seine Geschäfte für Schröder & Co. fortan auf eigene Rechnung. Zugleich kommt ihm die Idee, Paul gar nicht erst nach Amsterdam zu schicken, sondern lieber direkt zu sich nach St. Petersburg zu holen. Seine Pläne stoßen weiterhin auf wenig Enthusiasmus. Irgendwann erhält er von Paul persönlich eine Antwort: Er könne sich einfach nicht dazu entschließen, seine Tage »in dem rauhen, barbarischen Rußland« zu verbringen. Diese Formulierung möge er ihm bitte nicht übelnehmen.

Heinrich lässt einige Tage vergehen. Dann überkommt ihn die Stimmung, wieder einmal über sein eigenes Leben zu sinnieren und diese Gedanken seinem Vater mitzuteilen. Zufrieden sei er derzeit nicht, aber das Glück liege ja auch nicht in den sechstausend Talern, die er 1847 verdiente, oder in den zehntausend Talern, die er in diesem Jahr erwarte. Es liege auch nicht in seiner prächtigen Wohnung, in köstlichen Speisen oder im guten Wein. Eigentlich fühle er sich weit weniger glücklich, als damals hinter dem Tisch des Krämerladens in Fürstenberg. Über den Vater bedankt er sich indirekt bei seinem Bruder für die Zeilen, lässt aber auch sein Bedauern über Pauls unsinnige Vorurteile gegenüber Russland ausrichten – einem Land, das dem Ausland dreihundert Jahre voraus sei. Schliemann schätzt sich glücklich, mittlerweile russischer Staatsbürger zu sein: »Unser Kaiser liebt sein Volk wie seine Kinder.«

Heinrich überlegt zum Schluss, ob er auf des Vaters erneute Bitte im letzten Brief eingehen soll, nun doch endlich das Abonnement für verschiedene Hamburger Zeitungen abzubestellen. Er entschließt sich, es zu ignorieren. Was auch immer seinem Vater daran missfällt, von seinem Sohn unterstützt zu werden, es kümmert Schliemann nicht.

Während Heinrich sich über Pauls undankbare Zurückweisung aufregt, nervt ihn zugleich die Aufdringlichkeit seines anderen Bruders. Ludwig würde nur zu gerne zu ihm nach St. Petersburg kommen, da er schon wieder arbeitslos ist. Eine Begründung für die plötzliche Kündigung habe er von seinem Arbeitgeber nicht erhalten. Heinrich will ihn nicht zu sich holen, da er ihn für überheblich und selbstherrlich hält. Erst, wenn er Russisch beherrsche, könne er Heinrich nützlich sein, und das würde bei seinem geringen Talent ja wohl noch an die vier Jahre dauern. Was Ludwig aber wirklich verletzt, ist Heinrichs Angebot, ihm fünfhundert Taler vorzuschießen, wenn er nach Mecklenburg zurückkehren und dort ein Geschäft eröffnen würde. Beleidigt antwortet Ludwig, dass er nur gefesselt oder als Leiche nach Mecklenburg zurückgebracht werden könnte, und dass er künftig kein Geld mehr von dem älteren Bruder annehmen werde.

Im März 1848 erhält Heinrich einen ausführlichen Brief von seiner Schwester Wilhelmine. Sie schildert ihm darin ihre Gedanken über die anderen Familienmitglieder. Um Ludwig mache sie sich Sorgen. Dorothea, von Wilhelmine Dörtchen genannt, habe eine gute Stelle als Wirtschafterin in Sternberg in Aussicht. »Püpping«, ihre jüngste Schwester Louise, sei vom Winter noch etwas kränklich, und Elise, die sich um eine Tante in Vipperow kümmert, bemitleide sie um die anstrengende Arbeit. Paul habe keinen eigenen Willen und tue nur, was der Vater verlange; der wiederum wolle nicht vom jüngsten Sohn ablassen. Heinrich aber sei ein herzensguter Mensch, und sie alle hätten ihn zu Unrecht für kalt und keiner edlen Gesinnung fähig gehalten. Wilhelmine stellt fest: »Alle müssen wir so verlassen in der Welt umher irren und unser Brod verdienen – wenn ich so recht darüber nachdenke, werde ich immer sehr sehr traurig und blicke mit Zagen in die Zukunft!«

Ernst Schliemann beobachtet Ludwigs Verhalten eher mit Misstrauen als mit Sorge, seit dieser von ihm die Auszahlung seines mütterlichen Erbteils gefordert hat. Er informiert Heinrich darüber, dass er diesem unbesonnenen Menschen nichts davon aushändigen werde, damit er das Geld nicht genauso vergeude wie jenes, das ihm von seinem »guten Sohn« Heinrich und ihm selbst bereits geliehen wurde.

Selbst Paul erwähnt Ludwig in einem Brief, den er Heinrich im Mai 1848 sendet. Er glaubt, dass Ludwig sich in bitterster Not befände und durch Heinrichs Abreise aus Amsterdam seinen Halt verloren habe. Den Brief schließt er mit folgenden Worten: »Nun lieber, guter Heinrich, lebe mir wohl, recht wohl, wahrscheinlich die letzten Zeilen in diesem Erdenthal hienieden! – Bitte mitunter zu denken, Deines Dich liebenden Bruders Paul.«

Nur wenige Wochen später erhält Heinrich einen Brief von Ludwig, dessen Inhalt ihn überrascht: In wenigen Stunden werde Ludwig auf einem Schiff nach New York reisen. Er teilt ihm mit, dass er von Schröder Geld bekommen habe, das Heinrich in Rechnung gestellt würde – Ludwig würde es ihm zurückzahlen, sobald er könne. Versöhnlich schlägt er vor, an ihrem früheren guten Verhältnis wieder anzuknüpfen. Sein Brief endet mit dem Satz: »Vielleicht sehe ich Europa nicht wieder! – Ach ich habe noch so sehr viel zu arrangiren.«

*

Am 21. Mai 1850, zwei Jahre nach seiner Abreise aus Europa, stirbt Ludwig mit fünfundzwanzig Jahren an Typhus. Bis nach Sacramento City war er gekommen, und hatte dort in den letzten Monaten vor seinem Tod eine abenteuerliche Zeit verbracht. Ein ehemaliger Geschäftspartner Ludwigs sendet Heinrich die Todesanzeige aus einer Zeitung.

Wiederum zwei Jahre später, im Oktober 1852, wird sich Paul mit einundzwanzig Jahren das Leben nehmen. Bis zum Schluss weiß er nicht, wohin er will. Mal möchte er nach Amerika auswandern, mal in einer Gärtnerei sein berufliches Glück suchen. Einige Zeit arbeitet er als Aufseher auf einem gräflichen Gut, zuletzt bewirbt er sich um die Stelle eines Wirtschafters. Vom Vater zieht er niemals weg. Wenige Wochen vor seinem Tod verfasst Paul in einem Brief an Wilhelmine auch ein Gedicht, das seiner Hoffnungslosigkeit Ausdruck verleiht. Es trägt den Titel *Betrachtungen der Einsamkeit.*

Ernst Schliemann kann es kaum fassen, wie das Schicksal ihm mitspielt. »Er, der mir eine mächtige Stütze in meinem hohen Alter hätte seyn können, ist nun das Gegentheil geworden und hat gleichsam meine Grabstätte schnell bereitet!«, schreibt er über Pauls Tod.

Und über den Tod seines Sohnes Ludwig: »Oh Ludwig! – Wärst Du in Europa geblieben, so hättest Du jetzt meinen Gasthof übernehmen können!«

Mit dem Kauf des Grundstücks, auf dem die Gaststätte stand, hatte sich Ernst Schliemann in finanzielle Schwierigkeiten gebracht.

Heinrich ist der letzte Sohn, der aus der Ehe von Ernst und Luise Schliemann übrig geblieben war. Auf ihm ruhen nun die Hoffnungen der gesamten Familie.

*

Ein Segelschiff glitt über das Wasser. Fuhr es mitten im weiten Ozean oder auf einem schmalen Fluss? Bewegte es sich überhaupt? Von dichtem weißen

Nebel eingehüllt, hätte es überall sein können, es hätte ankern oder dahingleiten können, backbord oder steuerbord. Ohne einen landschaftlichen Hintergrund, ohne jedweden Zusammenhang schien es in diesem Moment von allem losgelöst zu sein und einfach zu existieren. Auf Deck hatten sich alle Passagiere versammelt, keiner von ihnen hielt es noch länger in den engen Kabinen aus. Die lange Reise hatte ihre Spuren in den erschöpften Gesichtern hinterlassen, aber in den Augen der meisten sah man ein Funkeln, eine Vorfreude auf etwas, das hinter dem Nebel liegen musste. Der Augenblick würde gleich kommen, manche hofften, manche wussten es. Er musste gleich kommen. Schließlich hatte der Kapitän es gestern Abend angekündigt. Aber noch sahen sie nichts und hörten nichts – außer dem sanften Klatschen des Wassers an der Schiffswand.

Plötzlich schimmerte eine Stelle in der Nebeldecke. Tatsächlich, bei genauem Hinsehen erkannten immer mehr Passagiere Schemen und Kontraste von Hell und Dunkel. Zunächst sahen sie es nur durch angestrengtes Fokussieren, dann gelang es immer müheloser. Der Nebel verzog sich, schob sich wie ein Vorhang zu beiden Seiten weg. Für einige Minuten diente er noch wie die Umrahmung eines Bildes: ein Anblick, der bei vielen Passagieren ein erleichtertes Seufzen auslöste. Vor ihnen lag eine Küste, nicht allzu weit entfernt. Und da entdeckten sie andere Schiffe, manche von ihnen nur als Punkt am Horizont. Als säße ein unsichtbarer Riese an Land, der die Schiffe mit Bindfäden langsam zu sich zog, steuerten sie aus unterschiedlichen Seiten in die gleiche Richtung: in die Bucht von San Francisco. Alle Menschen kamen mit demselben Ziel. Gold soll es hier geben, war ihnen zu Ohren gekommen.

Kaum ein halbes Jahr zuvor war das Sensationelle geschehen: Ein Arbeiter hatte am American River rein zufällig ein Goldnugget gefunden. Trotz der Versuche, die Nachricht geheim zu halten, verbreitete sie sich rasant. Erst flüsterten es sich die Bewohner der Gegend zu. Sie ließen die angefangene Arbeit liegen und stürzten davon, vergaßen ihr Vieh, ihre Häuser, ihr Land, das sie wenige Jahre zuvor mit so großem Stolz zu ihrem Eigentum erklärt hatten. Der Wunsch, Gold zu finden, war größer. Am Fundort angekommen, mussten sie nur etwas Sand auf die Siebe streuen und es hin und her schütteln. Bald blieben kleine Goldstücke im Geflecht hängen, glitzerten verführerisch in den Händen des Finders. So einfach war es also: mit einigen Schwenkern zu Glück und Reichtum.

Die Nachricht zog immer größere Kreise. Bald wusste ganz Kalifornien Bescheid. Auch die Landesgrenzen waren kein Hindernis. Als der Weg von Mund zu Mund nicht mehr weiterging, kam der Telegrafenmast zum Einsatz. So gelangte sie über Ozeane hinweg und wurde in die Welt verkündet. Die Antwort ließ nicht lange auf sich warten. Von überallher reisten die Menschen, überwanden größte Distanzen, um nach Kalifornien zu kommen. Zu wenig hatten sie in ihrer alten Heimat zu verlieren, zu groß war der Wunsch, den traditionellen Strukturen zu entfliehen und ein neues Leben zu beginnen. Die Nachricht versprühte einen suchterregenden Geruch von Freiheit und Reichtum.

Der spektakuläre Fund hatte sich im Januar 1848 ereignet. Während in San Francisco zu diesem Zeitpunkt ungefähr neunhundert Seelen lebten, waren bereits ein halbes Jahr später mehr als doppelt so viele Menschen hierher gezogen. Am Ende desselben Jahres war die Einwohnerzahl auf zwanzigtausend gestiegen. Täglich ankerten neue Schiffe in der Bucht. Mit den Passagieren gingen zumeist auch die Matrosen an Land und kehrten nie mehr zurück an Bord. Die Neuankömmlinge zogen weiter ins Landesinnere, entlang des American River, oder ließen sich direkt in San Francisco nieder. Denn wer nicht Gold suchen wollte, kam mit anderen Ideen, aus denen sich Geld machen ließ. Die vielen Goldsucher brauchten schließlich Zelte zum Wohnen, Kleidung, Lebensmittel – und jemanden, der ihnen das Gold abkaufen würde. In San Francisco entstanden Banken und Unternehmen wie Levi Strauss & Co. Die Stadt entwickelte sich zum wirtschaftlichen Zentrum Kaliforniens.

Während in den ersten Jahren nach der Entdeckung des Goldnuggets endlose Karawanen aus Reitern, Pferdewägen und Fußgängern von der Ostküste monatelang durch die Prärien zogen und sich mühsam über die Rocky Mountains kämpften, gab es für die besonders Ungeduldigen noch zwei andere Wege. Einer führte per Schiff um das Kap Horn, der andere über den Isthmus von Panama. Letztere Möglichkeit war deutlich schneller als die anderen Wege, dafür aber auch viel gefährlicher.

Als Heinrich Schliemann sich nach dem Tod seines Bruders Ludwig entscheidet, nach Kalifornien aufzubrechen, muss er nicht lange überlegen, auf welchem Weg er sein Ziel erreichen will.

*

Im Frühjahr 1850 ist es so weit. Schliemann verlässt St. Petersburg mit dem Gefühl, nicht viel verlieren zu können. Oder anders gesagt: Den Inhalt seines Lebens, sein Vermögen, nimmt er einfach mit. Verpflichtungen gegenüber anderen hat der Achtundzwanzigjährige nicht. Für Schröder arbeitet er mittlerweile auf eigene Rechnung, sodass er ihm bezüglich seiner Lebenspläne keine Rechenschaft mehr schuldig ist. Und seine Versuche, eine Ehefrau zu finden, sind bislang gescheitert. Nachdem Schliemann über Minna Meinckes Hochzeit informiert worden war, hatte er seine Suche innerhalb der St. Petersburger Gesellschaft fortgeführt. Zwei auserwählte Frauen hätte er sich tatsächlich als lebenslange Begleiterinnen vorstellen können. Sophie Hecker hieß eine von ihnen, eine gebürtige Deutsche, die mit ihren Eltern nach Russland gezogen war. Schliemann schätzte drei ihrer Talente ganz besonders: Sie beherrschte drei Sprachen, spielte Klavier und war bescheiden. Gekränkt musste Schliemann die Beziehung aufgeben, als er ihre unangemessene Offenheit gegenüber einem Offizier bemerkt hatte.

Dann war da noch eine andere Bekanntschaft, in der Schliemann Potenzial für eine gemeinsame Ehe zu erkennen glaubte: Jekaterina Lyshina, eine ebenfalls gebildete junge Dame aus einer einflussreichen russischen Familie. Seine Avancen lehnte sie allerdings bislang ab.

Schließlich kehrt Schliemann, frei von jeglichen Verpflichtungen vor Ort und mit der Aussicht auf noch mehr Freiheit, Russland den Rücken zu und bricht im Dezember 1850 mit fünfzigtausend Reichstalern in der Tasche auf nach Amerika.

Der erste Versuch, den Atlantik zu überqueren, misslingt. Mitten auf dem Ozean, tausendvierhundert Meilen von New York, tausendachthundert Meilen von Liverpool entfernt, gerät der Dampfer namens *Atlantic*, auf dem Schliemann reist, in einen Orkan. Die Maschinen funktionieren nicht mehr, die Mannschaft versucht, mit gehissten Segeln weiter Richtung Westen zu fahren. Aber gegen die Stürme kommen sie nicht an, sodass der Kapitän schließlich den Beschluss fasst, nach Europa zurückzukehren. Schliemann ist nicht allzu missgestimmt. Zum Glück gibt es genügend interessante Gestalten unter den Passagieren, mit denen er sich über viele Themen unterhalten kann. Nach etwa zwei Wochen, am 22. Januar 1851, sichten sie die irische Küste.

Am 2. Februar – nicht ohne zuvor in Liverpool ein Theater besucht, in Amsterdam einige Geschäfte erledigt und sich in Dover von einem Schiffsbauer Informationen über Kalifornien eingeholt zu haben –, startet Schliemann von Liverpool aus den nächsten Versuch, auf einem Schiff namens *Africa* nach Amerika zu gelangen. Diesmal klappt es. Am 15. Februar fährt das Schiff in die Bucht von New York ein. Während der Einfahrt lässt der Kapitän Raketen abfeuern, die Tausenden von Menschen, die gebannt am Ufer warten, eine verheißungsvolle Nachricht ankündigen sollen. Schließlich weiß bis dahin niemand von ihnen vom Schicksal des Vorgängerschiffs *Atlantic*, dessen Überquerung des Ozeans zwar missglückt war, dessen Passagiere jedoch alle überlebt haben.

Schliemann nutzt die Tage in New York, um sich in verschiedenen Handelshäusern vorzustellen und sich auf das geplante Geschäft in Kalifornien vorzubereiten. Nach sorgfältiger Überlegung überlässt er sein Vermögen einem Bankhaus, das ihm vertrauenswürdig erscheint. Neben der Arbeit erkundet er das kulturelle, kulinarische und weibliche Angebot der Stadt. Die Theaterhäuser gefallen ihm nicht, das Essen schmeckt ihm gut, die »Yankee-Ladies« findet er zu lebhaft und äußerlich verbraucht. Die amerikanischen Männer scheinen ihm mitteilsam und fleißig zu sein, von guter Konstitution, wenn auch etwas schwächlicher als Engländer.

Schliemann verweilt nicht lange in New York. Immerhin steht ihm noch die Umrundung des nordamerikanischen Kontinents bevor, um sein eigentliches Ziel zu erreichen. Mit der Eisenbahn fährt er nach Philadelphia. Von dort aus geht es Ende Februar weiter auf einem Schiff nach Chagres, den atlantischen Hafen am Isthmus von Panama. Je mehr er sich dem Äquator nähert, desto höher steigen die Temperaturen. Schliemann hasst es. Das tägliche Bad am Morgen hilft ihm kaum gegen die unerträgliche Hitze.

Am 9. März erreicht das Schiff Chagres – den erbärmlichsten Ort, den Schliemann bis zu diesem Zeitpunkt jemals gesehen haben will. Er und seine Reisegefährten fahren nun auf Booten weiter durch den Chagres-Fluss in Richtung Panama. Nach dem Anblick der heruntergekommenen Hütten von Chagres hält Schliemann die Landschaft, in die er nun eintaucht, wiederum für das Entzückendste, was er je gesehen hat. Die Ufer des Flusses sind von Zitronenbäumen und Kokospalmen gesäumt. Dennoch missfällt ihm auch vieles. In sein Tagebuch schreibt er regelmäßig und schildert seine Reiseerlebnisse: die reiche Vegetation, die feuchten Dünste der Sümpfe, der Gestank verwesender Tiere und Pflanzen, der warme Dauerregen. Und über allem die drückende

Heinrich Schliemann in New York, ca. 1851

Hitze. Gegen diese hilft gar nichts mehr, selbst völlig unbekleidet würde der Körper kaum abkühlen. Schliemann glaubt, in diesem Klima mit jedem Atemzug Gift einzusaugen.

Das Trinkwasser ist lauwarm und meist voller Insektenlarven; nur mit Branntwein gemischt wird es genießbar; gegen das Durstgefühl hilft es trotzdem nur wenig. An den Abenden, wenn sie am Ufer ihr Nachtquartier aufgeschlagen haben, ist für Schliemann kaum an Schlaf zu denken. Selbst in den Hütten, die keine Wände haben und nur aus Laubdächern und vier Pfählen bestehen, hört er nicht auf zu schwitzen. Der Branntwein und das Klima machen ihn unangenehm träge, während die blutrünstigen Mücken ihn zu jeder Stunde terrorisieren.

Zu Land geht es weiter über Gebirge, mit steilen Abhängen und schmalen Pfaden, auf denen keine zwei Maultiere nebeneinander stehen können. Aus den Tälern klingt ein Konzert aus Vogelstimmen und Affengebrüll. Bunte Papageien kreischen in den Baumwipfeln. Überall flattern Schmetterlinge, in leuchtenden Farben, manche von ihnen so groß wie Tauben. Wenn Schliemann Hunger hat, kann er wortwörtlich einfach nach oben greifen: Schon hält er eine Orange oder eine andere Frucht in der Hand, die überall reif und schwer von den Ästen hängen. Die Eingeborenen passen seiner Meinung nach hervorragend in das Ambiente. Diese seien nämlich, so schreibt er es in sein Tagebuch, faul und völlig zufrieden, sofern sie nicht mehr zu tun haben als schlafen, essen und trinken. So müsse es im Garten Eden zugehen.

Doch die Reise durch das fremde Land hat noch eine andere Seite. Schliemann gewöhnt es sich an, die Begleiter der Reisegesellschaft aus dem Augenwinkel zu beobachten. Vor allem dann, wenn das Boot zur Fahrt losgemacht wird oder wenn der Weg durch den Tropenwald besonders unwegsam wird, schielt er unauffällig zu ihnen. Schauergeschichten haben sich herumgesprochen, über ahnungslose Passagiere, die von den Bootsleuten oder von Eingeborenen aus dem Hinterhalt ertränkt, erstochen oder erschossen und danach ausgeraubt worden waren. Dass das keine Märchen sind, bestätigen Geier und Insekten, die Schliemann über vereinzelten Stellen im Dickicht des Ufers oder etwas abseits vom Weg entdeckt. Sie fliegen über den Leichen der Opfer, die von den Tätern achtlos ins Gebüsch geworfen worden waren. Ihr Verwesungsgeruch vermischt sich mit dem von verendeten Maultieren und Leguanen. Manchmal unterscheidet sich der Geruch kaum von dem süßlichen

Duft der überreifen Früchte in den Bäumen. Schliemann ist froh, wenn er das Fäulnis verströmende Paradies auf Erden endlich hinter sich lassen kann.

Mitte März 1851 erreicht er Panama, einen Ort mit rund zweitausend Einwohnern. Dem einzigen Theater stattet Schliemann einen Besuch ab, bevor er mit dem Schiff abreist. Das Gebäude findet er primitiv, die Schauspieler miserabel, und die weiblichen Besucher, zumeist spanischer Abstammung, scheinen in dem tropischen Klima ebenso schnell zu verblühen wie so ziemlich alles, was er von dieser Gegend bislang gesehen hat.

Die Brise, die Schliemann während des Auslaufens aus dem Hafen um die Nase weht und endlich die ersehnte Abkühlung bringt, hält nicht lange an. Bereits in der Nacht wird die Hitze in der kleinen Kabine wieder unerträglich und raubt ihm den Schlaf.

Im Hafen von Acapulco legt der Dampfer über Nacht an, bevor es weiter in Richtung Norden geht. Schliemann hat Zeit, um die Stadt anzusehen und sich am Markt mit einem ordentlichen Vorrat an Orangen und Ananas einzudecken. Am Vormittag, bevor der Dampfer den Hafen wieder verlässt, schwimmt eine Gruppe von jungen Einheimischen zum Schiff. Sie vollführen alle möglichen Kunststücke im klaren blauen Wasser, in der Hoffnung, von den Passagieren ein paar Münzen zu bekommen. An den braunen sehnigen Körpern der Jungen gleiten Fischschwärme vorbei, die blitzschnell an der Oberfläche auftauchen, um die Essensreste zu ergattern, die hin und wieder über Bord geworfen werden. Dann legt der Dampfer ab, fährt vorbei an den ungeheuren Felsgruppen der mexikanischen Küste, die immer undeutlicher wird. Schliemann ist beeindruckt von den Bergen, die teils bis in die Wolken reichen. Bis auf zwei Feuer, die er nachts in der Ferne erkennen kann und die vermutlich von Eingeborenen entzündet wurden, gibt es kaum noch Hinweise auf menschliches Leben. Einmal fährt ein Dampfer aus der entgegengesetzten Richtung an ihnen vorbei. Tagelang kann Schliemann kein Land sehen. Nur die zunehmende Kälte weist darauf hin, dass sie sich immer weiter im Norden befinden. Nach vielen Wochen muss er erstmals wieder seine Winterkleidung anziehen. Im Übrigen sind die Tage eintönig. Im Hafen von San Diego ankert der Dampfer für wenige Stunden; außer einem einzigen Passagier will niemand aussteigen.

Es ist Anfang April 1851, als der Dampfer in die Bucht von San Francisco einläuft. Noch am selben Morgen hatte es eine Seebestattung eines älteren

Passagiers gegeben, der so kurz vor dem Ziel an Fieber gestorben war. Im dichten Nebel war der in ein Segeltuch eingenähte Körper nahezu geräuschlos im Ozean verschwunden. Am Nachmittag hat sich der Nebel längst verzogen und es ist, als ob die bevorstehende Ankunft dem Schiff wieder Leben einhaucht. Die Passagiere werden ungeduldig, jeder will zuerst von Bord. Vor lauter Drängen und Schubsen hat Schliemann Mühe, nicht über seinen eigenen Koffer zu stolpern. Trotzdem gelingt es ihm, zwischendurch den imposanten Anblick zu genießen: Hunderte Segelschiffe liegen dicht beieinander im Hafen. Wie die Stadt dahinter aussieht, kann er nur erahnen, da die vielen Masten die Sicht versperren.

Drei Monate hat Schliemann für seine Reise von St. Petersburg nach San Francisco benötigt. Wie lange er bleiben will, ob er Kalifornien jemals wieder verlassen wird, darüber will er nicht nachdenken – noch nicht. Ein starker Wind weht über die Abhänge zwischen den Holzhäusern. Egal, wohin man blickt, überall sind Menschen unterwegs, unterhalten sich oder kommen aus den Geschäften, in denen sie sich für die Weiterreise zu den Goldfundstellen mit dem Nötigsten versorgt haben. Schliemann hört im Vorbeigehen das Hämmern und Klopfen von den Bauarbeiten an neuen Unterkünften. Er schnappt Gesprächsfetzen auf in unterschiedlichsten Sprachen, von denen er zu seinem Erstaunen einige nur erraten kann. Nach den vielen Wochen auf See und der untätigen Warterei preschen die Neuankömmlinge ungestüm in die Stadt, witternd, dass man schnell sein muss, um eine günstige Gelegenheit beim Schopf zu packen. Wie ein emsiger Bienenstaat hatte sich San Francisco innerhalb von zwei Jahren von einem Dorf zu einer geschäftigen Stadt entwickelt. Das Knistern in der Luft macht Schliemann wieder munter.

*

An einem heißen Tag reiten zwei Männer durch die Frontstreet von Sacramento. Sie haben struppige Vollbärte, sind von der Sonne braun gebrannt und tragen zerschlissene Hosen, erdverkrustet bis zu den Schenkeln hoch. Sie sind auf zwei schwer beladenen Maultieren unterwegs, deren Hufe auf dem trockenen Boden kleine Staubwolken aufwirbeln. An der Ecke zur I-Street ziehen die Männer fest an den Zügeln und steigen ab. Die müden Tiere werden vor einem Wassertrog festgebunden, aus dem sie sogleich gierig saufen. Mit jeweils einem kleinen Säckchen in der Hand betreten die Männer das Bankgeschäft an der Straßenecke. Während draußen in der Mittagsglut nahezu niemand unterwegs ist, herrscht im Inneren des Hauses großes Gedränge. Noch im Türrahmen bleiben die Männer stehen und müssen erst einmal abwarten, bis genügend andere Personen den überfüllten Raum wieder verlassen haben.

Als sie endlich am Schalter ankommen, werden sie von einem Bankangestellten mit hartem Akzent begrüßt. Die Männer öffnen die beiden Säckchen und schütteln sie vorsichtig aus, bis es auf dem Tisch zu glitzern beginnt. Der Bankangestellte, ein Spanier, bewegt mit dem Zeigefinger vorsichtig die kleinen Steinchen hin und her, nimmt schließlich eines davon in die Hand und schaut es sich mit zusammengezogenen Augenbrauen genauer an. Während die Männer geduldig vor ihm warten, werfen sie sich für den Bruchteil einer Sekunde einen Blick zu. Der Spanier entschuldigt sich für einen kurzen Moment und verschwindet in einem Nebenraum. In Begleitung eines weiteren Mannes kehrt er wieder zurück. Offenbar handelt es sich um den Inhaber des Geschäfts. Recht jung sieht er aus, vor allem wegen seiner kindlichen Größe und den schmalen Schultern. Fast jede andere Person im Raum überragt ihn um einen ganzen Kopf. Er begrüßt die beiden Kunden freundlich und blickt ihnen fest in die Augen, bevor er sich den Steinchen auf dem Tisch widmet. Gold soll das also sein, meint er, wobei er eher zu sich selbst spricht als zu den beiden Besitzern. So, wie es der Spanier zuvor getan hat, bewegt auch er das vermeintliche Gold zunächst mit den Fingerspitzen hin und her, bevor er es einem prüfenden Blick unterzieht. Von dem ungeduldigen Stimmengewirr in der Warteschlange lässt er sich nicht beirren. Kurz darauf legt er die Steinchen wieder auf den Tisch und würdigt sie keines weiteren Blickes mehr. Der freundliche Ton ist verschwunden, als er den beiden Herren mitteilt, dass sie nicht miteinander ins Geschäft kommen werden. Wie zufällig blitzen für einen Augenblick ein Colt auf der einen und der Griff eines Jagdmessers auf der anderen Seite seines Gürtels auf, als er seine Jacke sorgfältig zurechtrückt. Die Männer sind zwar etwas verdutzt, aber nicht schwer von Begriff. Ohne Widerworte sammeln sie den Inhalt der Säckchen ein und verlassen den Raum.

Schliemann klopft seinem Angestellten kurz auf die Schulter, bevor er wieder in den Nebenraum geht und der nächste Kunde am Schalter empfangen werden kann.

Seit sechs Uhr früh hat Schliemann das Geschäft geöffnet, und sicherlich wird er es auch heute nicht vor zehn Uhr am Abend schließen – zu viele Kunden möchten noch bedient werden. Schliemann kauft ihnen das angebotene Gold weit unter dem Marktwert gegen Bargeld ab und verkauft es dann wiederum zum Marktwert weiter an einen Agenten des Bankhauses Rothschild in San Francisco. Geld und Gold verschließt er in einem feuer- und diebessicheren Safe. An manchen Tagen macht Schliemann einen Umsatz von zwanzigtausend Dollar. Sein Bankgeschäft wird von den Goldgräbern gerne aufgesucht; der Deutsche wirkt vertrauenerweckend, nicht zuletzt deshalb, weil sich die meisten Kunden mit ihm in ihrer eigenen Muttersprache unterhalten können – sofern sie nicht Chinesen sind. Aber selbst diese kommen gerne zu ihm und werden von Schliemann mit geringstem Misstrauen bedient. Er hält sie für weit ehrlicher und harmloser als die amerikanischen Kunden.

Er ist schon viele Monate in Kalifornien. Das Grab seines Bruders Ludwig suchte er bereits wenige Wochen nach seiner Ankunft auf. Dafür musste er zum Friedhof von Sacramento reisen. Nach längerer Suche glaubte Schliemann, endlich die richtige Stelle gefunden zu haben. Inmitten von unzähligen weiteren Kreuzen stehend, wirkte es erbärmlich. Schliemann ertrug den nichtssagenden Anblick nicht gut. An dieser Stelle musste etwas anderes stehen, etwas, das das Grab seines Bruders angemessen kennzeichnen würde. Er ließ in San Francisco einen marmornen Grabstein mit Inschrift in Auftrag geben.

Immer wieder muss er an die Worte denken, mit denen sein Bruder ihm in den letzten Briefen das Leben in Kalifornien beschrieben hatte. Ludwig betonte, wie schnell sich hier ein Vermögen machen ließe und wie schnell sich das Glück wieder wenden könne. Ständig hatte er sich vor Gaunern schützen müssen, gegen Raubüberfälle trug er, so wie jeder in diesem Land, eine Waffe bei sich. Letztendlich half ihm diese aber nicht: Eine Krankheit raffte ihn dahin. Nachdem er mit ehemaligen Geschäftskollegen Ludwigs gesprochen und die Umgebung mit eigenen Augen gesehen hat, glaubt Schliemann eine ungefähre Vorstellung davon zu haben, wie sich die letzten Wochen seines Bruders zugetragen haben müssen. Auf dem Weg zu einer Goldmine war er samt Pferd in einen Fluss gestürzt. Er konnte sich zwar retten, hatte aber keine trockene Ersatzkleidung dabei. In der Kälte der kommenden Nächte bekam Ludwig starkes Fieber. Er schaffte es noch mit eigener Kraft nach Sacramento und wurde von einem Arzt behandelt. Dennoch starb er zwei Wochen später. Wer ihm in seinen letzten Stunden beigestanden hatte, ob überhaupt jemand bei ihm am Sterbebett zugegen war, das weiß Schliemann nicht.

Auf einige Gefahren in Kalifornien hat sich Schliemann vorbereitet. Gegen Betrug und Pech gibt es für ihn, abgesehen von einem geladenen Colt am Gürtel, noch ein weiteres Mittel, das sich in der Vergangenheit bewährt hat: Information. Schon vor seiner Abreise aus Europa hatte er amerikanische Geschäftskollegen gebeten, ihm »so umständlich wie möglich« darüber zu berichten, wie sich Geld in Amerika am besten anlegen ließe und wie es sich mit dem Handel in San Francisco verhalte. Um genaueres Wissen über sein neues Umfeld, die geschäftlichen Möglichkeiten und die Gesellschaft zu erlangen, unternimmt er Ausflüge in die Gegend um Sacramento. Er schaut den Goldgräbern über die Schulter, wenn sie den Schlamm der Flüsse in Sieben waschen. Er besucht Distrikte, in denen sich die Menschen auf die Suche nach Quarz oder Blei spezialisiert haben. Die Täler scheinen vom edlen Metall nur so zu glänzen.

Vor der Gesellschaft, vor allem vor den Amerikanern, nimmt sich Schliemann in Acht. Ihre Strategie glaubt er zu durchschauen. Auf übertriebene Höflichkeit und freundliche Gesten folgt bei jeder neuen Bekanntschaft irgendwann der Wendepunkt: der Versuch, ihn übers Ohr zu hauen. Und dann, wenn das Gegenüber bei Schliemann auf Granit gestoßen ist, fängt das Spiel noch mal von vorne an. Erst wenn der zweite Versuch, ihn in eine Falle zu locken, nicht geklappt hat, belässt es der Betrüger dabei und geht seines Weges, um ein neues Opfer zu finden. Schliemann bewundert diese erstaunliche Hartnäckigkeit der Amerikaner in vielen anderen Situationen. Als er die große Feuersbrunst von San Francisco miterlebt, sieht er alle hoffnungslos neben den qualmenden Ruinen ihrer Häuser stehen – bis auf die Amerikaner. Diese sind bereits dabei, unversehrte Ziegelsteine für den Neubau ihrer Unterkünfte zu sammeln. Der Weg ihrer Vorfahren hat sie offenbar gelehrt, dass Aufgeben keine Option ist.

Durchtriebene Schurken abzuweisen, wie die beiden Männer, die ihm vergoldete Kupferstücke anzudrehen versuchen, gehört für Schliemann mittlerweile zur Routine. Kunden bleiben eben Kunden, und wohl nirgendwo auf der Welt kämpft man so sehr und mit allen Mitteln um sein eigenes Glück wie hier. Schliemann pflegt in Sacramento keine Freundschaften. Während sein Revolver ihn überallhin begleitet, wächst sein Heimweh nach St. Petersburg.

Als er ein halbes Jahr in Kalifornien lebt, erkrankt er schwer. Es beginnt eines Morgens damit, dass er sich übergeben muss. Dann folgen Schüttelfrost und Hitzegefühl im Wechsel. Am nächsten Tag entdeckt er gelbe Flecken über seinen ganzen Körper verteilt. Schliemann ist bereits zu geschwächt, um sein Bett zu verlassen. Die Ärzte verabreichen ihm hauptsächlich Chinin, doch er kriegt kaum etwas mit, weil das starke Fieber ihn in ein tagelanges Delirium versetzt. Wenn er zwischendurch das Bewusstsein erlangt, muss er sofort an Ludwig denken, der eineinhalb Jahre zuvor ebenfalls todkrank im Bett lag. Nach drei Wochen hat Schliemann die Krankheit überstanden und kann im Bankgeschäft wieder seine Kundschaft empfangen. Vor allem dem Chinin schreibt er von nun an heilende Kräfte zu. Aber die Ärzte warnen ihn: Ein zweites Fieber dieser Art würde er nicht überleben.

Etwa drei Monate später, im Januar 1852, tritt das Befürchtete ein. Schliemann hat erneut starkes Fieber. Diesmal versucht er es mit einem Klimawechsel und kommt gegen Bezahlung bei einem Bekannten in San José unter. Mit einem Arzt an der Seite und der guten Luft dieser Gegend ist Schliemann bereits nach einer Woche wieder gesund genug, um nach Sacramento zurückzukehren. Aber er spürt, dass er innerlich angeschlagen ist – wann ihn das Fieber wieder überfallen wird, scheint nur noch eine Frage der Zeit zu sein. Er investiert seine Energie in das Geschäft und verdient täglich ein Vermögen. Mitte März erkrankt er zum dritten Mal. Wie bei der ersten Erkrankung muss er sich ständig erbrechen, hat Fieber und ist übersät von gelben Flecken. Seine Angestellten hat er diesmal rechtzeitig instruiert. Sie wickeln ihn in Decken und sorgen dafür, dass der bewusstlose Schliemann wieder nach San José gebracht wird. Als er nach zwei Wochen aus dem Delirium erwacht, hat er seine Entscheidung gefällt: Schliemann wird mit dem nächsten Dampfer in die Heimat zurückkehren.

*

Er sitzt in einem großen Saal, der von Tausenden glitzernden Lichtern eines Kronleuchters erhellt ist. Eingesunken in einen dunkelroten Polstersessel aus weichem Samt lauscht er der zarten Melodie einer Arie. Weiter vor ihm, irgendwo zwischen den wohlfrisierten und ordentlich gescheitelten Hinterköpfen vornehmer Damen und edler Herren muss eine Bühne sein, auf der die Sängerin, die Besitzerin dieser überirdischen Stimme steht. Aber er bemüht sich gar nicht erst, sie zwischen den Reihen ausfindig zu machen. Er will sich nur zurücklehnen und zuhören. Die Stimme genügt ihm vollkommen, ihre Töne umhüllen ihn behaglich wie eine warme Decke, streicheln liebevoll seine Seele. Aber ihm fällt nach längerem Zuhören auf, dass die Arie ungewöhnlich klingt, vermutlich ist es keine der klassischen Art. Ein rhythmischer Takt liegt unter der Melodie, zunächst nur ganz schwach im Hintergrund. Dann wird der Takt immer deutlicher, übertönt schließlich die harmonischen Klänge, bis sie gar nicht mehr zu hören sind. Der Takt hat sich in ein aufdringliches Klopfen verwandelt, als würde jemand Schliemanns Stirn als Trommel benutzen. Unwillig, sich von dem weichen Polstersessel und dem hübschen Saal zu verabschieden, gibt er schließlich die behagliche Umgebung auf und öffnet die Augen.

Er blinzelt in den grauen Himmel, was eigentlich nicht sein dürfte. Doch das stümperhaft zusammengelegte Dach aus abgerissenen Palmenblättern hat dem Wind offenbar nicht standgehalten und liegt ringsum auf dem Boden verteilt. Regentropfen prasseln völlig ungehindert auf Schliemanns Gesicht. Mühsam quält er sich von seiner Bettstatt empor; sie besteht aus seinen Koffern und einer darüber ausgebreiteten Wolldecke, die nur noch einem nassen Lumpen gleicht. Während er die Reste seines Daches vom Boden zusammenklaubt, weicht das leicht beschwingte Gefühl, das ihm sein Traum geschenkt hatte, der altbekannten Verzweiflung, die ihn seit zehn Tagen jeden Morgen beim Aufwachen übermannt. So lange sitzt er bereits an der atlantischen Küste fest. Zusammen mit Tausenden anderen Passagieren wartet er darauf, dass sie endlich weiterreisen können. Bis dahin hatte alles gut geklappt: Schliemann war wohlbehalten in Panama angekommen und hatte sich für die Weiterfahrt über Fluss und Land mit anderen Passagieren zusammengetan. Schließlich hatten sie Navy Bay erreicht, von wo die Dampfer nach New York fahren. Doch sie waren zu spät gewesen: Die *Crescent City* hatte nur wenige Stunden zuvor abgelegt.

Wann der nächste Dampfer eintreffen würde, ist ungewiss. Seit zehn Tagen sucht Schliemann den Horizont ab, doch außer den Schiffen, die aus der anderen Richtung kommen und nur noch weitere Passagiere abladen, passiert nichts. Inzwischen sind mehr als zweitausend Menschen an der Küste gestrandet und warten auf die Weiterfahrt. In der Navy Bay gibt es keine Häuser. Schliemann und seine Leidensgenossen müssen im Freien unter Palmen schlafen. Es ist Ende April 1852, der Beginn der Regenzeit. Die Tage vergehen kaum ohne eine einzige Stunde, in der es nicht regnet. Wegen des Regens kann wiederum kein Feuer entfacht werden, weil es kein trockenes Holz zum Anzünden gibt. Schon am ersten Tag nach der Ankunft beginnen die Passagiere, die bereits völlig ausgehungert angekommen waren, nach essbaren Kleintieren Ausschau zu halten. Schließlich töten sie eine Eidechse und verzehren sie roh. Schliemann beobachtet sich selbst mit Entsetzen, wie er voller Appetit das Fleisch verschlingt. In der Navy Bay gehören Eidechsen, Schildkröten, Affen, Maultiere und Alligatoren zur Hauptnahrung der Gestrandeten. Das Unvorstellbare existiert an diesem Ort nicht, weder sichtbar an der Oberfläche noch in den Köpfen. Ekel, Moralvorstellungen und jegliche andere Grenzen werden mühelos überwunden. Hier wollen alle nur überleben – in den ersten Tagen zumindest. Der Regen prasselt und prasselt. Die Menschen sind völlig durchnässt, die ersten leiden an Fieber- und Durchfallerkrankungen. Dort, wo sie sich hingelegt haben, krampfen und winden sie sich, bis viele von ihnen schließlich verenden. Auch nach dem Tod bleiben sie an derselben Stelle liegen – niemand kann oder will die Kraft aufbringen, sie ordentlich zu begraben. Schliemann fühlt sich immer mehr wie ein Tier. Er isst wie ein Tier, er stinkt wie ein Tier, er schläft wie ein Tier. Er suhlt sich im Schlamm, um sich vor den stechenden Mücken zu schützen. Seine Habseligkeiten bewacht er wie ein Tier seinen eigenen Nachwuchs. Mit Messer und Revolver sitzt oder schläft er die meisten Stunden auf den Koffern. Schliemann wird den kostbaren Inhalt bis zum bitteren Ende verteidigen. Er denkt dabei nicht mehr nur an den Reichtum und die Mühen, mit denen er dieses Vermögen in Kalifornien gemacht hat. Das Gold mit einem Wert von sechzigtausend Dollar ist der einzige Beweis dafür, dass er vor diesem erbärmlichen Dasein ein Leben in der Zivilisation geführt hatte. Der Gedanke an das Gold lässt ihn in diesen Tagen das Leben von damals und das Leben, zu dem er zurückwill, nicht ganz vergessen.

Eine Wunde am Bein, die ihn bereits seit der Abreise in Kalifornien begleitet, wird in der dauernden Nässe immer schlimmer. Er versucht, die Schmerzen zu lindern, indem er etwas Quecksilber auf die Stelle streicht. Mit jedem Tag vergrößert sie sich. Bald kann Schliemann ein kleines Stück des Knochens erkennen. Die Schmerzen machen ihn bewegungsunfähig. Von nun an bleibt er auf seinen Koffern liegen. Sobald er im Gebüsch etwas rascheln hört, greift er sofort zum Messer. Viele Passagiere sind in den letzten Tagen von Schlangenbissen oder Giftstacheln der Skorpione getötet worden.

Das Unwissen über die Zukunft und die Qualen ihres Lebens in der Bucht lassen die Menschen immer mehr abstumpfen. Wenn nicht ein Tier oder eine Krankheit zur Gefahr wird, dann geht die Gefahr zunehmend von den Menschen selbst aus. Schliemann kann das, was er innerhalb der Schicksalsgemeinschaft sieht und erlebt, nicht einmal in sein Tagebuch schreiben. Zu schrecklich ist es, als dass er es in Worte fassen wollte.

Nach zwei Wochen hat das Martyrium ein abruptes Ende. Ein Kanonenschuss aus der Ferne weckt Schliemann am frühen Morgen des 8. Mai. Gleich vier Dampfer fahren in kurzen zeitlichen Abständen in die Bucht und nehmen die Passagiere auf. Er bezahlt hundertdreißig Dollar für eine Luxuskabine, wechselt seine Kleidung, lässt seine Wunde verarzten und kommt mit einer Rindfleischbrühe wieder zu Kräften. Die Abfahrt aus der Navy Bay verpasst er schlafend in seinem Bett.

Krise

Am Morgen des 24. August 1857 wäre Charles Stetson am liebsten im Bett geblieben. Irgendwann stand er doch auf, zog sich an und polierte mit einem Tuch seine goldene Taschenuhr, bevor er sie am strahlend weißen Wams befestigte. Nachdem er noch einen Staubfussel von seinem Gehrock gewischt hatte, machte er sich auf den Weg zu seinem Arbeitsplatz, einem hübschen Gebäude mitten in New York. Wenig später war der Zeitpunkt gekommen, den Stetson zu den unangenehmsten Momenten seines Lebens zählen würde. Als Präsident der *Ohio Life Insurance and Trust Company* musste er eine Erklärung abgeben. Während er von Krämpfen in seiner Magengegend gepeinigt wurde, versuchte Stetson mit versteinerter Miene, möglichst viel Sachlichkeit auszustrahlen. Er teilte der Öffentlichkeit mit, dass das Unternehmen die Zahlungen eingestellt habe.

Die Bedeutung seiner Botschaft war trotz dieser nüchternen Formulierung bei den Journalisten angekommen. Die *Daily Gazette* aus Cincinnati berichtete am nächsten Tag von einem »Donnerschlag bei heiterem Himmel«. Beim Überfliegen des Artikels verwandelte sich die Gesichtsfarbe vieler Leser vor Entsetzen von aschfahl zu kreidebleich. Das New Yorker Büro der *Ohio Life* hatte in spekulative Anleihen für Eisenbahngesellschaften investiert, nicht ohne die Hilfe großzügiger Kredite, bewilligt von den Mitarbeitern vieler weiterer New Yorker Banken. Kaum auf der Arbeit angekommen, verlangten diese Mitarbeiter ihre Darlehen von anderen kleineren Banken zurück. Gleichzeitig verkauften Unternehmer und Gläubiger panisch ihre Aktien. Nach kurzer Zeit gingen die nächsten Banken pleite. Die übrigen warteten nervös auf die Fracht des Schaufelraddampfers *Central America*: Sie umfasste mehrere Tonnen Gold aus den Minen Kaliforniens, mit denen die Reserven der Banken aufgefüllt werden sollten. Zum Entsetzen aller versank das Schiff mit seinen vierhundertsechsundzwanzig Passagieren am 12. September vor der Küste von South Carolina. Grund dafür war ein Hurrikan. Das sehnsüchtig erwartete Gold lag in unerreichbarer Ferne auf dem Meeresgrund.

Fast genau einen Monat später lief eine Gruppe vornehm gekleideter Herren durch New Yorks Straßen. An jeder Hausecke kamen weitere Männer dazu. Der Mob aus Trägern von Gehröcken und Männern mit Koteletten vergrößerte sich auf zwanzigtausend Personen; Bewohner beobachteten aus ihren Fenstern, wie die Reihen aus schwarzen Zylindern gleich einem Lavastrom unaufhaltsam in Richtung Bankenbezirk zogen. Die reichen Herren verlangten von den Bankmitarbeitern ihr Geld zurück, doch diese schlossen erst die Schalter, dann die Eingangstüren. Die Protestierenden wanderten ziellos auf den Straßen herum, manche schimpften vor sich hin, andere stocherten ratlos mit ihren Spazierstöcken in Wertpapieren, die über den Boden flatterten.

Neben den verzweifelten erhoben sich auch optimistische Stimmen. Einige Journalisten fanden beruhigende Worte in ihren Beiträgen: Was in New York passiere, müsse den Westen des Landes nicht aufregen – dort, wo man nicht mit Aktien, sondern mit anständiger Arbeit, nämlich Ackerbau und Viehzucht, sein Geld verdiene, und das so gut, dass die Bauern sogar das vom Krimkrieg gebeutelte Europa mit Weizen belieferten. Doch bereits ein Jahr vor der Bankenkrise erklärte der russische Zar Alexander II. jenen Krieg, den sein Vater begonnen hatte, für verloren. Endlich herrschte Frieden, die französischen und britischen Soldaten kehrten in ihre Heimat zurück, bestellten nun wieder ihre eigenen Äcker. Die Ernte hatte sich gut angelassen, und bald gab es in Europa keinen Bedarf mehr an Getreide aus den USA. Die amerikanischen Bauern blieben auf ihrer überschüssigen Ware sitzen und konnten ihre Kredite nicht zurückzahlen.

Langsam wurden die optimistischen Stimmen verhaltener, die panischen hingegen gewannen an Kraft. Telegrafendrähte übermittelten die Neuigkeiten in rasanter Geschwindigkeit. Zwei Monate nach der Erklärung von Charles Stetson gerieten die ersten Banken in Schottland und England in Zahlungsschwierigkeiten. Bald wurde die Krise auch in Europa zum allgegenwärtigen Gesprächsthema. So setzte sich Karl Marx (1818–1883) am 20. Oktober in London beschwingt an seinen Schreibtisch, zückte die Feder und schrieb an Friedrich Engels (1820-1895) in beispielhaft globalisiertem Duktus: »Dear Frederick, ... Die amerikanische Krise – von uns in der Novemberrevue 1850 als in New York ausbrechend vorhergesagt – ist beautiful.«

Friedrich Engels, ganz euphorisch, ließ Marx nicht lange auf eine Antwort warten: »Lieber Marx, ... Der American crash ist herrlich und noch lange nicht vorbei ...«

Während Marx und Engels den Bankenkollaps freudig begrüßten und den endgültigen Zusammenbruch des Kapitalismus kaum erwarten konnten, beobachtete wohl die Mehrheit der Menschheit mit großem Unbehagen, wie die Krise sich allmählich über Kontinente hinweg ausbreitete.

Nach England und Schottland erreichte die Wirtschaftskrise im Winter 1857 Holland, Frankreich und Russland. Die Schweiz, Österreich und Polen gerieten alsbald in denselben Strudel, irgendwann auch Südamerika. Tausende von Unternehmen auf der ganzen Welt gingen in Konkurs. Die Preise für Kolonialprodukte in den Erzeugerländern sanken um fünfzig Prozent. »Die Krisis«, schrieb eine Frankfurter Zeitung, »ist zur Weltfrage geworden.«

Die von Marx und Engels prophezeite und sehnsüchtig erwartete Revolution trat mit der Wirtschaftskrise dennoch nicht ein: weder in den USA noch in Europa oder sonst irgendwo auf der Welt. Rund zwei Monate nach Stetsons Verkündigung öffneten die Angestellten der meisten New Yorker Banken wieder die Schalter und empfingen ihre Kunden – die meisten von ihnen mit Koteletten und Zylindern – so freundlich wie eh und je. Als wäre nie etwas gewesen.

*

Im Jahr 1857 bangt Schliemanns Vater, sicherlich nicht unbegründet, ganz besonders um seinen Sohn, der sich als Kaufmann mittlerweile eine äußerst lukrative Existenz aufgebaut hatte. Seine Sorgen, aber auch seine persönliche Theorie zur Ursache der Krise teilt Ernst Schliemann ihm in einem Brief unverblümt mit: »... einzig und allein nur durch die Einwirkungen des Satans konnte eine solche Zeit kommen, durch die Tausende zu Grunde gerichtet werden! ... Möge doch das Dir drohende Ungewitter ruhig vorüberziehen, ohne Dich im mindesten zu beschädigen!«

Schliemann beruhigt in einem Antwortschreiben daraufhin seinen Vater: »... Es ist eine Schreckenszeit im Handel eingetreten und die Crisis stürzt überall die ältesten und stärksten Handelshäuser [in den Ruin] ... Durch wunderbare Zufälle ... blieb ich bis jetzt Gott sei Dank ziemlich verschont, denn meine Verluste waren bis heute 9 Uhr 58 Minuten morgens verhältnißmäßig klein. ... Ich habe das Waarengeschäft schon längst aufgegeben und seit Neujahr nur Bank- und Geldgeschäfte betrieben.«

Dennoch macht Schliemann sich Sorgen. Er will so viel wie möglich von dem Erworbenen retten und sich dann »vom Gewühl des Geschäfts« zurückziehen.

Gleichzeitig spürt er seit der Krise einen Ekel vor seinem Beruf, mit all den spekulativen Geschäften. Bereits viele Monate zuvor, nach dem Ende des Krimkrieges, hatte er begonnen, sich nach und nach aus dem Handel zurückzuziehen und sich dem Bankgeschäft zu widmen. Sobald diese schwere Zeit überstanden ist, will er sich ausschließlich mit der Einnahme von Zinsen begnügen.

Durch die Krise verliert Schliemann etwa vierhunderttausend Rubel, gewinnt dafür mehrere graue Haare. Während er Ersteres als mehrfacher Millionär einigermaßen verkraften kann, findet er Letzteres angesichts seines Alters erschreckend: Immerhin ist er erst sechsunddreißig. In diesen Tagen fühlt er sich so deprimiert wie lange nicht mehr. Morgens fällt es ihm zunehmend schwerer, sich in das Kontor zu begeben. Der einzige Lichtblick ist das allwöchentlich stattfindende Treffen bei ihm zu Hause, zu dem er stets einen auserlesenen Kreis gebildeter Männer einlädt. Schliemann sitzt mit den Professoren dann meist um seinen Kamin im Wohnzimmer. Während das brennende Holz knistert und knackt, halten die Gäste Vorträge zu ihren jeweiligen Fachgebieten. Ihr Gastgeber hört den Professoren mit Genuss zu und beteiligt sich noch lieber am regen Austausch danach. Jene Vorträge, die ihm besonders gut gefallen haben, kann er nach dem Abend aus dem Gedächtnis wiederholen. Die Gespräche mit den Wissenschaftlern beschwingen Schliemann. Zugleich nagen sie innerlich an ihm; meist gerade dann, wenn er im Kontor sitzt und über seinen Warenlisten brütet. Seiner Tante aus Kalkhorst schreibt er während einer dieser frustrierenden Momente, dass er in wissenschaftlicher Hinsicht wohl sein Leben lang ein Stümper bleiben würde.

*

Im Jahr 1858, fast genau ein Jahr nach der Weltwirtschaftskrise, ist wieder einmal ein trister Abend in St. Petersburg angebrochen, an dem Schliemann ohne Gesellschaft in seinem Arbeitszimmer sitzt und überlegt, wie er die folgenden Stunden sinnvoll nutzen könnte. Da fällt ihm ein, dass er seine Korrespondenz

Heinrich Schliemann als reicher Kaufmann in St. Petersburg

längst einmal in einen ordentlichen Zustand bringen wollte. Er steht auf und holt einen großen Karton aus dem Regal. Nach wenigen Momenten sitzt er wieder am Schreibtisch. Vor ihm liegt ein dicker Stapel aus Briefen und Tagebüchern – die letzten fünf Jahre zu Papier gebracht. Er blättert Seite für Seite um, während er in Gedanken nach und nach immer tiefer in die Erlebnisse der vergangenen Jahre einsinkt.

Im Sommer 1852 war Schliemann aus Amerika nach Russland zurückgekehrt. Um wenige Wochen hatte er dabei den Höhepunkt der Weißen Nächte von St. Petersburg verpasst: wenn das Licht die Stadt nie ganz verlässt und noch zu spätester Stunde von den goldenen Kuppeln der Kathedralen und der Wasseroberfläche der vielen Kanäle zurückgeworfen wird. Ein fortwährender Dämmerzustand, magisch und schlafraubend.

In den ersten Wochen hatte er ein Treffen mit Jekaterina Lyshina arrangiert, die ihm vor seiner Amerikareise einen Korb gegeben hatte. Sie ist eine überdurchschnittlich gebildete und selbstbewusste Russin aus einer mäßig wohlhabenden, dafür gesellschaftlich einflussreichen Juristenfamilie in St. Petersburg. Seit ihrer letzten, etwas unterkühlten Begegnung waren etwa zwei Jahre vergangen. Sein beruflicher Erfolg in Kalifornien hatte ihm ein deutlich größeres Vermögen und viel Anerkennung in der Branche eingebracht. Nicht nur seine Freunde an der Börse in St. Petersburg hatten ihn beim Wiedersehen mit Begeisterung empfangen. Auch Jekaterina war sehr viel freundlicher zu Schliemann gewesen. Seinem zweiten Antrag hatte sie schließlich zugestimmt.

Für das Ehegelöbnis hatten sie sich die Isaak-Kathedrale ausgesucht: ein eindrucksvolles Bauwerk mit Granitsäulen, bronzenen Kapitellen und einer vergoldeten Hauptkuppel mit einem Durchmesser von sechsundzwanzig Metern. Eine Kirche, in der sich üblicherweise zu besonderen Festen auch der Zar und die Zarin einfanden. Sie bot Platz für mehr als zehntausend Menschen. Bei Schliemanns Vermählung war allerdings außer Jekaterinas Angehörigen niemand anwesend – bis auf zwei seiner Geschäftskollegen, die ihm als Trauzeugen zur Seite gestanden hatten. Die übersichtliche Runde war an einem Seitenaltar zusammengekommen, wo Heinrich und Jekaterina nach russisch-orthodoxem Brauch vermählt wurden. Anschließend hatten sie ihre neue Wohnung bezogen, die Schliemann nur wenige Wochen zuvor gemietet hatte. Sie umfasst die gesamte dritte Etage eines Stadtpalais: zwölf

Jekaterina Lyshina, Altersbildnis

Zimmer, eine Küche sowie einen Pferdestall und eine Wagenscheune neben dem Gebäude. Noch bevor Schliemanns Frau mit eingezogen war, hatte er die Wohnung mit prachtvollen Möbeln ausstatten lassen. Allein in die Einrichtung des Gästezimmers hatte er tausend Rubel investiert.

Damals hatte Schliemann seiner Familie in Mecklenburg geschrieben: »Wenn ihr diesen Brief erhaltet, bin ich, so Gott will, schon fünf Tage verheiratet und werde gewiss meinerseits das Möglichste tun, um meine Frau recht glücklich zu machen. In der Tat, sie verdient glücklich zu sein, denn sie ist ein sehr braves, einfaches, kluges und vernünftiges Mädchen, und ich liebe und achte sie jeden Tag mehr.«

Statt eine Hochzeitsreise zu machen, hatte Schliemann einige Tage später sein ebenfalls neu eröffnetes Kontor bezogen. Dort verbrachte er in den folgenden Jahren viele arbeitsame Stunden, das »Gewühl des Geschäfts« sollte hier seine Basis finden. Mit einem Kapital von mehr als zwanzigtausend Rubel hatte er sich Ende des Jahres 1852 als Kaufmann II. Gilde einschreiben lassen und zugleich in Moskau eine Großhandelsfiliale eröffnet. Seinem Vater musste er einen Besuch für den Winter 1853 absagen, »denn ich habe jetzt ein ungeheures Geschäft und von der blauen Farbe: ›Indigo‹ allein für viele hundert Tausend Thaler auf dem Lager.«

Es war das Jahr, in dem der Krimkrieg ausgebrochen war. Die zaristische Armee war Schliemanns bester Kunde geworden. Er hatte sie mit Blei und Salpeter zur Munitionsherstellung beliefert sowie mit Indigo zur Färbung der blauen Uniformjacken.

Der Hochzeit folgte eine Zeit voller Geschäftsreisen und Gewinne. In einer seiner Aufzeichnungen hatte er sich selbst ermahnt, nicht so gierig sein zu dürfen: »Während des ganzen Krieges habe ich nur an Geld gedacht.«

An anderer Stelle hatte er geschrieben: »Ich bin so sehr an Tätigkeit gewöhnt, daß Untätigkeit, selbst bei allen erdenklichen Vergnügungen, mich in wenigen Monaten zum Wahnsinn bringen würde.«

Ein unvermittelter Knall katapultiert Schliemann während des Lesens jäh in die Gegenwart zurück. Er dreht sich abrupt zum Kamin um, wo das Geräusch hergekommen ist, und beruhigt sich wieder: Lediglich ein Holzstück war durch die Hitze aufgeplatzt. Schliemann legt den Brief kurz ab, um einen Schluck Tee zu trinken. Es war ernüchternd. Seit fünf Jahren sah sein Alltag folgendermaßen aus: Pünktlich um sieben Uhr stand er auf und machte ausgiebig Morgengymnastik oder ging, wenn die Temperaturen es erlaubten, schwimmen. Gegen halb neun Uhr saß er bereits an seinem Schreibtisch im Kontor und kümmerte sich um die Geschäftspost. Vor dem Mittagessen empfing er noch Kollegen und Geschäftspartner oder nahm selbst Außentermine wahr. Den Nachmittag verbrachte er in der Börse, einem edlen Gebäude, errichtet im Stil eines antiken Tempels. Abends setzte er sich in sein Arbeitszimmer zu Hause, schrieb bis tief in die Nacht Briefe oder studierte Sprachen. Wenn er St. Petersburg verließ, dann aus rein geschäftlichen Gründen, um beispielsweise in sein Kontor nach Moskau zu reisen.

Schliemann hat den Tee ausgetrunken und widmet sich wieder dem Papierstapel. Beim Weiterlesen stößt er auf viele Passagen, die sich voller Sorge um sein Vermögen drehen. In einem Brief an einen Freund formulierte er: »Bei plötzlich eintretendem Frieden würde ich auf Farbhölzer, Salpetersäure und Blei vielleicht 30 Prozent verlieren. Um solche Verluste auf andere Weise zu ersetzen, habe ich vor acht Tagen in London und Amsterdam ca. 550 Kisten Indigo kaufen lassen, denn dieser Artikel kann bei der kleinen Ernte in Ostindien nicht fallen, wenn der Krieg fortdauert, muß aber ein Schilling pro Pfund Sterling steigen, wenn wir glücklich Frieden kriegen.«

Nachdem er bereits die Hälfte des Stapels auf der linken Seite des Schreibtischs aufgetürmt hat, liegt vor ihm ein Brief von 1855 an seinen Vater. Zusammen mit den fünfhundert Reichstalern, die er dem Brief beigelegt hatte, ging die Bitte einher, er möge sich in seiner neuen Wohnung in Danzig ordentlich einrichten. Dazu gehörten unter anderem: ein anständiger Bediensteter und eine anständige Magd, stets vor Reinlichkeit glänzende Teller, Schüsseln, Tassen, Messer und Gabeln, darüber hinaus dreimal wöchentlich gescheuerte Dielen und Fußböden. Mit anderen Worten: Er solle sich so einrichten, »wie es dem Vater eines Heinrich Schliemann zukommt.«

Beim Weglegen des Briefes fällt ihm sogleich die Geburtsanzeige seines Jungen Sergej in die Hände. Nur kurze Zeit, nachdem er diese strengen Worten an seinen eigenen Vater gerichtet hatte, war Schliemann selbst erstmals Vater eines Sohnes geworden.

Zwischendurch tauchen Briefe von Jekaterina an ihn auf. Einmal beschreibt sie, wie gekränkt sie darüber sei, dass Schliemann ihre Schwangerschaft für eine Lüge hielt. An seinen, wie er nach wie vor findet, recht originellen Scherz, kann er sich noch gut erinnern. Er liest den Brief nicht zu Ende und greift

Heinrich Schliemann in St. Petersburg, 1856

Sergej, Sohn aus erster Ehe

nach einem weiteren. Darin beklagt sich Jekaterina über fehlendes Geld. Sie wirft ihm vor, ihr ein solch karg bemessenes Haushaltsgeld zur Verfügung zu stellen, dass sie sich wegen Sonderausgaben für Arztbesuche bereits in der demütigenden Position befände, Schulden machen zu müssen. »Du guckst immer nur auf die Kopeke und verlierst dabei den Rubel aus den Augen.« Schliemann errötet leicht und überfliegt schnell die nächste Zeile. Er sucht einen thematisch neuen Abschnitt, doch die nächsten Worte, bei denen er hängen bleibt, lauten »kleinlicher Händler und bedauernswerter Mensch.«

Ungnädig wischt er das Blatt vom Tisch, schiebt den Stuhl quietschend zurück, sodass dieser beinahe kippt, letztendlich aber noch zum Stehen kommt. Unzufrieden stochert er eine Weile mit der Ascheschaufel im Kamin. Als das Holz gänzlich heruntergebrannt ist und nur noch vereinzelte Kohlestückchen glühen, hat Schliemann einen Entschluss gefasst.

Einige Tage später ruft er seine Gattin zu sich, als diese sich gerade über den Flur zu ihrem Schlafgemach begeben will. Jekaterina streckt den Kopf durch die offene Tür ins Arbeitszimmer. Nach mehreren Sekunden reglosen Schweigens auf beiden Seiten tritt sie schließlich ein und setzt sich auf einen freien Sessel ihrem Mann gegenüber. Ihre Hände gefaltet auf ihren runden Bauch gelegt, taxiert sie Schliemann, der seine Schreibfeder erst in diesem Moment zur Seite legt und sich im Stuhl zurücklehnt. Seinen Blick auf irgendeinen Punkt am Bücherregal hinter Jekaterina gerichtet, beginnt er ohne Umschweife zu erklären, dass die Wissenschaften und das Sprachstudium zu seiner wilden Leidenschaft geworden seien. Hierfür müsse er bald eine Bildungsreise unternehmen. Zu den Altertümern Italiens, vor allem aber nach Ägypten. Aber nicht nur. Genauer gesagt, er möchte Richtung Orient. Und mit »bald« meine er in zwei Wochen. Zur Geburt seines zweiten Kindes würde er aber rechtzeitig wieder da sein. Als er nach einer kurzen Pause das Angebot hinterherschiebt, dass sie ihn gerne begleiten dürfe, hält er die Schreibfeder bereits wieder in der Hand. Jekaterina erhebt sich mit etwas Mühe aus dem tiefen Sitzpolster. Ihre Antwort, indem sie sich von ihm abwendet, überrascht ihn nicht: Auch diesmal bevorzugt sie es, mit dem mittlerweile dreijährigen Sergej in St. Petersburg zu bleiben.

Am Tag seiner Abreise, im November 1858, gibt er seiner Frau Anweisungen zur Haushaltsführung und lässt ihr einen exakt kalkulierten Betrag zurück, mit dem sie seiner Meinung nach über die Runden kommen müsse. Als er in die Kutsche steigt, sieht er aus dem Fenster des Wohnzimmers nur das kleine Händchen Sergejs zum Abschied winken. In den nächsten Wochen reist Schliemann über Stockholm, Kopenhagen, Berlin, Frankfurt und Baden-Baden nach Italien und erreicht im Januar 1859 sein Ziel: Ägypten.

*

»Von meiner lieben Frau erhielt ich die mich so beglückende Nachricht, daß dieselbe mit einem gesunden Mädchen niedergekommen ist …« Schliemann unterbricht das Schreiben, um seine Jacke zuzuknöpfen. Sein Bad im Nil ist schon mehr als zwei Stunden her, aber noch immer fröstelt es ihn. Auf der sonnigen Seite des Hausbootes sitzt er mit Blick zum Fluss in einem niedrigen Korbstuhl, um einen Reisebericht für seinen Vater zu verfassen. Während er die sanften Wellen des Flusses beobachtet, lässt eine kühle Brise die Blätter der Palmen am Ufer rauschen. Ein Baumstamm taucht an der Wasseroberfläche auf und gleitet nur wenige Meter entfernt geräuschlos an ihm vorbei. Doch Schliemann entdeckt runde Erhebungen im vorderen Drittel: ein glänzendes Augenpaar, das das vermeintliche Treibholz als Krokodil entlarvt. Zu seiner linken und rechten Seite hört er gedämpfte Stimmen und klirrendes Porzellan: Seine schwimmende Unterkunft liegt zwischen mehr als einem Dutzend weiterer Hausboote am Ufer des Nils. Adlige und Großindustrielle aus unterschiedlichsten Ländern scheinen auf die Idee gekommen zu sein, sich vor dem Winter andernorts, vielleicht auch vor den unerfreulichen und immer sichtbarer werdenden Folgen der Wirtschaftskrise an diesen entlegenen Ort zu flüchten. Mitten im Februar sitzen sie nun, träge wie die Krokodile, auf ihren Booten, nippen an ihren Gläsern mit Tee und entspannen sich in der Sonne, denn im Schatten ist es nach wie vor sehr kühl. Schliemann hat sich für seine Reise nach Ägypten einen ungewöhnlich kalten Winter ausgesucht. In manch einer Nacht muss er sich mit allen Kleidungsstücken zudecken, die er dabeihat. Gegen die bittere Kälte nützt das jedoch meist nur wenig.

Dennoch ist das Klima am Nil kein Vergleich zu den frostigen Temperaturen, die seine Familie mit dem neuen Zuwachs – Jekaterina hat dem Mädchen den Namen Natalia gegeben – in diesem Moment in Russland erdulden muss. Nachdem er den Brief an seinen Vater zu Ende geschrieben hat, schiebt er noch einige Blätter des Hennastrauchs mit in den Umschlag samt einer Anleitung, wie sich daraus Farbe herstellen lässt, »womit sich hier die Eingeborenen die Hände gelb färben …«

Mit einem kurzen Blick auf die Taschenuhr steht er auf und geht in das Innere des Hausbootes, um den Brief in seiner Kajüte zu verstauen. Sein Schreibheft in der Hand, erscheint er wieder im Freien. Jeden Augenblick sollte der Sprachlehrer kommen, den er direkt nach seiner Ankunft in Ägypten engagiert hat, um Arabisch zu lernen.

Am 4. Januar 1859 war Schliemann in Alexandria angekommen und von dort mit der Eisenbahn nach Kairo gefahren. Nachdem er die Pyramiden von Sakkara und Gizeh besichtigt hatte, konnte seine Nilreise beginnen. Immer wieder hatte er am Ufer angelegt, um keines der altägyptischen Denkmäler an Land zu verpassen. So zieht sich die Fahrt auf der Barke schon über zwei Monate hin.

Bald kennt Schliemann jedes Palmenblatt, jede Holzmaserung des Hausbootes und jedes größere Reptil in der Umgebung. Er kennt die Pyramiden und die Großen Felsentempel. Die Hieroglyphen unter den tonnenschweren Füßen der Steinkolosse kennt er auch. Er hat die Moscheen Kairos gesehen und die historischen Viertel mit den traditionell verzierten Holzgittern an den Häusern, von denen viele abgerissen werden, um Platz für moderne Gebäude und Straßen zu schaffen. Seine Anreicherung neuen Wissens hat sich in den letzten Tagen auf ein gemächliches Tempo verlangsamt. Bevor es endgültig zum Stehen kommt, zieht Schliemann lieber weiter.

Seine beiden neuen Bekanntschaften – zwei italienische Grafen namens Giulio und Carlo Bassi aus Bologna – konnte er überreden, mit ihm durch die Wüste nach Jerusalem zu ziehen. Auf dem Markt von Kairo kaufen sie sich drei Reitpferde und zwölf Kamele, die mit Fässern und Schweinehautschläuchen voll Wasser sowie Geflügel in Käfigen und allem anderen beladen sind, was die Herren für ihre Reise brauchen. Am 1. April 1859 geht es los. Während des Marsches durch die Wüste erleben sie Sandstürme und auch einmal ein schweres Gewitter mit Hagel. Trotz der Anstrengungen nimmt sich Schliemann die Zeit, seine Umgebung zu beobachten und im Tagebuch detailliert das sonderbare Aufstehen eines Kamels, die Sandwirbel auf den Dünen wie auch die versteinerten Muscheln an manchen Felswänden zu beschreiben. Nach neunzehn Tagen, rechtzeitig zum Osterfest, sind sie am Ziel angelangt. Doch Schliemann hat noch nicht genug gesehen. Als Nächstes will

Heinrich Schliemann im orientalischen Kostüm, 1859

er die archäologische Stätte Baalbek im Libanon besuchen. Um einem Überfall durch Wegelagerer oder Feinde jeglicher Art vorzubeugen, von denen es für Europäer in dieser Gegend zur Genüge gibt, tarnt er sich als englischer Kolonialherr: eine Figur, die bei den Bewohnern des gesamten Vorderen Orients für ihre Strenge bekannt ist und Respekt erzeugt. Das Glück wieder einmal auf seiner Seite, nehmen ihn drei wahre Engländer, die zufällig in dieselbe Richtung reisen, in ihre Gruppe mit auf und bestätigen damit Schliemanns abschreckende Erscheinung.

Von Baalbek aus geht es wieder Richtung Süden zur archäologischen Stätte von Petra. Der Weg dorthin führt durch ein Tal, das sich immer tiefer durch den roten Felsen schneidet. Schliemann und seine Begleiter beschleicht das Gefühl, die ersten Europäer seit Langem zu sein, die in diese Gegend reisen. Die Paläste, Gräber und Theater, allesamt direkt aus dem Stein gehauen, beschreibt er in einem Brief an seinen Vater als merkwürdig. Zurück in Jerusalem, unternimmt Schliemann eine weitere Kurzreise, diesmal nach Jericho. Während eines Bades im Jordan ertrinkt er beinahe, weil er die starke Strömung des Flusses zum Toten Meer hin unterschätzt hat. Bis Ende Mai besucht er unter anderem Samaria, Nazareth, Sidon und Beirut, diesmal nur noch in Begleitung eines einheimischen Haushälters und zweier Diener.

In Damaskus zeigen sich erste Folgen der monatelangen Reise durch die Wüste. Schliemanns Gesundheit ist geschwächt und er bekommt starkes Fieber, das er auch während der Schifffahrt über Smyrna an der kleinasiatischen Küste und danach in Richtung Griechenland nicht mehr loswird. In Athen lässt sich Schliemann zum nächsten Hotel fahren und schleppt sich mit letzter Kraft in das gebuchte Zimmer. Fast eine ganze Woche bewegt er sich nur noch bei dringendsten Bedürfnissen aus seinem Bett – bis es an der Tür klopft und ein Page ihm auf einem Silbertablett einen Brief überreicht. Der Absender stammt aus St. Petersburg. Als Schliemann den Brief liest, zeichnen sich auf seinem blassen Hals kleine rote Flecken ab. Die Arbeit ruft.

Vor seiner Abreise in den Orient hatte Schliemann sein Petersburger Kontor an den Kaufmann Stepan Solovieff verkauft. Sie hatten eine Ablösesumme von über dreiundachtzigtausend Silberrubel vereinbart, zu bezahlen in jährlichen Raten. Der eingetroffene Brief informiert ihn nun nicht nur darüber, dass Solovieff bereits den Termin für die erste Rate nicht eingehalten hatte, sondern obendrein beim Handelsgericht einen Prozess gegen Schliemann anstrengte. Die Geschäfte liefen seit der Übernahme des Kontors nicht mehr ansatzweise so glänzend wie unter Schliemanns Führung. Daher hielt sein Nachfolger die Ablösesumme plötzlich für nicht mehr gerechtfertigt. Ein unverschämtes Verhalten – Schliemann sieht sich genötigt, sofort zu reagieren.

Während er bereits auf der Bettkante sitzt und sich mit zitternden Händen ankleidet, bittet er den Pagen, an der Rezeption die Rechnung des Hotelaufenthalts zu veranlassen. Es dauert nicht lange, bis Schliemann sich auf die Sitzbank einer Kutsche plumpsen lässt und zum Hafen von Piräus gefahren wird. Von dort wird er – diesmal auf einer Bahre liegend – zum nächsten Dampfer nach Konstantinopel getragen. Kaum hat das Schiff abgelegt und an Geschwindigkeit gewonnen, entspannt er sich ein wenig. Die frische Brise an Deck atmet er in tiefen Zügen ein. Bereits in Konstantinopel ist das Fieber fast weg, bei Sulina ist die Blässe aus seinem Gesicht verschwunden. Je weiter nördlich sie auf der Donau fahren, desto gesünder fühlt er sich. Die Luftveränderung muss letztendlich seine Rettung gewesen sein, glaubt Schliemann.

Am 6. Juli 1859 steigt er an einem lauen Sommerabend in St. Petersburg aus der Droschke, die vor seinem Zuhause zum Stehen gekommen ist. Schliemanns Eindruck der Genesung weicht einem Gefühl der Beklemmung. Hatte er doch gehofft, dieser Stadt sehr viel länger den Rücken kehren zu können. Nun aber ist er bereits nach einem halben Jahr wieder zurück. Er blickt nach oben: Die Lichter hinter den Fenstern seiner Wohnung sind bereits erloschen. Als er die Eingangstür hinter sich schließt, geht er direkt in sein Arbeitszimmer. Bis zum frühen Morgen, wenn Schliemann als Allererstes zum Handelsgericht fahren will, muss er noch verschiedene Dokumente vorbereiten. Das zarte Wimmern eines Babys und das beruhigende Singen seiner Frau von nebenan erinnern ihn daran, dass er beim Frühstück noch zehn Minuten mehr einplanen sollte, um Sergej zu begrüßen und die kleine Natalia kennenzulernen.

In den folgenden Tagen leitet Schliemann alles in die Wege, um auf den Prozess angemessen vorbereitet zu sein. Als ihm mitgeteilt wird, dass der entscheidende Gerichtstermin im späten Herbst stattfinden wird, gibt es für Schliemann keinen Grund, noch einen Tag länger als nötig in St. Petersburg zu bleiben. Er fährt mit Jekaterina und den Kindern kurzerhand auf sein Landhaus außerhalb der Stadt. Eigentlich soll es ein erholsamer Urlaub in Abgeschiedenheit werden, deren friedliche Stimmung er nutzen möchte, um seine Frau von einem Wegzug aus St. Petersburg zu überzeugen. Als neue Heimat stellt er sich Paris vor – eine Stadt, die das Potenzial hat, seinem Wissensdurst gerecht zu werden. Doch auch nach drei Wochen inmitten der ländlichen Idylle zeichnet sich noch kein Erfolg ab; die Gespräche drehen sich im Kreis, und je öfter sie darüber reden, desto mehr scheint sich Jekaterina dem Thema zu verschließen. Als die Streitereien nicht aufhören und seine Frau weiterhin kein Zeichen des Nachgebens signalisiert, ändert Schliemann seine Pläne. Er will der übrigen Zeit bis zum Gerichtstermin einen Sinn verleihen, und das in möglichst weiter Entfernung von Jekaterina. Tags darauf verabschiedet er sich von seiner Familie und verlässt in einer Pferdedroschke das Landhaus. Das Ziel seiner nächsten Reise ist Spanien.

*

In den 1840er-Jahren nahm sich Sarah Stickney Ellis (1799-1872), eine britische Quäkerin, der großen Aufgabe an, in mehreren Büchern die Rolle der Frau in der Gesellschaft Englands zu definieren. Die Titel hielt sie so simpel wie eindeutig: *Die Ehefrauen von England*, *Die Frauen von England*, *Die Mütter von England* und *Die Töchter von England* lauten etwa einige ihrer Publikationen. Letztendlich aber formulierte Ellis in ihren Ratgebern das Ideal einer Frau, das sogar über die Grenzen Englands hinaus und überall dort gelten sollte, wo das Viktorianische Zeitalter Einzug gehalten hatte.

Die Rollen von Ehemännern und Ehefrauen der Mittelschicht folgten im 19. Jahrhundert klaren Regeln. Der Ehemann war das Oberhaupt, das die Familie ernährte und dessen Befehlen alle Familienmitglieder zu gehorchen hatten: seine Frau, seine Kinder und seine Bediensteten. Die Ehefrau hatte drei klare Lebensziele: Sie sollte heiraten, Kinder kriegen und dieselben aufopfernd großziehen. Für die ideale Frau war es ausgeschlossen, einer beruflichen Tätigkeit nachzugehen. Stattdessen war sie ausschließlich für die Haushaltsführung zuständig; je wohlhabender die Familie war, desto mehr Aufgaben delegierte sie an die Bediensteten (deren Anzahl ebenfalls auf den Wohlstand der Familie schließen ließ). Verheiratete Frauen hatten kein Recht auf Eigentum. Sie hatten auch keine sexuellen Bedürfnisse – wie verschiedene Ärzte jener Zeit urteilten. Jedenfalls nicht diejenigen Frauen aus den oberen Gesellschaftsschichten. Bei den Einzelfällen, die eher für das

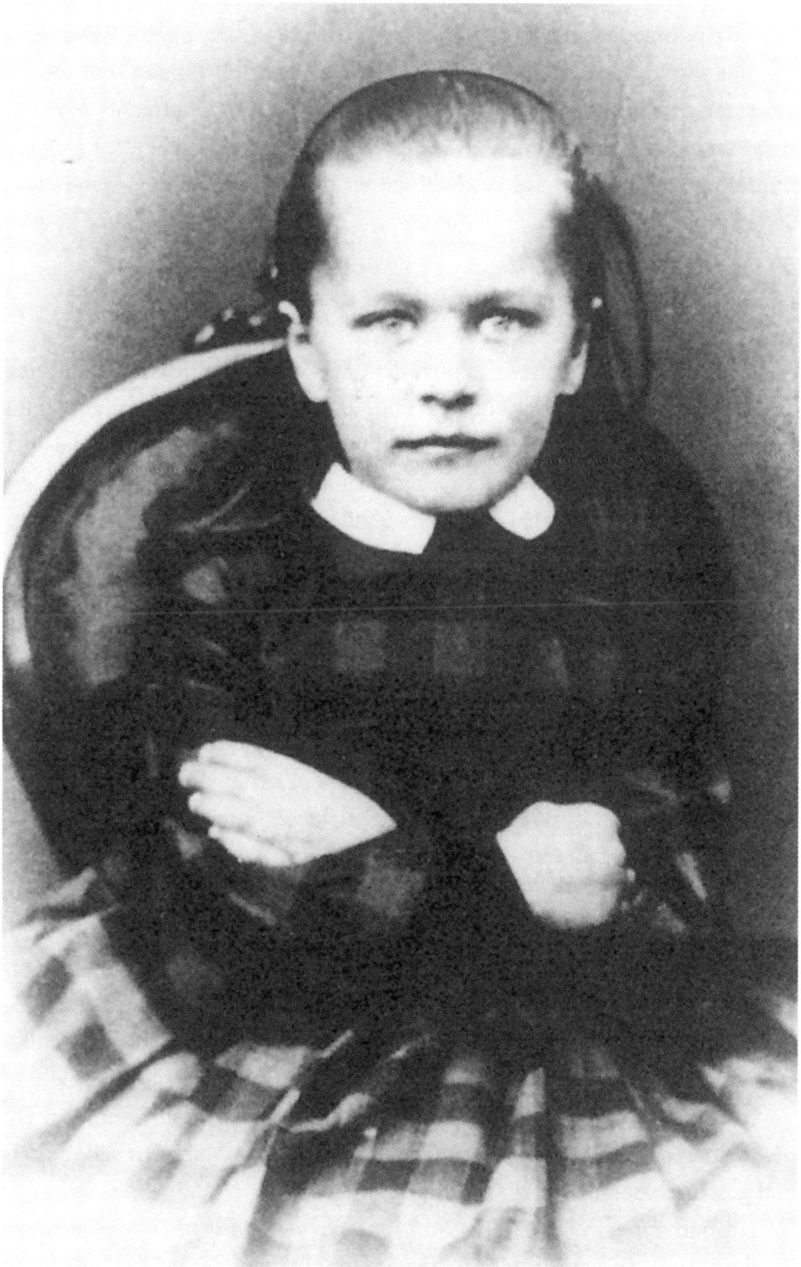

Natalia, Tochter aus erster Ehe

Gegenteil sprachen, diagnostizierten die Ärzte eine ungesunde Perversion. Sex außerhalb der Ehe war inakzeptabel, vor allem für Frauen. Auf diesen gesellschaftlichen Vorstellungen beruhend entstand und herrschte eine unausgesprochene Doppelmoral: Das Leben, das in der Öffentlichkeit gespielt wurde, und das Leben, das sich still hinter der Fassade zutrug, waren zwei Seiten einer Medaille.

*

Als Schliemann den ganzen September 1859 durch Spanien reiste, erhielt er wöchentlich einen Brief von seiner Frau. Die folgenden Auszüge daraus sind geeignet, das Verhältnis der Eheleute zu begreifen, und sie sind darüber hinaus kostbar – denn sie gehören zu den wenigen Schriftzeugnissen, die Jekaterina selbst verfasst hat und die in Schliemanns Nachlass bis heute überdauert haben. Sie offenbaren einen ungefilterten Blick auf ihren Umgang mit Schliemann sowie zumindest auf ihre eigene Sichtweise der Dinge, wie sie sich im Jahr 1859 zugetragen haben.

Auszug aus dem Brief vom 5. September: »Ich freue mich, dass Du guten Mutes bist. Uns ist in hohem Maße langweilig, besonders leer ist es am Abend … Serjoscha schläft im Moment sehr ruhig. Gebe es Gott, dass sein Husten schnell vorüber geht … Leb wohl mein lieber Freund, mein Segen begleitet Dich überall. Wenn mein Brief nicht besonders gut geworden ist, dann ist der Zahnschmerz daran schuld.«

Auszug aus dem Brief vom 12. September: »… ich kann nicht begreifen, warum ich heute keinen Brief von Dir erhalten habe. Kann es denn sein, dass Du nicht jede Woche einen Brief an uns schreibst … Ich wünsche dir jegliches Wohlergehen auf der Reise und wisse, wenn Du genug von Deinen Reisereien hast und müde wirst, dass Du ein Heim hast und Dir nahestehende Menschen, die sich freuen, Dich wiederzusehen.«

Auszug aus dem Brief vom 14. September: »… Du schreibst mir, dass Du nicht einen einzigen Brief von mir erhalten hast, obwohl ich Dir schon dreimal geschrieben habe, jetzt zum vierten Mal.

… Überhaupt sind 179 Rubel im Monat zu wenig für mich mit den zwei Kindern, und ich kann mir keinerlei Vergnügungen leisten. Jetzt muss ich für Natascha ein Bett kaufen, das mit Matratze 30 Rubel kostet … Sei so lieb und schicke diese Summe für Natascha …« Im selben Brief fügt sie dazu, dass er zu ihrem Geburtstag nicht gratuliert hat: »Du hast ihn sicherlich ganz vergessen, denn in Deinem Brief erwähnst Du ihn nicht. Das ist für mich sehr traurig.« Dann erinnert sie ihn noch daran: »Am 16. dieses Monats wird Serjoscha vier Jahre alt.«

Auszug aus dem Brief vom 15. September: »… da erhielt ich Deinen Brief vom 7. September, in dem Du schreibst, dass Du noch nicht einen Brief von mir erhalten hast und ich Dich vergessen habe…

… Ich schreibe Dir wöchentlich am Sonnabend …

… Bleibe ruhig und mache Dir keine Sorgen um uns …

… Ich muss ziemlich eingeschränkt wirtschaften und ›mich zur Decke strecken‹. Unsere Wohnung verlangt, dass ich sie sauber halte. Auch die Ärzte sind zu bezahlen …

… Ich hoffe, dass Du bei Deiner Rückkehr mit Deiner Frau zufrieden sein wirst. Serjoscha hat sich sehr über Deine Karte … gefreut …

… Heute hat Serjoscha Geburtstag und seine ersten Worte waren, als er aufwachte: ›Papa ist zum Geburtstag nicht gekommen, doch Weihnachten wird er da sein.‹ Wir haben keine Gäste eingeladen. Wenn jemand von selbst kommt, dann ist es gut.«

Auszug aus dem Brief vom 20. September: »Es ist seltsam, dass ich schon wieder keinen Brief von Dir erhalten habe … wenn ich so lange keine Nachrichten erhalte, dann denke ich, dass Du entweder nicht gesund oder ärgerlich auf mich bist. Übrigens, so scheint es mir, habe ich nichts Unrechtes getan. Wir leben völlig zurückgezogen; an Sergejs Geburtstag hat uns niemand besucht. Er ist ein ganz liebes Kind, ganz von der Art, wie ich Kinder liebe. Er schwatzt im Moment sehr viel, mitunter ganz vernünftig. Doch ist er ein schrecklicher Wildfang und so hat er sich gestern zum Beispiel Salz in die Nase getan und dann lange geweint.

… Schreibe mir bitte mehr. Dein letzter Brief war sehr kurz, mit dem ersten hingegen war ich sehr zufrieden. Er war ganz einfach und ich erkannte Dich darin wieder.«

Auszug aus dem Brief vom 27. September: »Man muss ›zornig‹ schreiben oder noch andere Adjektive (deutsche) verwenden, solche, die ich manchmal bei unseren Streitereien gebrauche. Ich sage nur, dass Dein Brief … mir Verdruss bereitet hat, dass ich viel geweint habe, weswegen ich krank wurde, und mir das Wort gegeben habe, künftig mir nichts mehr so zu Herzen zu nehmen und besser auf meine Gesundheit zu achten, die mir durch nichts zurückgegeben wird. Aber Dich bitte ich, mit mir vorsichtiger umzugehen …

Ich reiche Dir die Hand zur Versöhnung und will keine Minute mehr darüber nachdenken noch reden. Gestern war der Namenstag Sergejs.«

Als Schliemann diese Zeilen erreichen, hat er gerade ganz andere Dinge im Kopf. Wie überrascht ist er doch zum Beispiel von der Herzlichkeit der Spanier. Und wie falsch lag er in seinem Glauben, der Stolz in diesem Land sei zu groß, als dass man Ausländer willkommen heißen und mit ihnen irgendeinen Umgang pflegen wollte. Schliemann erlebt das Gegenteil: Überall wird er freundlich aufgenommen und gut behandelt.

In seinem Tagebuch setzt er sich vor allem mit der faszinierenden Anmut der Spanierinnen auseinander. Für gewöhnlich kleiden sie sich ganz schlicht in Schwarz und verhüllen ihren Kopf mit einem Schleier. Ihr Teint ist von einer gesunden Bräune, ihre Körper meist von hohem Wuchs. Wie gerne wäre Schliemann in Begleitung einer solchen Spanierin auf der Reise oder, besser noch, darüber hinaus.

Als er einen Obstmarkt in Sevilla besucht, wird er auf ein Mädchen aufmerksam, vielleicht vierzehn Jahre alt, das von seiner Mutter begleitet wird. Die melancholische Ausstrahlung des jungen Wesens entzückt ihn zutiefst. Es treibt ihn so weit, die Mutter anzusprechen und sie zu bitten, das Mädchen mit nach Paris nehmen zu dürfen. Im Laufe der Verhandlungen macht Schliemann einen plötzlichen Rückzieher. Es liegt nicht am Unwillen des Mädchens, auf sein großzügiges Angebot einzugehen, auch nicht am Unwillen der Mutter, die in der Hauptsache das gemeine Gerede der Nachbarn fürchtet, wenn sie ihre Tochter einem wildfremden Mann überlassen würde. Was ihn tatsächlich in Schrecken versetzt, ist die eigene tiefe Leidenschaft, die in ihm für das Mädchen entbrennt. Bevor diese vollends außer Kontrolle geraten könnte, verabschiedet sich Schliemann von den beiden Frauen.

Im Übrigen läuft die Reise wie gewohnt. Zum Erlernen der Sprache nimmt er sich einen Spanischlehrer, er bereist die wichtigsten Städte und die herrlichsten Sehenswürdigkeiten, die das Land zu bieten hat. Für Schliemann ist es ein angenehmer September mit vielen neuen Eindrücken, die er in seinem Tagebuch festhält. Seine Kinder geschweige denn seine Ehefrau erwähnt er darin mit keinem Wort.

Pünktlich zum Gerichtstermin kehrt Schliemann im Oktober 1859 notgedrungen nach Russland zurück. Er gewinnt zwar den Prozess, doch Solovieff geht in Berufung. Das laufende Verfahren zwingt Schliemann, für die folgenden Jahre vor Ort zu bleiben und auf größere Reisen zu verzichten. Er langweilt sich schrecklich, vertreibt sich die Zeit schließlich wieder mit Handelsgeschäften. Aber auch die Gewinne, die all seine vorherigen Erfolge nochmals übersteigen sollen, können ihn nicht aufmuntern.

1861, zwei Jahre nach dem ersten Prozess, spricht der regierende Senat Schliemann endlich von aller Schuld frei. Solovieff muss die Ablösesumme aufbringen und dazu noch ein beachtliches Strafgeld an das Gericht bezahlen. Auch beruflich geht es aufwärts: Schliemann wird für drei Jahre zum Richter beim Petersburger Handelsgericht gewählt.

Am 2. August 1861 bringt Jekaterina sein drittes Kind, Nadeschda, zur Welt. Wenige Tage nach der Geburt lässt Schliemann zwei neue Fotografien machen: Selbstporträts, mit einem dichten Schnauzer auf der Oberlippe und einem Zylinder. Auf einem Foto präsentiert er sich in einem etwas zu weiten Überzieher, auf dem anderen versinkt er in einem Pelz, der bis zum Fußboden reicht. Einzig und allein der Kopf, mit einem ernsthaften, in die Ferne gerichteten Blick, ragt aus dem schweren Stoff hervor. Einen Abzug sendet er an seine Familie in Mecklenburg, einen weiteren Abzug lässt er an Minna Meincke weiterleiten, mit der Bitte, dass sie ihm eine Fotografie von sich senden wolle – als Erinnerung an seine erste große Liebe und an die glücklichste Zeit seines Lebens. Ein Anwalt, den Schliemann in dieser Zeit aufsucht, informiert ihn darüber, dass es keine Möglichkeit gibt, eine russisch-orthodoxe Ehe zu scheiden. Jedenfalls nicht in Russland.

Die Eheprobleme verschärfen sich zunehmend, sie bohren sich immer tiefer in das Verhältnis zwischen Schliemann und Jekaterina. Und Schliemann denkt zurück – auch und vielleicht gerade in dieser Zeit – an traumatische Szenen, die er als kleiner Junge bei seinen eigenen Eltern ertragen musste. Die Erinnerungen an seinen Vater schreibt er auf, aber weder in ein Tagebuch noch in einem Brief, sondern in jener erwähnten italienischen Sprachübung:

»Er war ein liederlicher Mensch, ein Wüstling; er enthielt sich nicht ehebrecherischer Beziehungen zu den Mägden, die er seiner eigenen Frau vorzog. Seine Frau mißhandelte er, und ich erinnere mich aus meiner frühesten Kindheit, daß er sie wüst beschimpfte und bespuckte. Er schwängerte sie, um

Nadeshda, Tochter aus erster Ehe

sie loszuwerden und mißhandelte sie mehr denn je während ihrer [letzten] Schwangerschaft.«

Schliemann wird sich allmählich bewusst, dass er für die Konflikte mit Jekaterina keine Lösung findet. 1863 schreibt er an seine Schwester Wilhelmine, dass eine Scheidung in Russland eine schwierige Geschichte sei: »und wir kamen daher überein, uns auf immer – ohne Scheidung – zu trennen. Da ich aber ohnmöglich in Petersburg von meinen Kindern getrennt leben kann und mir aus Verzweiflung das Leben nehmen würde, so sind wir übereingekommen, daß wir bis zu meiner Abreise im April zusammen wohnen und daß ich dann auf ewig von hier gehe. So lange ich lebe, werde ich die Welt umreisen und suche mich, so gut es gehen will, zu trösten, von meinen Kindern getrennt sein zu müssen.«

Im selben Jahr hat Solovieff endlich die letzte Rate der Ablösesumme gezahlt. Wenig später löst Schliemann sein Geschäft auf und lässt sich von seinem Amt als Handelsrichter beurlauben. Er hat sich von jeglichen Verpflichtungen befreit, die ihn viel zu lang an St. Petersburg gebunden hatten. Seine letzte Reise ist bereits vier Jahre her. Höchste Zeit, etwas Neues von der Welt zu sehen.

*

Im August 1793 landete eine englische Flotte in der chinesischen Hafenstadt Tientsin. Beladen mit Uhren, einem Planetarium, einem Fernrohr, Glas- und Silberwaren und vielen weiteren Produkten aus englischer Manufaktur wurde die Gesandtschaft nach Jehol geleitet, wo Kaiser Qianlong (1711 – 1799) den Sommer verbrachte. Bereits dreiundachtzig Jahre alt und mit einer vornehmlich den Greisen vorbehaltenen Gelassenheit ausgestattet, empfing er die Engländer. Sie präsentierten ihm die Geschenke und waren guter Hoffnung, den Kaiser zu beeindrucken – und ihn zum Abschluss eines Handelsvertrags und zur Öffnung seiner Häfen für englische Waren zu motivieren. Der Kaiser hörte sich, so wie es das Protokoll gebot, die Forderungen schweigend an. Nach der Audienz wandte er sich in einem Edikt an König George und bedankte sich für die Tributabgaben und des Königs Bereitschaft, chinesischer Untertan werden zu wollen. Dessen eigentliches Anliegen wies er hingegen ab.

Der respektlose Auftritt der englischen Gesandtschaft hatte bei dem Kaiser Eindruck hinterlassen. Seine Gedanken über das Treffen hielt er in poetischer Form fest, nicht ohne eine gewisse väterliche Milde im Ton: »Von Aussehn ganz gewöhnlich, sind sie im Herzen treu, / Ihren Nippes schätz' ich wenig, hat er auch seinen Wert. / Ich heiß ' sie, arm bestückt, willkommen, entlass ' sie reich beladen, / Lass Gnade walten, zeige Größe, dass unsre Pracht sich mehre.«

Zweiundsiebzig Jahre später landet Heinrich Schliemann in Tientsin. Die Staatskassen waren durch verschwenderische Projekte der Qing-Dynastie nahezu geleert und Großbritannien zahlte seine Teeimporte längst mit Opium, einem begehrten »Allheilmittel für alles menschliche Leid«, das sich in sämtlichen Bevölkerungsschichten Chinas etabliert hatte und sogar zum Namensgeber für gleich zwei Kriege avanciert war, in deren Folge die Chinesen ihre Märkte für Briten und Europäer endgültig öffnen und zusehen mussten, wie die Westmächte den Beginn neuer Zeiten mit der Zerstörung des weltwundergleichen kaiserlichen Sommerpalastes einläuteten. Schliemann widmet später in seinem Buch dieser Stadt nur wenige Zeilen; in Erinnerung bleibt ihm hauptsächlich, dass an diesem Ort alle Sinne des Reisenden fortwährend beleidigt werden.

Am 29. April 1865, zwei Tage nach seiner Ankunft in China, sitzt Schliemann rittlings schunkelnd auf der Deichsel eines zweirädrigen Karrens in Richtung Peking. Für die Landschaft um ihn herum hebt er nur selten den Blick. Stattdessen hält er sich krampfhaft an der Zugvorrichtung fest und konzentriert sich auf die hellbraunen Rücken der beiden Maultiere, die den Wagen unbeirrt über jede noch so große Unebenheit des steinigen Weges ziehen. Sein Diener Atshon hockt mit dem gesamten Gepäck in einem zweiten Maultierwagen. Schliemann hat längst den eigentlichen Sitzplatz in seinem Karren aufgegeben: zu kurz, zu niedrig, zu ungefedert. Schon nach wenigen Stunden schmerzten der Rücken und sämtliche Gelenke von den ständigen Erschütterungen derart, dass er nach einem Platz suchte, der bessere Chancen bot, bis Peking durchzuhalten. Während er nun also auf der wackeligen Deichsel sitzt und potenzielle Schlaglöcher vorauszusehen versucht, um sich rechtzeitig auf den nächsten harten Stoß einzustellen, macht er sich Gedanken über die Beförderungsmittel wie auch über das Nervensystem der Chinesen.

Schließlich treffen sie am 30. April um sechs Uhr abends vor der Stadtmauer Pekings ein. Für einen Moment sind die Rückenschmerzen vergessen und Schliemann glaubt, sich in Marco Polo hineinversetzen zu können, als er durch das hohe Tor fährt, das neben acht weiteren den einzigen Zugang durch die zweiundfünfzig Kilometer lange Mauer in die fast dreitausendjährige Stadt bietet.

Die beiden Maultierkarren folgen der breiten Straße in Richtung Zentrum. Nur schleppend kommen sie voran, müssen immer wieder anhalten, da sich eine Schar Bettler um sie versammelt hat. Schliemann hat Mühe, die Gegebenheiten des Weges vor sich zu erkennen. Ständig strecken sich Arme zu ihm empor, an denen ein oder zwei Finger, manchmal ganze Hände fehlen. Gesichter, übersät mit Geschwüren, starren ihn von allen Seiten an, Stimmen aus zahnlosen Mündern überschlagen sich in ihrem Flehen um Almosen. Als ein Wagenrad in ein tiefes Loch fährt, kippt Schliemann fast kopfüber in den nicht genauer identifizierbaren Straßenbelag aus Unrat und Dreck. Aufgewirbelte Staubwolken treiben ihm Tränen in die Augen, der Lärm kläffender Hunde, schreiender Menschen und blökender Kamele dröhnt ihm in den Ohren, die Suche nach einer geeigneten Unterkunft zieht sich hin.

Nach der Besichtigung einiger Herbergen für Fuhrleute – Hotels sind weit und breit nicht zu finden – bevorzugt Schliemann es, die Gastfreundschaft der Mönche eines Buddha-Tempels in Anspruch zu nehmen. Die winzige Kammer mit der steinernen Schlafbank bekommt er nach längerem Handeln für sechs statt für zwölf Francs die Nacht. Weder der Hunger, der sich um die Abendzeit in Peking nicht mehr stillen lässt, noch der übelriechende Schlamm auf dem Zimmerboden halten ihn davon ab, in einen tiefen Schlaf zu fallen.

Kaum ist die Sonne am nächsten Morgen aufgegangen, ziehen Schliemann und sein Diener auf zwei geliehenen Pferden los, um die Stadt zu besichtigen. Sein Plan für diesen Tag sieht vor: Besuch des Richtplatzes mit zur Schau gestellten abgeschlagenen Köpfen Exekutierter, gefolgt von dem Besuch des Observatoriums, das der Jesuit Johann Adam Schall von Bell um 1620 gegründet hatte. Von dort geht es direkt weiter zum sechzehn Kilometer entfernt gelegenen katholischen Friedhof, wo sich die Grabstätte jenes Jesuiten befindet. Am Abend dann eine Theatervorstellung – jedoch nicht ohne zuvor noch bei der kaiserlichen Residenz anzuhalten. Allein schon auf dem Weg zu den Sehenswürdigkeiten wird Schliemann Zeuge vieler exotischer, teils

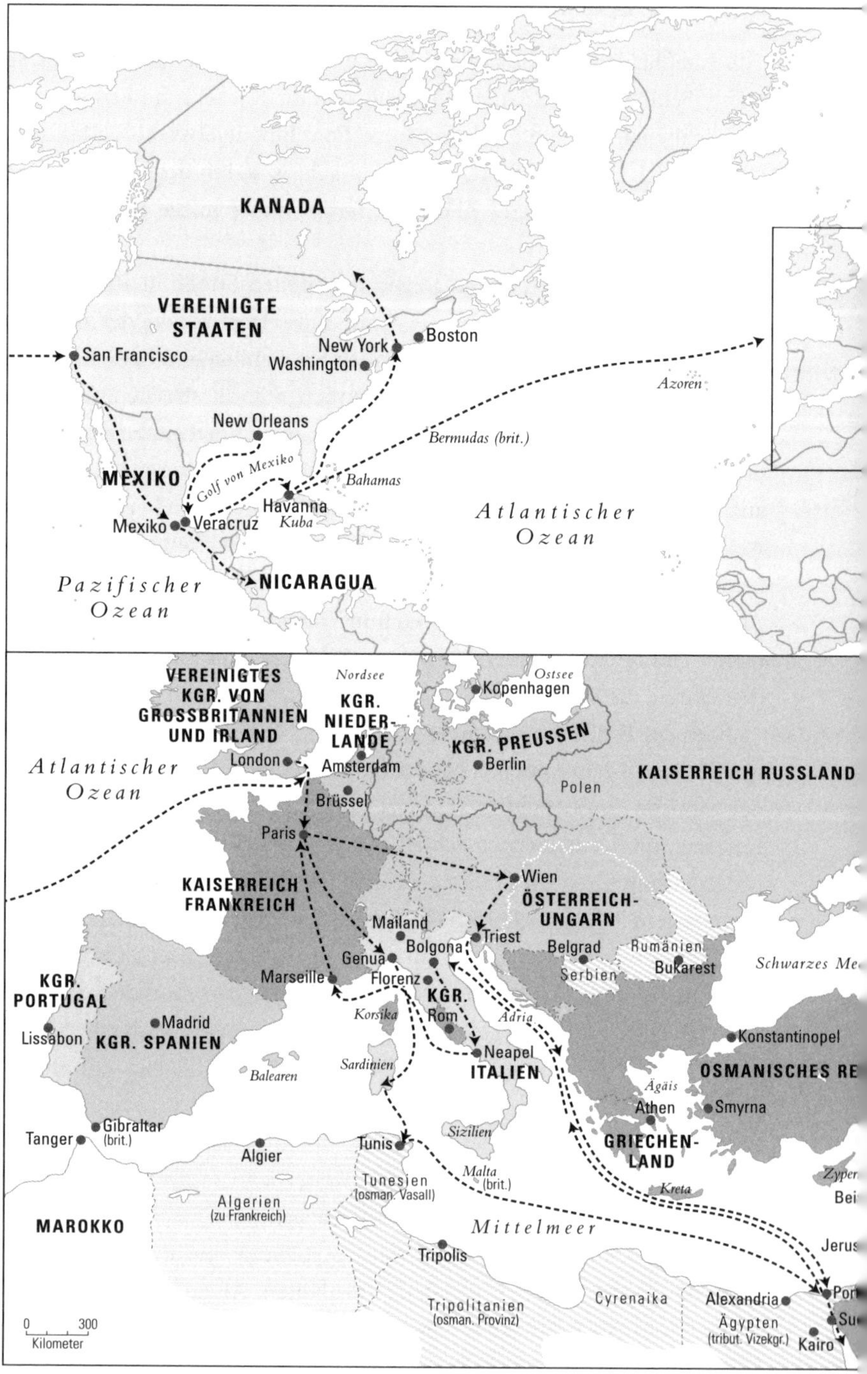
KANADA
VEREINIGTE STAATEN
San Francisco
New York
Boston
Washington
New Orleans
Azoren
Bermudas (brit.)
Golf von Mexiko
MEXIKO
Bahamas
Havanna
Kuba
Mexiko
Veracruz
Atlantischer Ozean
Pazifischer Ozean
NICARAGUA
VEREINIGTES KGR. VON GROSSBRITANNIEN UND IRLAND
Nordsee
KGR. NIEDERLANDE
Ostsee
Kopenhagen
KGR. PREUSSEN
Berlin
London
Amsterdam
Atlantischer Ozean
Polen
KAISERREICH RUSSLAND
Brüssel
Paris
Wien
KAISERREICH FRANKREICH
ÖSTERREICH-UNGARN
Mailand
Triest
Bolgona
Belgrad
Rumänien
Genua
Serbien
Bukarest
Schwarzes Me
Marseille
Florenz
KGR.
KGR. PORTUGAL
Rom
Adria
Korsika
Madrid
Konstantinopel
Lissabon
KGR. SPANIEN
Neapel
Sardinien
ITALIEN
OSMANISCHES RE
Balearen
Ägäis
Athen
Smyrna
Tanger
Gibraltar (brit.)
Sizilien
GRIECHENLAND
Tunis
Algier
Malta (brit.)
Tunesien (osman. Vasall)
Kreta
Zyper
Algerien (zu Frankreich)
Bei
MAROKKO
Mittelmeer
Jerus
Tripolis
Tripolitanien (osman. Provinz)
Cyrenaika
Alexandria
Ägypten (tribut. Vizekgr.)
Kairo
0 300 Kilometer

RUSSISCHES REICH
Irkutsk
Berlin
Mongolei
Große Mauer
Wladiwostok
JAPAN
Peking
Seoul
Tokio
CHINESISCHES REICH
Himalaya
Tibet
Shanghai
Kairo
Suezkanal
Delhi
Nepal
Bhutan
Hongkong
Formosa
Macao
Kalkutta
Britisch-Indien
Hanoi
Bombay
Vietnam
Aden (brit.)
Saigon
Colombo
Ceylon
MALAIISCHE SULTANATE
Singapur (brit.)
Sumatra
Borneo
Niederländisch-Indien
Batavia (Djakarta)
Bandung
Java
Indischer Ozean
Schliemanns Weltreise (1864–1866)
Chinesisches Reich (unter der Mandschu-Dynastie)
Vasallenstaaten Chinas

befremdlicher Situationen. Zwischen halb nackten Lumpensammlern, die mit Harken im allgegenwärtigen Abfall nach Papierfetzen und Kohlestücken stochern, und Mistsammlern, die sich mit Rudeln abgemagerter Hunde um Dung und Pferdeäpfel streiten, entdeckt er immer wieder den einen oder anderen Verurteilten mit einem großen Brett um den Hals, das es ihm unmöglich macht, sich etwas zu Essen in den Mund zu schieben. Schliemann stellt fest, dass der Bestrafte die Passanten nicht nur um das Essen selbst, sondern auch darum anbetteln muss, von ihnen gefüttert zu werden.

Das Beobachten der vielen Wanderköche beim Verkauf heißer, in Öl gebackener Reiskuchen, der Leichenzug eines offenbar ranghohen Mannes mit Hunderten von Teilnehmern sowie ein Hochzeitszug verzögern Schliemanns Ankunft am Observatorium. Von der in einer Sänfte versteckten Braut kann er nichts erkennen. Dafür gelingt es ihm im Verlaufe seiner Chinareise mehrmals, das den chinesischen Frauen Heiligste in Augenschein nehmen zu können: ihre Füße, die es von frühestem Kindesalter an möglichst geschickt zu deformieren gilt, um sie so klein und zierlich wie möglich zu halten. So kommt Schliemann dem Geheimnis dieser skurrilen Landessitte und der Art und Weise jener Fußbehandlung auf die Spur, nämlich nicht alle fünf, sondern nur jeweils drei Zehen bereits vor der Vollendung des ersten Lebensjahres den Mädchen fest an die Fußsohle zu binden. Weder ein hübsches Gesicht, noch makellose Zahnreihen oder eine volle Haarpracht – nein, allein die verkrüppelten Füße in den schwarzseidenen Schühchen sind es, die den Frauen dieses Landes eine glückliche Zukunft verheißen können.

Nachdem Schliemann das Observatorium, den Arbeitsort des Jesuiten, besichtigt hat, reitet er ohne Umwege zu dessen Gebeinen. Da die Grabstätte des berühmten, von den Chinesen verehrten Mannes fünfmal so groß ist wie jedes andere Grab des Friedhofes, findet Schliemann sie schon nach kurzer Zeit. Die Inschrift ist sowohl in Chinesisch als auch Latein gehalten und besteht vor allem aus Lobsprüchen über all die großen Taten und Werke dieses Mannes. Schliemann liest sie bis zum Ende durch, ruht sich noch einige Momente aus und kehrt zurück in die Stadt.

Weil nur die Würdenträger ersten Ranges die kaiserliche Residenz betreten dürfen, besteigt Schliemann einen Turm, von dem aus er die Anlage hinter der acht Meter hohen Mauer einsehen kann. Er versucht, Details zwischen den Palästen und Pavillons auszumachen. Unkraut auf den zerfressenen Ziegeln, bröckelnde Marmorbrücken, wild wachsende Bäume. Der Herrscher darf dieses Areal zeit seines Lebens nicht verlassen. Schliemann resümiert später in seinem Buch: »Wahrlich, ich glaube, daß es eine große Wohltat für die Menschheit und ein erheblicher Fortschritt für die Zivilisation in China gewesen wäre, wenn die Franzosen und die Engländer, die 1860 den Palast von Yün-ming-yün zerstörten, auch das kaiserliche Gefängnis von Peking dem Erdboden gleichgemacht hätten.«

Als vorletzte Station seiner Tagestour hat sich Schliemann für den Besuch verschiedener Tempel entschieden. An den meterhohen Götterstatuen hängen bestickte Stoffbahnen in Fetzen herunter, zerrissenes Papier flattert in den Fensterrahmen. Peinlich berührt, schreibt Schliemann, sei er von dem geistigen Niedergang und sittlichen Zerfall dieses Volkes, was sich am besten an der Verkommenheit der verschmutzten Heiligtümer ablesen lasse.

Im Theater gegen Abend lauscht Schliemann Versen aus dem heroischen Zeitalter, Orchestermusik gepaart mit schrillem Gesang, was seine europäischen Ohren beleidigt. Rufe der Begeisterung und sonore Geräusche überfüllter Mägen ergänzen die Geräuschkulisse. Applaus durch Händeklatschen zum Schluss einer Vorstellung sei in China unbekannt.

Nach einem Tag in Peking verabschiedet er sich morgens um vier Uhr von den Mönchen und bricht mit seinem Diener sowie zwei Maultierkarren auf zur Großen Chinesischen Mauer. Um den unbequemen Karren diesmal zu vermeiden, hat sich Schliemann ein Pferd besorgt, auf dem er die kleine Karawane durch die verlassenen Straßen führt, vorbei an zertrümmerten Säulenkapitellen und armseligen Hütten. Nach einer Stunde erreichen sie das Stadttor. Zur Mittagszeit, als von Peking längst nichts mehr zu sehen ist und die Sonne auf den Erdboden brennt, lahmt das Pferd. Den Rest der Reise trottet es angebunden neben dem Wagen her, während Schliemann, mit einem Turban als Sonnenschutz, wieder auf der Deichsel reitet.

Die Karawane zieht in den Norden, in ein Tal, das von hohen Bergen eingeschlossen ist. Um sechs Uhr abends erreicht sie, einhundertzwanzig Kilometer von Peking entfernt, die Stadt Ku-pa-ku. Schliemann wickelt den Turban ab, um seinen erhitzten Schädel an der frischen Bergluft abzukühlen.

Einige Stunden später sitzt er in seinem Zimmer in einer Herberge und hat sein Notizbuch vor sich aufgeschlagen. Im blassen Kerzenschein hält er seine Gedanken zu diesem Tag fest. Aus einer Ecke des Raumes erklingt ein tiefer Rülpser. Schliemann zuckt kurz zusammen, schreibt dann aber mit gesenktem Blick weiter. Er versucht, die siebzig Gebirgsbewohner zu ignorieren, die ihm vom Eingang der Stadt wie ein Bienenschwarm bis hierher gefolgt sind und nun dicht gedrängt um ihn herum hocken. Fast alle von ihnen haben es irgendwie geschafft, sich in das Zimmer zu drängen, einige haben das Papier im Fenster herausgerissen, um wenigstens von draußen den Fremdling mit den kurzen Haaren und der sonderbaren Kleidung sehen zu können. Die Erinnerung an einen Gorilla, den er einst im Zoo beobachtet hatte, lässt Schliemann kurz vergessen, was er eigentlich notieren wollte. Einhundertvierzig Augen verfolgen jede kleinste Bewegung seiner Hand, die eben die Stahlfeder in ein Tintenfass tunkt und nun wieder auf der linken Seite der leeren Zeile anfängt, leise kratzend ein Wort aufzuschreiben. Erst als Schliemann sich den Weg zur Schlafpritsche bahnt, ziehen sich die ungebetenen Besucher endlich zurück.

Erst um halb sechs Uhr wird er von Atshon geweckt, der ihm Tee, Reis und ein paar hart gekochte Eier bringt. Schliemann nimmt sein Frühstück zügig ein und bricht kurz darauf in Begleitung seines Dieners und eines Führers auf. Die Große Mauer ist nur noch wenige Momente von ihm entfernt. Bereits am Vortag hatten sich die Bewohner Ku-pa-kus bei Atshon nach dem Ziel der Reise des Ausländers erkundigt. Die zweite Hälfte seiner Antwort war im Lachen der Anwesenden untergegangen. Dass er tatsächlich einzig und allein hier war, um die Überreste einer verfallenen Mauer zu besichtigen, konnten die Bewohner wohl immer noch nicht glauben, vermutete Schliemann. Anders ließ sich jedenfalls nicht erklären, weshalb auf dem Weg zum Ortsausgang schon wieder eine Menschentraube an den Reisenden hängt. Bereits am ersten Steilhang beenden die Gebirgsbewohner die Verfolgung und bevorzugen die Rückkehr in die Stadt, darunter auch Schliemanns Führer. Als sich auf beiden Seiten der teils eingestürzten Mauer der Abgrund auftut und Schliemann den verbliebenen Steingrat zum Hinaufklettern an dieser Stelle auf vierunddreißig Zentimeter misst, will auch Atshon nicht mehr weitergehen.

Schliemann verstaut die Messgeräte, die der Diener zuvor getragen hatte, in seiner eigenen Tasche, schnallt sie sich auf den Rücken, verabschiedet sich von Atshon und klettert die Mauer hinauf. Zum Ziel hat er sich einen Platz in etwa acht Kilometern Entfernung gesetzt, wo die Mauer auf einem besonders hohen Felsen verläuft und die Aussicht unbeschreiblich zu sein verspricht. Auf dem Weg dorthin hält er immer wieder an, um die Mauer zu vermessen und Zahlen zu notieren: ansteigende Winkel von fünfzig, vierundfünfzig, sogar sechzig Grad. Alle Mauersteinplatten sind von sechzig bis sechsundsechzig Zentimetern Länge und Breite. Schliemann muss fünf steile Felsen und einen Pass überwinden, auf dem die Brüstung fast vollständig eingestürzt ist. Er geht dazu über, an besonders steilen Hängen nicht mehr nach hinten zu schauen und gefährliche Grate auf allen Vieren mit geschlossenen Augen zu überqueren. Schwitzend schiebt er sich schließlich auf den verheißungsvollen Felsen. Für wenige Sekunden verschlägt es ihm den Atem, als er erkennt, dass die Sicht nach Westen durch ein mindestens zweihundert Meter höheres Massiv versperrt wird.

Nach der Überwindung weiterer Steilhänge – zuletzt einen von rund einhundertdreißig Metern Höhe und einem Winkel von sechzig Grad – ist Schliemann auf dem Gipfel des Massivs angekommen und lässt sich auf der Plattform eines Turmes zur Rast nieder.

Fünf Stunden ist der Abschied von Atshon her. Die Sonne steht im Zenit und brennt auf die Erde nieder. Schliemann hat vergessen, Wasser mitzunehmen. Um das Gefühl von Durst zu verdrängen, fängt er an, in seiner Tasche zu wühlen und findet, versteckt unter Metermaß, Thermometer, Notizbuch und Waage, sein Fernrohr. Durch eine der Schießscharten hindurch richtet er es auf einen Fluss, der sich fast neunhundert Meter unter ihm durch ein enges Tal schlängelt und Ku-pa-ku in zwei Teile trennt. In der Ferne entdeckt er in der Stadt das Dach seiner Herberge und glaubt, Atshon zu erkennen, der im Schatten der Türschwelle hockt. Auf den Straßen herrscht zur Mittagszeit großes Gedränge, die wuselnden Menschen wirken von hier oben wie bunte, geräuschlose Ameisen. Schliemann vernimmt nur das Echo der Donnerschläge von den Schießübungen einer Soldatengruppe, alle anderen Klänge der Zivilisation erreichen ihn in dieser Entfernung nicht mehr. Die zartgrünen Gärten und Reisfelder, die spitzen Berge, die am Horizont ein Zickzackmuster bilden, auf denen in großen Abständen Türme der Mauer emporragen, die grauen Felswände, die fast senkrecht Gebirge und Täler trennen – Schliemann ist sich in diesem Moment sicher, noch nie von so viel Schönheit umgeben gewesen zu sein. Nachdem er sich einen Augenblick lang vorstellt, wie vor ewigen Zeiten ein Riese mit herkulischen Kräften an dieser Stelle stand und Bausteine, Granitblöcke und Ziegel aufeinanderstapelte, legt er das Fernrohr beiseite, greift erneut zum Metermaß und fängt an, den gesamten Turm zu vermessen.

Wie ein Schwamm saugt Schliemann die Eindrücke an diesem Ort auf. Länge und Breite der wichtigsten Mauerbestandteile hat er so weit festgehalten, ebenso die Entfernungen der Sichtweite in jede Himmelsrichtung. Als er endlich dazu übergehen kann, Flora und Fauna genauer zu betrachten, und die Eidechsen auf der Brüstung zu zählen beginnt, rebelliert sein Körper. Der Durst hat einen quälenden Stand erreicht und zwingt ihn, seine Datengewinnung zu unterbrechen. Mit seinen Messgeräten, dem Fernrohr und einem siebenundsechzig Zentimeter langen und fünfundzwanzig Kilogramm schweren Ziegelstein als Souvenir auf den Rücken gebunden, klettert er den Abhang rückwärts und auf seine Hände gestützt hinab. Ein Pfad im Tal führt ihn zurück in die Stadt, wo die Bewohner ihren Gast bereits am Eingangstor erwarten. Als sich eine Gruppe hinter seinem Rücken versammelt und laut gestikulierend über den wertlosen Stein und den geistigen Zustand seines Trägers fachsimpelt, macht Schliemann auf seinen schrecklichen Durst aufmerksam und bekommt sogleich eine Korbflasche mit frischem Wasser gereicht.

Eine einfache, saubere Stadt, entrückt vom Sittenverfall, mehr noch vom Opium, das sich in China immer weiter ausbreitet und die ihm Verfallenen durch fahle, ausdruckslose Gesichter brandmarkt – mit diesen Gedanken verlässt Schliemann am nächsten Tag Ku-pa-ku und reitet zurück in den Süden. In Shanghai geht er an Bord eines Dampfschiffes und verlässt China. Drei Tage später rauschen die Schaufelräder des Bootes in kurzer Distanz zur Insel Ivogisma durch das sich aufbäumende Meer. Über dem Krater eines hohen Vulkans steigt eine dichte Rauchsäule empor und etwa vier Kilometer vom Schiff entfernt fließt ein orange glühender Lavastrom ins schäumende Wasser. Archaisch anmutenden Paukenschlägen gleich werden die Passagiere vom dumpfen Grollen der Eruptionen begrüßt. Das japanische Festland würde bald in Sicht sein.

*

Am 8. Juli 1853 landete ein Geschwader von vier Kriegsschiffen unter dem Kommando des amerikanischen Marineoffiziers Matthew Calbraith Perry

(1794–1858) an der japanischen Küste. Der US-Präsident hatte seinen Auftrag an Perry klar formuliert: Er solle die Japaner zur Öffnung ihrer Häfen für den amerikanischen Handel bewegen. Notfalls auch unter Anwendung der Kanonenbootdiplomatie. Nach der Ankunft im Hafen der Stadt Uraga erteilte der Admiral den Befehl, an den japanischen Linien vorbei zum Hafen von Edo zu segeln; doch als die Japaner ihn dazu aufforderten, stattdessen nach Nagasaki weiterzuziehen, dem einzigen Hafen, der zu diesem Zeitpunkt Ausländern zur Einfahrt offen stand, verengten sich seine Augen zwischen dem dunklen Haarschopf und den tiefen Tränensäcken zu zwei schmalen Schlitzen, sein Mund mit den heruntergezogenen Mundwinkeln wurde zu einem dünnen Strich. Er reagierte auf die Aufforderung mit Warnschüssen, die seine Untergebenen aus dreiundsiebzig Kanonen abfeuerten. Nachdem er auf diese Weise die Übergabe einer schriftlichen Anfrage um Handelsbeziehungen erreicht hatte, verließ er Japan, um ein Jahr darauf für die Antwort zurückzukehren – diesmal mit acht Schiffen. Japans Regierung, militärisch unterlegen aufgrund einer vollkommen überholten Kriegstechnik und gelähmt von politischer Unentschlossenheit, stimmte einem Vertrag mit den Ausländern schließlich zu. Zweihundert Jahre hatte die Isolation Japans bis dahin gedauert. Die Zeit der Abschottung gegenüber der Außenwelt hatte mit Erlassen zum Einreiseverbot der Portugiesen und Spanier, von den Einheimischen nur die »Südbarbaren« genannt, begonnen, war aber auch geprägt von einer Christenverfolgung größten Ausmaßes. Hierbei entwickelten sich eigentümliche Vorgehensweisen wie die Methode des Fumi-e, bei der jeder Japaner ein Mal pro Jahr auf das Abbild von Jesus oder Maria treten musste, oder auch der Übergang von der aufwendigen Kreuzigung eines Gläubigen zum schlichten Stoß in den Krater eines aktiven Vulkans. Einfachheit, gepaart mit einem Hang zur Poesie, gehörte schon immer zu den wesentlichen Merkmalen japanischer Ästhetik.

Rund zehn Jahre nach Admiral Perrys Visite und der erzwungenen Rückkehr Japans auf die politische Weltbühne erreicht Schliemann am 3. Juni 1865 mit dem Dampfschiff Yokohama. Während seines Aufenthalts in der Hafenstadt erforscht er jegliche Gepflogenheiten der Japaner und dokumentiert all die gewonnenen Informationen. Nach kurzer Zeit in Yokohama weiß er bereits, dass die Häuser aus einem Gemisch aus Schlamm und Stroh bestehen und die Balken wegen der Erdbebengefahr so gebaut sind, dass sie sich bewegen und dehnen können, und dass aus demselben Grund in Japan keine Schornsteine existieren. Er lernt, dass zum Hauptgericht immer Reis serviert wird und dieser mithilfe von dreißig Zentimeter langen Holzstäbchen aus rotlackierten Schalen verspeist wird, auf die der heilige Vulkan Fujijama und Störche in Gold gemalt sind. Er erfährt, dass die Japaner sich um neun Uhr abends auf Matten legen und ihnen im Schlaf lediglich eine wiegenförmige Holzstütze als Kopfkissen dient und Männer wie Frauen den Nacken auf dieser Stütze ablegen, um ihre aufwendigen Frisuren zu schonen. In einem Zollbüro beobachtet Schliemann, wie ungefähr fünfundzwanzig Beamte in zwei Reihen auf den Fersen sitzen und in dieser Position stundenlang verharren, während sie in rasantem Tempo mit Pinseln in ihre Bücher schreiben. Er stellt das Fehlen von Schränken, Betten, Tischen, Stühlen, Büfetts, Nähtischen und jeglichem anderen Mobiliar fest, das in einem gehobenen europäischen Haushalt unverzichtbar wäre. Er gewinnt detailreiche Erkenntnisse über Mode, öffentliche Bäder, Straßenpflasterung, Freudenhäuser und Pferdehaltung. Er notiert auch, dass der Schwanz japanischer Katzen kaum einen Zoll misst und dass die japanischen Hunde recht phlegmatisch wirken.

Am 25. Juni 1865 regnet es in Strömen. Eingehüllt in einen Kapuzenmantel aus wasserdichtem Papier, reitet Schliemann in Begleitung von fünf Polizeibeamten auf einer Landstraße in Richtung Edo. Die Bewilligung des Ausflugs hat ihn einigen Aufwand gekostet. Doch schließlich ist es ihm durch Beziehungen gelungen, auf Einladung des Bevollmächtigten der Vereinigten Staaten von Amerika in die abgeriegelte Hauptstadt reisen zu dürfen.

Die Polizisten tragen große flache Bambushüte, an deren Rändern der Regen in kleinen Wasserfällen auf die Schwerter und Säbel hinuntertropft, die um ihre Hüften geschnallt sind. Sechs Knechte begleiten sie zu Fuß und versuchen, mit den Pferden Schritt zu halten. Von seiner erhöhten Position aus hat Schliemann eine hervorragende Aussicht auf die vielen Motive, mit denen diese vollkommen nackten Läufer von Kopf bis Fuß tätowiert sind. Lange Zeit widmet er seine Aufmerksamkeit einer Abbildung, die sich über den gesamten Rücken eines Trägers erstreckt. Sie zeigt den Ausbruch des heiligen Vulkans Fudschijama: Dichter Rauch steigt aus dem Krater, darunter sind die schneebedeckten Hänge des Berges zu sehen und Lava, die am Fuße des Berges in die Ebene hinabströmt und ganze Dörfer unter sich begräbt. Auch die Einwohner sind dargestellt: Einige fliehen mit ihren Kindern oder Eltern im Greisenalter, die sie auf dem Rücken tragen – andere winden sich im Todeskampf, weil sie der Hitze nicht rechtzeitig entkommen konnten.

Gegen Mittag erreichen Schliemann und seine Eskorte die Stadt. Auf dem Weg zur Gesandtschaft der Vereinigten Staaten reiten sie durch ein Geschäftsviertel. Zur Straße hin sind die Türen der Häuser im Erdgeschoss vollständig offen, sodass Schliemann durch die Räume mit ihrer übersichtlichen Einrichtung hindurch in die dahinterliegenden gepflegten Gärten blicken kann. Es scheint kein einziges Haus ohne Garten zu geben, und die meisten von ihnen werden mit akkurat gestutzten Zwergbäumen und kleinen Teichen geschmückt, in denen rote Fische mit Schleierschwänzen ihre Kreise ziehen.

Drei Tage verbringt Schliemann in Edo, in der Obhut der amerikanischen Gesandtschaft. Der Geschäftsführer, Mister Portman, gehört zu den wenigen Ausländern, die trotz der Gefahr, Opfer eines Attentats zu werden, in Edo geblieben sind. Direkt nach der Ankunft des deutschen Gastes nimmt er sich ihm an und präsentiert ihm seine Festungen, wie er sie nennt: zwei Gebäude mit Palisadenzäunen aus Bambusrohr, die tagsüber von zweihundert und nachts von dreihundert schwer bewaffneten Yakunins bewacht werden. Wer versuchen würde, ohne das richtige Losungswort an ihnen vorbeizukommen, würde augenblicklich in Stücke gehauen. Am folgenden Tag, als Schliemann mit seinen fünf Yakunins in den strömenden Regen aufbricht, um Edo zu besichtigen, werden ihm in der englischen Gesandtschaft große Blutflecken auf den Papierwänden gezeigt. Sie zeugen von dem Attentat, das drei Jahre zuvor auf den englischen Bevollmächtigten Sir Alcock verübt wurde. Sir Alcock konnte sich in dem verwinkelten Gebäude vor den Tätern verstecken, zehn andere Menschen hingegen wurden bei diesem Überfall getötet.

Neben solch grausamen Schauplätzen besucht Schliemann während seines Aufenthalts zahlreiche andere Orte, darunter Tempel und Teegärten, eine Schmiede und eine Schule. Die Unterhaltung mit dem Lehrer langweilt ihn aufgrund der Verständigungsschwierigkeiten schon nach kurzer Zeit; den doppelten Blasebalg in der Schmiede untersucht er hingegen genau und prägt sich die Details dieser, wie er findet, genialen wie einfachen Konstruktion ein. In einem Laden für Kinderspielzeug ist Schliemann angetan von dem Mechanismus, den die Japaner einsetzen. Er probiert eine aufziehbare

Schildkröte aus und ein Spielzeug mit künstlichen Vögeln, die beim leichtesten Hauch beginnen, sich fortwährend zu drehen. Kreisel gibt es in mehr als hundert Ausführungen, und Schliemann beginnt, auf dem Boden des Ladens mehrere von ihnen gleichzeitig in Bewegung zu setzen.

Am letzten Tag in Edo nimmt er Teil an der Begräbniszeremonie eines am Abend zuvor verstorbenen adligen Yakunins. Er verfolgt, wie der Verstorbene in seiner Dienstuniform mit einem schwarzen Bambushut auf dem Kopf in Embryonalstellung in den Sarg gesetzt wird. Die Toten werden in der Haltung begraben, die sie auch bei der Geburt innehatten, notiert er sich. Und die Farbe der Trauer, so schreibt er weiter, ist Weiß.

*

Als Schliemann an einem frühen Morgen im Juli 1865 aufwacht, glaubt er zu fallen. Noch ehe er seine Augen geöffnet hat, ergreift seine Hand schnell und gezielt die Kante des Hochbetts. Wieder einmal wäre er um ein Haar auf den harten Holzboden der Kabine geknallt. Aber nach zwei Wochen auf der *Queen of the Avon* kann er sich auf seine Reaktionsfähigkeit deutlich besser verlassen. Die Betten auf dem kleinen englischen Schiff eignen sich nur mäßig für einen komfortablen Schlaf. Für die Rückenlage sind sie zu schmal. In der Seitenlage, so stellt Schliemann fest, besteht indes die Gefahr, von jedem höheren Wellengang augenblicklich aus dem Bett geschleudert zu werden.

Nach der Schrecksekunde klettert er ächzend und ungelenk auf den Boden hinab. Unter dem Hochbett steht ein weiteres Bett, auf dem seine Koffer verstaut sind. Eine Kommode und ein Waschbecken flankieren das Bettgestell, sodass von der zwei Meter langen und einen Meter und dreiunddreißig Zentimeter breiten Kabine nicht mehr viel übrig bleibt. Auf einer Fläche, die Schliemann auf drei Fuß Länge und zwei Fuß Breite schätzt, versucht er, im Einklang mit dem Schaukeln des Schiffes, seine Hose anzuziehen.

Für die Überseefahrt von Yokohama nach San Francisco musste Schliemann zweihundert mexikanische Piaster, also rund eintausendzweihundert Francs, bezahlen. Bislang hat sich die Reise über den Pazifischen Ozean als recht eintönig erwiesen. Die meisten Tage beginnen mit Nebel und enden im Nebel. Auf eine kräftige Brise warten alle vergebens; selbst die Hoffnung des Kapitäns, weiter nördlich auf stärkere Winde zu treffen, erfüllt sich nicht. In gemächlichem Tempo dümpelt das Schiff samt Besatzung, vier Passagieren und dreihundert Tonnen japanischem Tee in Richtung Kalifornien.

Nachdem er sich angezogen hat, schaut Schliemann im Aufenthaltsraum vorbei und wirft einen Blick durch den Türschlitz. Wie von ihm befürchtet, sitzt dort bereits der amerikanische Passagier, ein Kerl von hünenhafter Gestalt, unberechenbarem Temperament und geringer Bildung. Noch bevor er Schliemann wahrgenommen hat, schließt dieser die Tür und begibt sich an Deck. An der Reling stehend blickt er mit zusammengekniffenen Augen in die Ferne. Der Nebel ist nicht ganz so dicht wie sonst, sodass die Sicht bis zum Horizont reicht. Doch Schliemann kann weit und breit kein anderes Schiff ausmachen.

Um die Mittagszeit ist der Nebel verschwunden und die Wasserpfützen auf dem Deck flimmern im Sonnenlicht. In der schwülen Luft hängt der Geruch von ranzigem Fett und gebratenem Fleisch. Mehrere Albatrosse sind gelandet und schaukeln auf dem Wasser. Kaum vergrößert der Wellengang die Distanz der weißen Körper zum Schiff, paddeln sich die Vögel mit ein paar kräftigen Fußschlägen wieder zurück in den Dunstkreis der *Queen of the Avon*.

Im Aufenthaltsraum unter Deck haben sich vier Männer am Tisch versammelt: Schliemann hat den Platz neben dem französischen Passagier gewählt, einem berühmten Cellisten, der sich auf Welttournee befindet. Ihnen gegenüber sitzen ein Kaufmann, der in China lebt und beruflich nach Amerika reist, sowie der barbarenhafte Amerikaner, der sein Glück in Kalifornien machen will. Auf dem Tisch stehen dampfende Teller mit Speck und Kartoffeln, Pudding und Biskuit. Während der Amerikaner Fleischstücke in seinen Mund schaufelt, dabei hin und wieder blinzelnd seine Tischnachbarn mustert, greift Schliemann nach einem Biskuit und wendet sich seinem Tischnachbarn zu, nachdem er einen Großteil des steinharten Kekses krachend zerbissen und mit etwas Mühe hinuntergeschluckt hat. Der Cellist freut sich über die Aufmerksamkeit und plaudert über den Vorabend seiner Abreise aus Japan, als er auf die dringende Bitte eines französischen Bevollmächtigten genötigt war, ganz spontan noch ein großes Abschiedskonzert in der Gesandtschaft zum Besten zu geben. Schliemann führt eine angeregte Unterhaltung mit ihm über die Erfolge des Virtuosen im asiatischen Raum und die beachtlichen Einkünfte aus seinen Konzerten, bis eine Magd die leeren Teller abräumt. Anschließend verlassen die Herren den Aufenthaltsraum in unterschiedliche Richtungen.

Während sich die anderen Reisenden zur Mittagsruhe in ihre Kabinen zurückgezogen haben, ist Schliemann wieder an Deck gegangen. Die Hand schützend über die Augen gelegt, blickt er aufs Meer. Keine Erscheinung am Horizont, die in irgendeiner Weise an ein vorbeifahrendes Schiff erinnern könnte. Ebenfalls an der Reling steht einer der Matrosen und bohrt einen langen Haken durch ein dickes Speckstück, das vom Mittagessen übrig geblieben ist. Direkt unter ihm versammeln sich die Albatrosse. Das Geschnatter wird immer lauter, viele Knopfaugenpaare verfolgen die Bewegungen des Matrosen, der mittlerweile den Haken an eine lange Schnur gebunden hat und langsam zu den Vögeln hinablässt. Durch das stark ansteigende ziegenhafte Gemecker der Albatrosse kann Schliemann nur einige Wortfetzen von dem verstehen, was der Matrose ihm lachend erzählt. Als ein Albatros im Kampf um den Speck schließlich den Haken geschluckt hat, zieht der Matrose den flatternden Vogel ruckartig zu sich hinauf und dreht ihm den Hals um. Die Hauptmahlzeit für den nächsten Tag wird zur Kombüse getragen.

Schliemann wendet den Blick zurück zum Ozean, um einer Beobachtung nachzugehen, die er sowohl vormittags als auch gerade wieder gemacht hat: purpurfarbene Schichten, durch die die Albatrosse gleiten und die hier das ganze Meer zu bedecken scheinen. Später am Nachmittag fischt er mit einem Eimer etwas von dieser eigenartigen Substanz aus dem Wasser und stellt fest, dass es sich um rote Insekten und weiße Fischeier handelt. Schliemann hebt eine Probe davon für das Museum in St. Petersburg auf.

Fünfzig Tage wird die Fahrt nach San Francisco insgesamt dauern. Hinter Schliemann liegen viele Monate voller Eindrücke und Fakten, Beobachtungen, Messungen und Zahlen, die er zu mehreren, ihm bis dahin völlig unbekannten Kulturen gesammelt hat. An zwei dieser Völker muss Schliemann immer wieder denken. Nachdem er die Probe mit den Insekten und Fischeiern sorgsam im Gepäck verstaut hat, setzt er sich im Aufenthaltsraum mit einer Tasse Tee und einem Heft an den Tisch.

Auf einer leeren Seite beginnt er mit filigranen Buchstaben folgende Wörter auf Französisch zu schreiben: »Ich hatte über die ›Große Chinesische Mauer‹ so viele widersprüchliche Berichte gehört, und da ich mich auf meiner Reise um die Welt gerade in Schanghai aufhielt, konnte ich dem Wunsch nicht widerstehen, die Große Mauer zu besichtigen.« Er setzt seinen Federhalter kurz ab, um einen Schluck Tee zu trinken. Dann schreibt er weiter, Stunde um Stunde, bis die Sonne längst untergegangen ist und die *Queen of the Avon* durch eine sternenlose Nacht fährt. Erst in den frühen Morgenstunden klappt er sein Notizheft zu.

Viele Wochen später, im Hafen von San Francisco angekommen, wird Schliemann das vollständige Manuskript seines ersten Buches in den Händen halten: *Reise durch China und Japan im Jahre 1865*. Auch die Erlebnisse der Schifffahrt hält er detailliert darin fest. So erwähnt er für den Seetag des 7. August 1865: »... zwischen viertel vor zehn und elf Uhr vormittags passierten wir auf 43° 9' und 149° 42' 27" West den Antipoden von St. Petersburg.«

Selbst auf einer Weltreise, wird Schliemann vielleicht beim Niederschreiben dieser Worte festgestellt haben, ließ sich eine Krise nicht in die Ferne rücken.

*

Paris. Für Friedrich Nietzsche das Zuhause der Künstler. Für Heinrich Heine ein Ort umgeben von einem schönen Zauber, für Kurt Tucholsky schlichtweg die Heimat aller. Walter Benjamin hält Paris für die Hauptstadt des 19. Jahrhunderts.

In jener Epoche war dort alles in Bewegung, vor allem in der Kunst, der Musik, in der Literatur, im Theater und der Architektur. Aber die Stadt bot nicht nur den Menschen Raum zur geistigen Entfaltung – auch sie selbst wurde infolge einer systematischen Stadtplanung zum Objekt eines außergewöhnlich kreativen Schöpfungsprozesses. Um sie äußerlich zu optimieren, ließen die Regierenden Großes in Bewegung setzen: 1831 wurde ein Schiff mit einem besonderen Auftrag nach Ägypten geschickt. Fünf Jahre später kehrte es beladen mit einem zweihundertdreißig Tonnen schweren Obelisken aus Luxor zurück, der auf der Place de la Concorde aufgestellt wurde, einem Ort mit einem für die neue Regierung problematischen Hintergrund. Während der Revolutionszeit stand hier die Guillotine, mit der neben Ludwig XVI. auch seine Gattin Marie Antoinette sowie die restlichen Mitglieder der königlichen Familie und über eintausenddreihundert weitere Personen enthauptet wurden. Nun endlich überragte ein neutrales Symbol den Platz mit seiner blutigen Geschichte: ein kolossaler, uralter Monolith, übersät mit kryptischen Schriftzeichen; für den Durchschnittsbürger von Paris nicht lesbar und daher auch nicht weiter provokant.

Paris sollte eine Wohltat für das Auge sein. Im Auftrag von Napoleon III. sanierte George-Eugène Baron Haussmann (1809–1891) die Stadt ab Mitte des 19. Jahrhunderts umfassend und stattete sie mit breiten Straßen und Brücken, großzügigen öffentlichen Plätzen und Parks aus. Haussmann arbeitete in neuen, kontrovers diskutierten Dimensionen; letztendlich orientierten sich Metropolen in ganz Europa fortan an seinem Stil.

»Die Hauptstadt des 19. Jahrhunderts« war zugleich die Stadt der Wissenschaft, wo die großen Professoren jener Zeit Vorlesungen über Literatur, Philosophie oder auch über neu entdeckte Schriften wie die Hieroglyphen hielten. Wer etwas auf Bildung hielt, würde hiervon Teil sein wollen.

*

Am Mittag des 1. Februar 1866 öffnet sich eine der imposanten Eingangstüren der Pariser Universität. Heraus tritt ein gut gekleideter, schmächtiger Mann in seinen Mittvierzigern, der kaum bis zur Türklinke reicht.

Leichtfüßig, fast schwebend, eilt Schliemann die wenigen Treppen zum Vorplatz der Universität hinunter und begibt sich in das Getümmel auf den Straßen des Quartier Latin. Beschwingt steuert er auf das nächste Bistro zu, um dort ein Mittagsmahl einzunehmen und bei einem Kaffee die Unterlagen durchzulesen, die er sich im Universitätsgebäude unter den Arm geklemmt hat. Er nimmt sich vor, seine Schwestern so bald wie möglich in einem Brief über die großartigen Neuigkeiten zu unterrichten: Ab dem heutigen Tag darf sich Schliemann offiziell als Student der Pariser Sorbonne bezeichnen. Er hat sich für die Studienfächer Philologie, Philosophie und Literatur eingeschrieben.

Nach der Stärkung im Bistro begibt er sich zur Place Saint-Michel, die erst zehn Jahre zuvor von Baron Haussmann geschaffen worden war und unweit der Universität liegt. Schliemann läuft zügig über den Platz, vorbei an der imposanten Fontaine Saint-Michel, in der sich die Bronzestatue des Erzengels Michael über den besiegten Teufel erhebt. Er biegt durch eine Pforte ab, die zu einem höchst ansehnlichen Stadthaus führt. Es ist

Schliemanns Eigentum und das neue Zuhause des frischgebackenen Studenten.

In den kommenden Wochen besucht Schliemann viele Vorlesungen, Ausstellungen in Museen und Theatervorstellungen. Als das Wintersemester sich dem Ende zu neigt, stehen seine Pläne für die Ferien bereits fest: eine vierwöchige Kur in Samara an der Wolga. Auch für den langen Weg dorthin schwebt Schliemann bereits ein besonderes Etappenziel vor: St. Petersburg.

So trifft Schliemann im März 1866, nach jahrelanger Abwesenheit, wieder auf seine Familie. Doch während seine Kinder groß geworden sind und sich verändert haben, stellt er bereits kurz nach seiner Ankunft fest, dass sich in seiner Beziehung zu Jekaterina hingegen nichts geändert hat. Die Konflikte zwischen ihnen sind nicht abgeflaut, im Gegenteil. Er bleibt kaum drei Monate. Dann bricht er wieder auf, um über die Wolga nach Samara zu fahren und sich dort in einem Sanatorium erst einmal einer vierwöchigen Kumys-Kur zu unterziehen. Die Behandlung mit dem Getränk aus vergorener Stutenmilch – ein Bestandteil der Alltagsnahrung asiatischer Steppenvölker – ist eine der neuesten Modeerscheinungen Russlands und verspricht den Patienten baldige Genesung bei geistigen wie körperlichen Erschöpfungszuständen. Schliemann ist begeistert. Während er zunächst täglich drei Gläser Kumys trinkt, schafft er es am Ende seiner Kur auf zweiundzwanzig Gläser pro Tag. Allerdings kann er dann wegen starkem Fieber den zweiten Teil seiner Weltreise in Richtung Nahen und Mittleren Osten doch nicht mehr wie geplant antreten und muss eine andere Route einschlagen.

Statt Persien erreicht Schliemann im Spätsommer Dresden. Die Tage beginnt er meist mit einem erfrischenden Bad in der Elbe und einer anschließenden Erkundungstour durch die Stadt. Auf seiner Liste sehenswerter Ausflugsziele stehen an oberster Stelle prächtige neue Landhäuser und renommierte Erziehungsanstalten. Vor allem die Krause'sche Internatseinrichtung hat es ihm angetan, sowohl die Art und Weise des Unterrichts als auch die Gewandtheit der Schüler in der lateinischen Sprache. Ebenso gefallen ihm die konsequenten täglichen Waschungen der Kinder mit kaltem Wasser und die strenge Aufsicht über ihre geheimen Laster – beeindruckt vermerkt Schliemann in seinen Notizen, dass zwei der Zöglinge erfolgreich vom Onanismus gerettet werden konnten. Nach dem Besuch schreibt er in einem Brief an seine Schwester Doris: »Ich bin entzückt von den hiesigen Schulen und beabsichtige, ganz hierher zu ziehen, um die Kinder hier zu erziehen. Meine Frau muß es nicht wissen …«

Als er den Brief an Doris beendet hat, greift er zu einem leeren Blatt und beginnt nun, seiner Frau seine positiven Eindrücke von Dresden zu schildern. Als er Jekaterinas Antwort liest, ist er bereits wieder nach Paris zurückgekehrt. »Deinen Brief aus Dresden habe ich vor drei Tagen erhalten, und es ist für mich angenehm zu sehen, dass Du in guter geistiger Verfassung bist. Du schreibst mir auch über die Einrichtung von Dr. Krause, die Dir sehr gefallen hat und die sich tatsächlich einer gewissen Bekanntheit erfreut. Aber ich habe unlängst in einer deutschen pädagogischen Zeitschrift gelesen, dass die privaten Lehreinrichtungen in Deutschland sehr auf den Effekt ausgerichtet sind und sich zu sehr den Wünschen der Eltern anpassen.«

In der folgenden Korrespondenz mit ihrem Mann fügt sie noch hinzu, dass sie Sergej mittlerweile eingeschult habe und für die beiden Töchter selbst die Rolle der Gouvernante übernehmen werde. Sie halte sich selbst für fähig, ihren Kindern Gottesfurcht beizubringen und sie in dem Bestreben zu fördern, ihre Handlungen dem Gewissen und der Vernunft unterzuordnen.

Im herbstlichen Paris setzt Schliemann seine Studien fort und hört sich Vorträge unterschiedlicher wissenschaftlicher Gesellschaften an. Mal geht es um französische Dichtung des 16. Jahrhunderts, mal um die Reisen des italienischen Dichters Francesco Petrarca, mal um Sanskrit. Von seinen Verwandten erreichen ihn Glückwünsche zur Veröffentlichung seines ersten Buchs *La Chine et le Japon au temps présent*. Schliemann hatte seinen Schwestern und seinem Vater unmittelbar nach Erscheinen mehrere Exemplare schicken lassen. Alle seien begeistert, schreibt ihm Wilhelmine, und die bei der Schwester und ihrem Mann lebenden jungen Untermieter wollten nach ihrem Abitur sogar nach China ziehen und dort Steuerbeamte werden. Schwager Wilhelm beeindruckt vor allem die Genauigkeit von Schliemanns Bericht, seine detaillierten Ausmessungen aller möglichen Objekte – bewundernd ergänzt er, dass er selbst wohl keinen derart großen Stein von der Chinesischen Mauer hätte wegschleppen können.

Schliemann kauft in Paris weitere Häuser im Gesamtwert von fast zwei Millionen Francs. Erneut schreibt er seiner Frau und entscheidet sich, diesmal seine Vorstellung von einem künftigen gemeinsamen Leben ausdrücklicher zur Sprache zu bringen: »Ergreife vernünftig die Hand, die ich Dir aus der Ferne reiche, um eine dauernde Freundschaft zu errichten! Bedenke doch, wie sehr unser Besitz, wie unsere Kinder leiden und leiden werden durch unsere Uneinigkeit ... Wir werden ein sehr gutes Leben führen in Dresden. Wir wollen auch unsere Wohnung in St. Petersburg behalten, um immer dort ein Quartier zu haben, wir wollen außerdem unser herrliches Haus in Paris behalten, dessen Einrichtung allein vierzigtausend Franken gekostet hat. Sei ruhig, ich werde nie mehr versuchen, Dich zu umarmen ... ich gehe jeden Abend ins Theater oder zu Vorträgen der berühmtesten Professoren der Welt, und ich kann Dir Geschichten erzählen – zehn Jahre lang, ohne Dich zu langweilen ...«

Jekaterina lehnt ab. Sie halte seine Vorschläge für unzumutbar und versichert ihm, dass sie niemals, nicht einmal für kurze Zeit, Russland verlassen werde. Schliemann liest Jekaterinas Zeilen mehrmals, bevor er mit nervös zuckender Hand zur Schreibfeder greift und seiner Frau androht, das Bankkonto bis zum 1. April zu sperren, wenn sie auf seine Wünsche nicht eingehen werde. Das Jahr 1866 neigt sich dem Ende zu, und Schliemann wartet Woche um Woche auf eine Antwort seiner Frau. Im Februar 1867 wendet er sich schließlich in einem Brief an seinen Bankier in St. Petersburg. Er bittet Baron von Fehleisen, für ihn zu vermitteln. »Inzwischen bringt mich ihre Weigerung mit den geliebten Kindern zu mir zu kommen in Verzweiflung und wenn die Sache nicht bis zum 1ten April in Ordnung kommt, ... ist es mein Tod und der Untergang meiner theuren Kleinen. Durch zwanzigjährige, über menschliche Anstrengung habe ich für Jedes der Letzteren eine Million Franken erworben und dachte mit Stolz daran, ihr irdisches Glück begründet zu haben. Mit Wonne hätte ich für Jedes der geliebten Kinder mein Leben geopfert und jetzt wird mir auf Einmal vom Himmel die grausamste aller Strafen auferlegt diese Geliebten gänzlich zu enterben um ... mich an meine entartete Frau zu rächen, die mich mit den Kindern verlassen will.«

Als Wilhelmine von Schliemanns Scheidungsabsichten erfährt, wendet sie sich in einem persönlichen Brief an Jekaterina und versucht, sie zum Einlenken zu bewegen. Jekaterina antwortet ihr, sie stelle sich darauf ein, künftig ohne Schliemanns finanzielle Unterstützung leben zu müssen.

In derselben Zeit, in der Jekaterina sich weigert, guten Bekannten Schliemanns Kleidungsstücke, vor allem aber seine kostbare Bibliothek auszuhändigen, ein Fundus aus fünfundzwanzig Jahren mit Werken in fünfundzwanzig verschiedenen Sprachen, erkrankt Schliemann an Gallenfieber, und zwar so schwer, dass er zwischendurch nicht mehr an seine Genesung glaubt. Erst durch eiskalte Duschen kann er sich selbst kurieren und hat nun wieder genügend Kräfte gesammelt, um seiner Wut in schriftlicher Form Ausdruck zu verleihen. »Die brave Frau folgt ihrem Manne, der für Diebstahl oder Mord in Ketten in die Zwangsarbeit nach Sibirien geschickt wird; meine Frau dagegen weigert sich ihrem Manne in die herrlichste Stadt der Welt zu folgen, obgleich sie weiß, daß derselbe sein bitter sauer verdientes Vermögen sicher in unbewegliches Eigenthum angelegt, um ihren Kindern ein reiches Erbe zu sichern.«

*

1867 schreibt der Norweger Henrik Ibsen (1828-1906) ein dramatisches Gedicht. Es handelt von einem jungen Bauernsohn, der mit Lügengeschichten und dem Aufbau einer Fantasiewelt versucht, der Realität zu entfliehen – zu dieser gehört auch, dass sein Vater, ein einst angesehener Mann, den gesamten Familienbesitz durch Misswirtschaft und Trunksucht verloren hat. Der Bauernsohn beschreibt hingegen den heruntergekommenen Hof als strahlenden Palast und sich selbst als einen tapferen Helden.

Dreißig Jahre später ist der Bauernsohn durch seine Tüchtigkeit in den USA ein reicher Geschäftsmann geworden. Nachdem er seinen Traum wahr gemacht hat, will er sich auf Weltreise begeben, um nun ein neues Leben zu beginnen. Zu seinem Unglück wird er in Marokko von Geschäftspartnern bestohlen. Erneut verarmt, überlegt er, wie seine Zukunft nun aussehen soll:

> Welchen Weg wähle ich nun? Mir stehn viele offen;
> Ob Weiser, ob Tor, zeigt die Wahl, die getroffen.
> Mein Geschäft ist ein abgeschloßnes Kapitel.
> [...]
> Ob ich mein Leben wahrhaftig beschreiben soll –
> Ein Buch, wegweisend, das späterhin bleiben soll? –
> Oder halt –! Ich hab Zeit – wie, wenn ich's probierte

Und als Forscher, der reisend die Welt durchquert,
Den Schlund der Vergangenheit studierte?
In der Tat, ja das ist für mich was Rechts.
Chroniken las ich von frühester Zeit her,
Und zudem oblag ich der Wissenschaft seither. –
Folgen will ich der Spur des Menschengeschlechts!

Als der Bauernsohn namens Peer Gynt seinen Entschluss gefasst hat, startet er die Spurensuche in Ägypten. Er will die Pyramide besteigen, in Babylon die hängenden Gärten suchen. Und von dort: »Mit einem Sprung geht's nach Troja fort.«

1867 konnte weder Henrik Ibsen von Heinrich Schliemann, noch Heinrich Schliemann von Henrik Ibsen etwas wissen. Henrik Ibsens Gedicht von Peer Gynt wurde erst 1876 uraufgeführt und wiederum erst 1881 aus dem Norwegischen ins Deutsche übersetzt.

Impuls

Sommer 1868

Sie wissen, es ist Zeit. Ihre Augen sind noch geschlossen. Aber die Zikaden singen es ihnen zu, und der laue Windzug, der um ihre Nasen weht, erinnert sie sanft daran. Träge erheben sich die drei Männer, die bis eben regungslos unter einem Olivenbaum gedöst hatten. Die knorrigen Äste spendeten genügend Schatten, um sich von der Arbeit des Vormittags erholen und ein kleines Nickerchen machen zu können. Jetzt gibt es keine Ausrede mehr – die heißesten Stunden des Tages sind vorüber. Langsam steigen sie den Hang hinab; duftende Wildkräuter kitzeln ihre Waden im Vorbeigehen. Auch wenn das Grillenkonzert mittlerweile eine massive Lautstärke erreicht hat, können sie das entfernte Rauschen des Meeres hören. An einem matschigen Graben, der von einem kleinen Fluss abgeht, liegen kreuz und quer ihre Hacken und Schaufeln, die sie pünktlich zu Beginn ihrer Siesta fallen gelassen hatten. Sie legen los, höhlen den Boden weiter aus. Der Graben, ein Bewässerungskanal für die Felder, soll heute noch um einiges länger werden. Es sind kaum fünf Minuten vergangen, als einer der Männer innehält und zum Fluss starrt. Er steckt seine Schaufel in die aufgewühlte Erde und macht seine Kollegen auf den ungewöhnlichen Anblick aufmerksam: Unweit entfernt stapft ein Mann mitten durch ein Feld. Sein Oberkörper ist lediglich von einem dünnen Unterhemd bedeckt; was er sonst noch trägt, ist schwer zu erkennen, da das Feld überflutet ist und er bis zum Bauch im schlammigen Wasser watet. Der Mann, seiner blassen Haut nach zu urteilen nicht aus dieser Gegend stammend, hat sichtlich Mühe damit, voranzukommen. Sein Fuß muss sich in etwas verfangen haben, jedenfalls stolpert er und fällt fast kopfüber in die trübe Brühe. Die drei Männer können nun nicht mehr anders: Sie fangen an, lauthals zu lachen.

Erschrocken dreht sich Schliemann in ihre Richtung; seine Zuschauer bemerkt er erst jetzt, weil er sich vorher so sehr auf das mühsame Gehen im sumpfigen Wasser konzentrieren musste. Unter Beobachtung richtet er sich langsam wieder auf und versucht, in einen stabilen Stand zurückzukommen. Die Männer lachen immer noch, winken und rufen ihm etwas zu. Schliemann vernimmt nur ein paar Wortfetzen auf Griechisch, der Rest geht im Zirpen der Grillen unter. Genervt wendet er sich wieder in die andere Richtung; weder hat er Zeit, noch verspürt er sonderlich große Lust dazu, diesen Gestalten zu erklären, auf welcher Unternehmung er sich gerade befindet. Außerdem glaubt er, in der Ferne endlich die Schemen dessen zu erkennen, wonach er sucht. Er kämpft sich weiter voran. Je mehr er sich dem vermeintlichen Ziel nähert, desto gewisser ist er sich, den richtigen Weg eingeschlagen zu haben.

Da liegen sie schließlich: zwei Steine. Ziemlich groß, ohne jegliche Zierde, plump behauen. Erschöpft von dem beschwerlichen Marsch lässt sich Schliemann vor ihnen auf die Knie nieder. Er betrachtet sie. Vor nicht einmal zwei Stunden ist er im Hafen von Korfu angekommen, doch beim Anblick der Steine scheint ihm die Ankunft eine Ewigkeit zurückzuliegen. Gewisse Verse kommen ihm in den Sinn: »Als sie zu dem reizenden Strome kamen, wo Waschgruben immer voll von klarem und reichlichem Wasser waren, das alle Flecken reinigt …« Diese Worte sind viele Jahrtausende alt und sie erzählen von diesen beiden Steinen. Davon ist Schliemann überzeugt. Die Beschreibung passt exakt zu diesem Ort. Auf diesen Steinen muss Nausikaa ihre Kleidung gewaschen haben, bevor sie in Begleitung ihrer Dienerinnen zum Meer ging, um die Wäsche auf den Kieselsteinen des Strandes zu trocknen. Die jungen Mädchen begannen daraufhin ein gemeinsames Ballspiel, wovon der im Gebüsch schlafende Odysseus erwachte. Es folgte die schicksalhafte Begegnung zwischen ihm und der Königstochter der Phaiaken. Für Schliemann ist sie eine der rührendsten Szenen der gesamten *Odyssee* – spätestens jetzt, als er sich selbst mitten auf dem Schauplatz befindet und den Stein berührt, den auch Nausikaa berührt haben musste. Auf Schliemann wirkt dieser Stein wie ein Zauber. Er wird durch ihn richtiggehend in Euphorie versetzt. Alles ist plötzlich verflogen, Krankheiten, Zwietracht, Misserfolge, Ängste – die alltäglichen Banalitäten eines kurzen Menschenlebens. Diese Steine hingegen sind wahrhaftig, felsenfest, für die Ewigkeit. Die Geschehnisse um sie sind so erhaben, so ehrwürdig. Schliemann weiß in diesem Augenblick: Die antiken Epen sind eine feste Größe, sie sollen von nun an die Konstante seines Lebens sein. Homer wird er niemals hinterfragen müssen.

Um sicherzugehen, dass Korfu auch wirklich die einstige Heimat der Phaiaken gewesen ist, muss er am späten Nachmittag dieses Tages lediglich einen guten Aussichtspunkt an der Küste finden und kurz in der *Odyssee* blättern. Nach wenigen Augenblicken liest er bereits die entscheidenden Verse: »Als nun Poseidon, der erderschütternde Gott, dies gehört hatte, eilte er nach Scheria, dem Wohnsitz der Phäaken. Dort verweilte er, und bald nahte das rasch dahingetriebene Schiff: Der Erderschütterer näherte sich dem Schiffe und verwandelte es in Stein, und indem er mit der flachen Hand daraufschlug, befestigte er es im Grunde des Meeres; darauf ging er von dannen.«

Schliemann entdeckt sogar gleich zwei dieser so geformten Inseln – eine davon im Hafen, eine andere vor der Nordküste der Insel –, beide weisen, aus der Ferne betrachtet, große Ähnlichkeiten mit Segelschiffen auf. Zufrieden über die erfolgreiche Lokalisierung legt er seine Ausgabe der *Odyssee* wieder in den kleinen Koffer zurück, der bis zum Rand mit Büchern gefüllt ist. Abgesehen von den beiden homerischen Epen hat er weitere Bände von Plinius, Strabon sowie Thukydides und Xenophon als Lektüre für seine Reise ausgewählt.

Ende April 1968 hatte Schliemann Paris verlassen, um, wie er seiner Schwester Wilhelmine in einem Brief mitteilt, zu einer »kleinen Reise« aufzubrechen. Das ist mehr als zwei Monate her, dennoch kann von einem nahenden Ende der Tour keine Rede sein. Nach Aufenthalten in Rom, Neapel und Sizilien ist er nun auf den griechischen Inseln unterwegs, um danach weiter über die kleinasiatische Küste nach Konstantinopel zu reisen. Seinen ursprünglichen Plan, auch seine Kinder in St. Petersburg zu besuchen, hat er letztendlich verworfen: Da ein neuer gerichtlicher Streit mit Solovieff droht, will Schliemann einen Aufenthalt in der alten Heimat lieber vermeiden.

Ob ihn nun die Sehnsucht nach seinen Kindern, die aufkommende Langeweile im Studium oder einfach nur seine unbändige Lust auf Abenteuer und Abwechslung zum erneuten Aufbruch aus Paris bewogen haben: In jedem Fall macht Schliemann auf seine Angehörigen alles andere als einen stabilen Eindruck.

Der eigentliche Auslöser, der ihn emotional offenbar vollends aus dem Gleichgewicht gebracht und in ihm tiefste Trauer und Wut ausgelöst hat, kam aus einer völlig unerwarteten Richtung, hatte weder mit seiner russischen Familie noch mit seinem Studium zu tun. Im Februar 1968 hatte ihn eine Nachricht von seinem Cousin Adolph Schliemann aus Schwerin erreicht: Heinrichs fast gleichaltrige Cousine Sophie war an Typhus gestorben. Für Schliemann war es ein Schock. Einst hatte er sehr für sie geschwärmt. Das lag zwar mittlerweile siebenundzwanzig Jahre zurück, doch den brieflichen Kontakt hatten sie über den langen Zeitraum hin aufrechterhalten. Ein halbes Jahr vor Sophies Tod waren sie sich in Boltenhagen sogar noch einmal begegnet, aber Schliemann hatte sie auf jenem Spaziergang gleichgültig und niedergeschlagen erlebt. Dass sie ihm zum Abschied nicht einmal einen Kuss hatte geben wollen, war allerdings zu weit gegangen und hatte ihn tief getroffen. Auf einen liebevollen Brief ihrerseits hatte er daraufhin besonders abweisend reagiert und gar nicht erst versucht, seinen verletzten Stolz zu verstecken: »… Du sprichst den Wunsch aus, mit mir eine Reise zu machen! … Ich reise außerordentlich gern mit einer Dame von Welt, aber ich kann mir nichts Langweiligeres vorstellen als eine Reise mit einer Heiligen, die sich viel besser für das Kloster als für das große Welttheater eignet.«

Der Tag, an dem er seine Antwort bei der Post in Paris aufgegeben hatte, war nun zufällig genau der Tag, an dem Sophie gestorben war. Doch obwohl sie den Brief nicht mehr hatte lesen können, überhäufte Schliemann sich mit Selbstvorwürfen: Er bereute alles Schlechte, was er über sie gedacht, gesagt und geschrieben hatte, und dass er so herzlos zu ihr gewesen war, sie zwischendurch sogar vergessen hatte. Tagelang war er in Paris umhergeirrt, hatte sich mit dem Besuch von Vorlesungen abzulenken versucht. Seinen Geschwistern hatte er davon geschrieben, wie oft er in dieser Zeit in Tränen ausbrach und dass er sich gleichgültig fühlte – sogar gegenüber dem Tod.

Auf verzweifelte Momente folgten Lichtblicke, in denen Schliemann der plötzliche Tatendrang packte. Weil er für Sophies Leben nichts mehr tun konnte, sendete er seinem Cousin Adolph hundert Reichstaler, um ihr eine nach seinen Vorstellungen angemessene Grabstätte zu errichten: Acht Fuß sollte das eiserne Monument hoch sein und ein Gewölbe umfassen. Seine Verwandtschaft teilte ihm allerdings mit, dass Letzteres nicht ohne einen größeren Aufwand geschehen könne, da man Sophie bereits beerdigt habe und den Sarg nun wieder ausgraben müsse. Nur widerwillig ließ Schliemann von seinen ursprünglichen Wünschen ab – einzig auf dem gusseisernen vergoldeten Denkmal auf der Grabstätte bestand er weiterhin. Zugleich bat er seinen Cousin Adolph darum, Sophie mit keinem Wort mehr zu erwähnen. Und nun packte ihn erst recht die Lust, Paris zu verlassen.

Bereits bei seinem Aufbruch nach Italien ist es Schliemann gelungen, sich aus der gedrückten Stimmung zu befreien, die ihn wochenlang gequält hatte. Mittlerweile kann er sich kaum noch an irgendeinen seiner dunklen Gedanken erinnern. Das Einzige, worüber er jetzt grübelt, ist, ob er auf seiner Suche nach Odysseus' Spuren weiterhin so erfolgreich sein wird, wie er es am heutigen Tage bei der Suche nach Nausikaas Spuren war. Die Antwort darauf wird er bald finden – denn sein nächstes Ziel heißt Ithaka.

*

Nicht viele haben sich in den letzten zweitausend Jahren auf die kleine Nachbarinsel Kefalonias verirrt. Mit ihren fünfundneunzig Quadratkilometern ist Ithaka übersichtlich, steile Felsen und unberührte Natur prägen ihre Gestalt. Die Insulaner – als Schliemann auf Ithaka eintrifft, sind es um die dreizehntausend – leben von Fischfang und Olivenöl; Viehzucht gibt es keine. Auch Bildung kaum: Die wenigsten der Bewohner haben eine Schule besucht.

Dafür aber können sie erzählen, stellt Schliemann fest, als er einem Mann namens Panagis Asproieraka über einen verschlungenen Pfad hinterher stolpert. Es ist fast Mitternacht und stockdunkel; was sich links und rechts des Pfades befindet, kann Schliemann kaum erkennen, er muss seinem Begleiter blindlings vertrauen. Kurz zuvor war Schliemann nach einer turbulenten Schifffahrt auf stürmischer See im Hafen St. Spiridon angekommen, und für wenig Geld hatte sich der Müller bereit erklärt, ihn zur anderthalb Stunden entfernten Hauptstadt Vathy zu führen; ein Esel mit dem Reisegepäck auf dem Rücken trottet den beiden Männern gemächlich hinterher. Mittlerweile ist Schliemanns redseliger Führer beim 16. Gesang der *Odyssee* angekommen und führt in allen Details aus, wie sich Odysseus seinem Sohn Telemach zu erkennen gibt. Schliemann weiß nicht, was ihn in diesem Moment mehr beeindruckt: die Tatsache, dass er gerade mit seinen eigenen Füßen über den Boden des Landes läuft, das einst König Odysseus gehörte, oder dass ein Analphabet ihm die Jahrtausende zurückliegenden Abenteuer dieses sagenhaften Helden so selbstverständlich wiedergibt, als sei er persönlich dabei gewesen.

Als sie Vathy schließlich erreicht haben, bietet der freundliche Müller Schliemann an, in seinem bescheidenen Haus übernachten zu dürfen. Obwohl er so seine Nacht auf einem harten Kasten mit Eisenbeschlägen statt in einem weichen Federbett verbringt, schläft er dank seiner Erschöpfung sofort ein und wacht erst wieder auf, als die Sonnenstrahlen des frühen Morgens durch die schmalen Ritzen der geschlossenen Fensterläden dringen. Ausgeruht und voller Vorfreude darauf, die Insel nun endlich bei Tageslicht kennenzulernen, verabschiedet er sich bereits am Vormittag von seinem Gastgeber.

In Vathy leben kaum mehr als zweitausendfünfhundert Menschen; ihre weißen Häuser liegen am Ende einer lang gezogenen schmalen Bucht, in deren tiefem Wasser die Schiffe fast direkt am Ufer ihre Anker werfen können. Die Berge ringsherum fallen steil ab und verleihen dem Ort eine behagliche Atmosphäre. Aber selbst in der Hauptstadt Ithakas gibt es kein einziges Hotel oder Gasthaus. Stattdessen kommt Schliemann schließlich bei zwei Schwestern unter, deren verstorbener Vater, wie er in seinen Notizen bemerkt, ein Gelehrter war. Zufrieden über das saubere Zimmer und seine freundlichen Wirtinnen, macht er sich noch am selben Tag auf, um das Ziel, den eigentlichen Grund seiner Reise nach Ithaka, ausfindig zu machen: den Palast des Odysseus. Wo er diesen suchen will, weiß er bereits. Er mietet sich einen Führer und ein Pferd, um am Nachmittag den Gipfel des Aetos zu erklimmen.

Nicht nur die Sonne, die mittlerweile gnadenlos auf die Erde brennt, erschwert die Tour – auch die steilen Hänge machen Schliemann zu schaffen. Der dreihundertachtzig Meter hohe Berg scheint von Geröll geradezu übersät, einen richtigen Weg gibt es nicht. Zwischendurch muss er auf allen Vieren über Felsbrocken und Steine klettern; sein Führer und selbst das Pferd scheinen viel müheloser vorwärtszukommen – es ist wohl die Erfahrung der Eingeborenen mit der Natur ihrer Insel. Im Zickzack geht es langsam empor.

Auch wenn der Aufstieg für ihn beschwerlich ist und seine volle Konzentration erfordert, lässt Schliemann es sich nicht nehmen, seine Umgebung genau zu erkunden. Inmitten des Gerölls entdeckt er immer wieder einzelne Ölbäume – jedoch deutlich weniger, als er vermutet hätte. Wie bei Greisen, deren Falten ihr ehrwürdiges Alter preisgeben, lässt sich anhand der gewundenen und ineinander verschlungenen Stämme dieser knorrigen Gewächse erahnen, wie viele Jahre, gar Jahrhunderte sie bereits so seltsam verbogen in der kargen Landschaft stehen und die Blicke der Vorbeikommenden auf sich ziehen. Wenn sich denn überhaupt jemals ein menschliches Wesen hierhin verirrt hat – Schliemann zweifelt immer mehr daran, je länger er sich in dieser gottverlassenen Gegend aufhält.

Als er einige Zeit später einen weiteren Felsbrocken erfolgreich überwunden hat, ruft ihn plötzlich sein Begleiter, der bereits weiter oben am Hang steht. Mit ausgestrecktem Arm weist dieser auf eine Stelle zu ihrer rechten Seite. Schliemann kneift die Augen zusammen und braucht ein paar Sekunden, um es im grellen Sonnenlicht schließlich zu erkennen: Zwischen Steinen und ein paar verdorrten Sträuchern scheint ein schmaler Pfad aus dem Nichts zu beginnen und wenige Meter weiter wieder aufzuhören. Schliemann spürt, wie er trotz der sengenden Hitze eine Gänsehaut bekommt. Hier war jemand. Das kleine Stückchen Weg, das schon sehr lange nicht mehr in Gebrauch zu sein scheint, ist der erste Hinweis auf etwas vom Menschen Gemachtes, dem er auf der Wanderung bislang begegnet ist. Mit neuer Energie holt er seinen Begleiter ein. Der alte Pfad muss irgendwohin geführt haben, und genau dort will Schliemann nun endlich ankommen.

Tatsächlich wird er schließlich fündig: Auf dem Gipfel sieht er zunächst die Ruinen eines Turmes, für den sehr große Steine ohne jegliche Verbindung aufeinandergesetzt wurden. Etwas abseits davon dehnt sich der Gipfel auf einer ebenen Fläche bis zum Nordrand aus; Schliemann misst eine Breite von siebenundzwanzig sowie eine Länge von siebenunddreißig Metern.

Auf den Überresten einer Mauer nimmt er Platz und schlägt seine Ausgabe der *Odyssee* auf. Die Verse bestätigen ihm, woran er sich zu erinnern meint: Der Palast war groß, mehrere Stockwerke hoch, denn Penelope musste von dem Saal, in dem die einhundertacht Freier an einer Tafel Platz hatten, eine hohe Treppe hinaufsteigen, um in ihr Gemach zu gelangen. Der Palast hatte außerdem einen Hof, der von einer Mauer umschlossen war. Schliemann klappt das Buch zu und lässt seinen Blick über die ebene Fläche schweifen. Die Aussicht von hier oben ist phänomenal: Sie reicht bis zur rund zwanzig Kilometer entfernten Insel Lefkada. Selbst die Schemen des nordwestlichen Kap Dukato sind heute zu erkennen – dort liegt der Felsen, von dem sich der Sage nach die Dichterin Sappho ins Meer stürzte und zahlreiche unglücklich Verliebte es ihr im Laufe der Jahrhunderte nachtaten. Im Süden sieht Schliemann die Küste des Peleponnes und im Westen die steil aufragenden Berge Kefalonias. Falls er tatsächlich irgendwann daran gezweifelt haben sollte –

erinnern kann er sich in diesem Moment jedenfalls nicht –, so steht es spätestens jetzt für ihn völlig außer Frage, dass auf diesem Platz irgendetwas anderes gestanden haben könnte als der Palast des Odysseus.

Ein leichter Wind weht um den Gipfel. Die Sonne steht nicht mehr ganz so hoch, sodass die Hitze ein erträgliches Maß erreicht hat. Schliemanns Begleiter hat sich im schmalen Schatten eines großen Steins niedergelassen, das Pferd steht mit gesenktem Kopf neben ihm und knabbert träge an einem kleinen Büschel vertrockneter Grashalme. Weit entfernt am Fuße des Berges hört man, wie das Wasser des tiefblauen Ozeans die steilen Küstenfelsen umspült. Mehrere Fischerboote bewegen sich vom offenen Meer kommend langsam entlang der Küste. Schliemann kann sich kaum von diesem Panorama losreißen, aber sein Durst quält ihn. Außerdem drängt die Zeit. Als Schliemann und sein Begleiter den Abstieg beginnen, hat er bereits entschieden, dass er gleich frühmorgens an diesen heiligen Ort zurückkehren wird. Zuvor muss er aber noch einige Vorbereitungen treffen.

Kaum in Vathy angekommen, hört sich Schliemann nach interessierten Helfern für seine geplante Ausgrabung um. Es dauert nicht lange, bis sich vier bereitwillige Männer bei ihm melden. Er selbst wird diesmal auf einem Pferd reiten, ein Esel wird die nötigen Werkzeuge schleppen. Zudem engagiert er vorsorglich einen Jungen und ein Mädchen, um mehrere Krüge mit Wasser und Wein zum Gipfel zu tragen.

Nach einem Bad im Meer um fünf Uhr morgens und einer Tasse heißem schwarzen Kaffee bricht Schliemann in der Dämmerung gemeinsam mit seiner Truppe auf. Um sieben Uhr haben sie den Gipfel erreicht. Als vor ihm die ebene Fläche auftaucht, wo seiner Überzeugung nach der Palast gestanden haben muss, fühlt er in sich die Freude eines Kindes aufsteigen, das an Heiligabend die Geschenke unter dem Weihnachtsbaum entdeckt.

Schliemann kann den Arbeitern mit relativ einfachen Worten klarmachen, was sie zu tun haben. Vermutlich liegt es daran, dass ihre Aufgabe nicht sonderlich kompliziert ist: graben, wo es geht. Hinderlich sind dabei allein die vielen Felsen. So lässt er die Arbeiter zunächst alle Sträucher ausreißen; denn wo Pflanzen wachsen, ist Erde. Und wo Erde ist, liegt vielleicht etwas darin verborgen.

Auch Schliemann nimmt eine Hacke in die Hand, doch selbst mit vereinten Kräften finden sie in den ersten Stunden nichts weiter als Schutt und nichtssagende Tonscherben. Als er an jener Stelle, an der er die Überreste des Ölbaums zu finden glaubt, der einst das Ehebett von Odysseus und Penelope getragen haben muss, bereits in geringer Tiefe auf nackten Felsen stößt, steigt Enttäuschung in ihm auf. Doch es dauert nicht lange, bis er eine neue vielversprechende Stelle auf der Ebene ausfindig gemacht hat, unter der er die schönsten Objekte vermutet.

Auf der Ebene entstehen bis zum frühen Mittag immer mehr Löcher. Von allen Seiten hört man das Klopfen auf harter Erde, unterbrochen von einem hell klingenden metallischen Geräusch, sobald die Hacke wieder auf Stein stößt. Stetig hauen die Arbeiter ihre Hacken in den Boden und wirbeln dabei Staub in die flimmernde Luft. Zwei von ihnen haben mittlerweile die Fundamente eines kleinen rechteckigen Gebäudes freigelegt. Zuerst spürt Schliemann wieder Hoffnung in sich aufkeimen, als er an den Überresten kratzt – doch seine Zuversicht erlischt augenblicklich, als er zwischen den gleichmäßig behauenen Steinen Spuren von Zement findet: Mit Zement wurde erst viele Jahrhunderte nach dem heroischen Zeitalter gebaut, in dem Odysseus lebte. Schliemann verlässt die beiden Arbeiter und sucht sich eine weitere Stelle, die bisher von niemandem berührt wurde. Mit kraftvollen Schlägen hackt er selbst den Boden auf und muss dabei ständig innehalten, um sich den Schweiß aus dem Gesicht zu wischen und seine schmerzenden Schultern kurz zu entlasten. Nach unzähligen dumpfen Schlägen folgt völlig unvermittelt ein helles Klirren. Schliemann zuckt zusammen und beugt sich sofort hinunter zu einem kleinen Gegenstand, den er mit seiner Hacke soeben in zwei Teile gehauen hat: eine Vase, winzig klein. Als er die beiden Teile aufhebt, verschwinden sie fast in seiner Handfläche. Nebeneinander gehalten, messen sie kaum mehr als ein paar Zentimeter. Der Inhalt hat sich auf dem Boden verteilt, aber Schliemann identifiziert ihn als Asche. Er ist sich sicher, dass es menschliche Asche ist. Behutsam legt er die zerbrochene Vase beiseite und geht nun auf die Knie, um die Fundstelle genauer in Augenschein zu nehmen. Und tatsächlich, aus dem Boden ragen weitere kleine Gefäße heraus. Doch die harte Erde hält sie fest umschlossen. Schliemanns Hacke wie auch die übrigen Werkzeuge sind viel zu groß, um ihm bei dieser Arbeit, die viel Feingefühl erfordern würde, dienlich zu sein. Dennoch versucht er zunächst mit einem Hammer, die Erde um die Objekte herum weichzuklopfen. Wieder kracht es, als er mit dem Werkzeug einem Gefäß zu nahe gekommen ist. Die nächste Vase zerbricht, während er sie mit den Händen aus der Erde zu lösen versucht, dann eine weitere, als er es stattdessen wieder mit dem klobigen Hammer probiert. Frustriert und fasziniert zugleich betrachtet Schliemann schließlich seine Funde, die er alle neben der ersten Vase aufgereiht hat. Von den zwanzig Gefäßen haben nur fünf die Ausgrabung heil überstanden. Sie sind bizarr geformt, zwei sind sogar bemalt. Die größte von ihnen misst gerade einmal elf Zentimeter. Alle sind, beziehungsweise waren mit Asche gefüllt.

Mittags versammelt sich die Gruppe unter einem Ölbaum, um sich eine Pause zu gönnen und endlich zu frühstücken. Das Wasser war bereits kurze Zeit nach ihrer Ankunft aufgebraucht gewesen, sodass die beiden Kinder zwischenzeitlich schon zweimal den Berg hinabsteigen mussten, um die Krüge aufzufüllen und wieder hochzuschleppen. Schliemann sitzt etwas abseits von der Gruppe und beißt so herzhaft in das trockene Brot, als wäre es ein saftig gebratener Hähnchenschenkel. Seine Hoffnung, eine sensationelle Entdeckung zu machen, hat sich bislang zwar nicht erfüllt: Abgesehen von den Vasen hat er nur noch wenige Kleinfunde gemacht, darunter ein kleines Götzenbild und die Klinge eines Opfermessers, jedoch keine Inschrift, wie er es sich so sehnlich gewünscht hätte. Dennoch hat er in diesem Moment das Gefühl, zu den glücklichsten Menschen der Welt zu gehören. Er genießt die Aussicht, den starken Wein, das lauwarme Wasser und das Brot, vor allem aber den Blick über die Grabungsfläche. Herausgerissene Sträucher liegen überall verstreut, kleine Erdhügel türmen sich neben klaffenden Hohlräumen. Es dürfte mehr als tausend Jahre dauern, bis der Wind diese Löcher wieder mit dem Staub der Erde auffüllen wird, denkt Schliemann und ist mehr als zufrieden mit seinem Tagewerk.

Am Nachmittag machen sich die Arbeiter auf die Suche nach weiteren Funden. Schliemann selbst hingegen sucht sich einen schattigen Platz zwischen den Mauerresten und blättert in der *Odyssee*. Schon während der Mittagspause musste er ständig an eine bestimmte Szene denken; nun will er diese am Ort des Geschehens nochmals Vers für Vers lesen.

Irgendwo hier um ihn herum ist es also passiert: die Wiederbegegnung von Odysseus und Penelope. Das erste Mal nach zwanzig Jahren blickten sie sich wieder in die Augen. Während Odysseus im Vorteil war und bereits wusste, dass Penelope tatsächlich seine geliebte Frau ist, konnte Penelope in dem als Bettler Gekleideten zunächst nicht ihren Ehemann erkennen, obwohl er vorgab, dieser zu sein. Zwar hatte er es geschafft, alle Freier mit Pfeil und Bogen zu töten, sodass die Versuchung für sie sicherlich groß war, ihm Glauben zu schenken. Denn niemals hatte sie Odysseus vergessen können. Zwei Jahrzehnte lang hatte sie im Warten auf ihn verharrt, so sehr sehnte sie sich nach ihm. Sie hatte es sogar geschafft, eine Meute heiratswilliger Männer in ihrem eigenen Haus hinzuhalten. Sie hätte sich jetzt einfach in seine Arme fallen lassen können. Aber Penelope war nicht nur eine treue und liebende Ehefrau, sondern auch klug – und misstrauisch. Sie reagierte kühl und ersann eine List für ihn: Er möge zunächst sein Quartier außerhalb des ehelichen Schlafzimmers aufschlagen, könne aber das gemeinsame Ehebett nutzen und dafür aus dem Raum schieben. Odysseus bestand die Prüfung, wusste außer Penelope doch nur er, dass das Ehebett sich nicht verschieben lassen würde, weil er es einst mit eigenen Händen auf dem Stamm eines Olivenbaums festgezimmert hatte.

Schliemann bekommt eine Gänsehaut, als er liest, wie Odysseus Penelope nun endlich den überzeugenden Beweis geliefert hatte und sie vor Freude in Tränen ausbrach. Er klappt das Buch zu und der Gedanke, der homerischen Welt mit ihren großen Charakteren so nah zu sein, auf den Mauern ihrer Gebäude zu sitzen, überwältigt ihn. Nein, er hat zwar keine Inschrift entdeckt, die seine Überzeugungen und Vermutungen wissenschaftlich fundamentieren würde. Doch die Beschreibungen in der *Odyssee* passen haargenau zu diesem wunderbaren Ort. Schliemann genügt das völlig. Vorsichtig nimmt er erneut eine der kleinen Vasen in die Hand. Es gibt keinen Zweifel mehr für ihn, dass sie die Asche von Odysseus, Penelope oder ihrer Nachkommen in sich trug.

Er verbringt noch einige Tage auf Ithaka. In der Bevölkerung hat sich inzwischen herumgesprochen, dass ein Ausländer auf der Insel unterwegs ist – mit einer auffallenden Neugier in den Augen und einer Ausgabe der *Odyssee* in der Tasche. Kaum erreicht er auf einer seiner Wanderungen ein Dorf, wird er von den Bewohnern meist sofort umzingelt und regelrecht genötigt, eine Pause einzulegen. Amüsiert – auch ein wenig geschmeichelt – sucht er sich dann einen einigermaßen kühlen und schattigen Platz unter einer niedrigen Platane und liest laut aus dem Epos vor, während ihm alle gebannt zuhören. Für solche Vorlesungen wählt er am liebsten die Wiederbegegnung von Odysseus und Penelope – der wohl keuschesten und besten Frau, die man sich als Mann wünschen kann, wie Schliemann im Stillen ergänzt.

*

Ein kurzer Blick auf sein Äußeres genügt, um zu wissen: Er ist ein Krieger. Er muss es sein. Auf seinem Kopf trägt er einen Helm mit einem besonderen, vierteiligen Schweif, am Oberkörper einen schimmernden Brustpanzer. Aus dem Ärmel der Ausrüstung, der wie ein Löwenkopf geschmiedet ist, ragt sein ausgeprägter Bizeps, seine große Hand umgreift ein verziertes Schwert. Doch der Krieger kämpft nicht – er flieht. Mit großen Schritten bewegt er sich weg von dem Unheil, das sich hinter seinem Rücken abspielt. Dort brennt eine Stadt, das lodernde Feuer frisst sich seinen Weg durch die Straßen. Unter donnerndem Krachen stürzt das Gebälk von Häusern und Tempeln ein, schwarze Berge von Rauchwolken türmen sich bis weit in den Himmel auf. In der Ferne sind Männer zu sehen, die gegeneinander kämpfen. Man glaubt, das Geräusch von klingenden Schwertern zu hören, zwischendurch die qualvollen Schreie von Sterbenden, die am Boden liegen. Neben einem Turm der Stadtmauer schaut das fast harmlos wirkende Objekt hervor: der Kopf eines hölzernen Pferdes, in dessen Bauch die Feinde unbemerkt in die Stadt gelangten. Mit seinem Einlass wurde der Niedergang dieser Stadt endgültig besiegelt.

Mit weit aufgerissenen Augen schaut der fliehende Krieger zurück. In seinem Blick ist Angst zu erkennen, aber auch Widerstreben. Eigentlich will er seinen Soldaten zur Seite stehen, mit ihnen zusammen den Feind abwehren – oder zumindest mit ihnen gemeinsam im Kampf sterben. Doch auf göttliches Geheiß hin soll er stattdessen Troja schleunigst verlassen, denn diesem Krieger ist ein anderes Schicksal vorherbestimmt. Aeneas heißt er, und er soll dem trojanischen Königssohn Hektor an Tapferkeit kaum nachgestanden haben. Er geht nicht allein: Auf seinem Rücken trägt er seinen blinden Vater Anchises, an seiner Seite hält sich sein noch junger Sohn Ascanius fest. Aeneas' Frau Kreusa ist im Chaos der Katastrophe verloren gegangen; sie werden sich nie wiedersehen. Vater, Großvater und Kind hingegen gelingt die gemeinsame Flucht. Sie brechen in eine unbekannte Zukunft auf, und es wird für sie kein Leichtes sein, in der Fremde ein neues Zuhause zu finden.

Dieser Moment, die Flucht des Dreiergespanns aus dem untergehenden Troja, übte eine außergewöhnliche Faszination auf die Nachwelt aus. Bereits im sechsten Jahrhundert vor Christus wählten viele attische Vasenmaler diese Szene, um sie auf Krügen und Amphoren zu verewigen. Das Bild der Fliehenden büßte selbst dann nichts von seiner Beliebtheit ein, als die Griechen ihre Vormachtstellung im Mittelmeerraum an die Römer abgetreten hatten. Im Gegenteil: Durch die *Aeneis*, ein Epos, in dem Aeneas nach langen Irrfahrten schließlich in Latium landet und dort zum Stammvater der Römer wird, hat der Dichter Vergil das Schicksal des trojanischen Helden in den Gründungsmythos der Römer verwandelt und damit als festen Bestandteil in das römische Selbstverständnis verwoben. Mit der Ausdehnung ihres Imperiums führten die Römer ihre eigenen Werte und Traditionen bei immer mehr Völkern ein. Auch nach dem Untergang ihres Reiches bleibt die römische Kultur in diesen romanisierten Gebieten erhalten.

Mit der Erinnerung an Aeneas ging zugleich auch ein anderer Mythos nicht unter. Aus dem frühen Mittelalter, als die Kirche das öffentliche Praktizieren jeglicher heidnischer Kulte verbot, als in Roms Pantheon die Götterstatuen des Mars und der Venus längst durch die Gebeine christlicher Märtyrer ersetzt worden waren, liegen uns dennoch Berichte wie der eines Gläubigen vor, der auf seiner Pilgerreise nach Jerusalem durch den Hellespont fuhr und zu wissen glaubte, wo dort einst Troja gelegen hatte.

Das Gedächtnis Europas hatte sich den Schauplatz der *Ilias* eingeprägt, und weder ein Großbrand noch eine Weltreligion oder die vorübergehenden Jahrhunderte vermochten es, die Erinnerung an diesen Ort auszulöschen.

Die homerischen Epen waren in der westlichen Kultur immer präsent, wenn auch in mancher Epoche einfach nur als leises Dauerrauschen im Hintergrund. In Auszügen wurden sie am mittelalterlichen Hofe regelmäßig erzählt und in Dichtungen beschrieben. Sie unterhielten die Mitglieder der herrschenden Elite auf vorzügliche Weise, weil sich Ritter und Edelmänner nur zu gerne mit den heldenhaften Kriegern und deren glorreichen Taten identifizierten. Die Götter hingegen blieben meist unerwähnt – außer Venus oder ihr Begleiter Eros beziehungsweise Amor, denn die Vorstellung einer romantischen Liebe kam in der höfischen Kultur des Hochmittelalters auf. Die antiken Erzählungen romantischer Liebesverhältnisse zu wunderschönen Damen passten hervorragend zum Minnesang, oder wurden für das zeitgenössische Verständnis einfach passend gemacht. So wie in den farbenreichen Illustrationen besonderer Handschriften, in denen Griechen und

Trojaner in ritterlicher Ausrüstung gegeneinander kämpfen, während mittelalterliche Wimpel auf den Türmen Trojas im Wind flattern.

Mit dem Beginn der Aufklärung fingen die Fragen an: Fragen an traditionelle Verhaltensweisen und Ideologien, an die Natur und an die Religion. Individuen wie Charles Darwin (1809-1882) arbeiteten an Theorien, die tiefgreifende gesellschaftliche Folgen hatten. Denn sie brachten den Inhalt eines Buches sowie einer Institution ins Wanken, die über Jahrhunderte hinweg der westlichen Gesellschaft zufriedenstellende Antworten gegeben hatten, die Kontinuität und in gewisser Weise ein behütetes Zuhause geboten hatten: die Bibel und die Kirche.

Rückblickend liegt in jenem Zeitalter die Geburt einer befreiten Denkweise, die zu einer nie gekannten Zukunftsoffenheit, zugleich aber auch zu einem neuen Interesse an der Vergangenheit führte. Überreste früher Epochen wurden unter die Lupe genommen, gesammelt, archiviert. Auch auf die eigene Erinnerung nahm die kritische Überprüfung keine Rücksicht. Und manch einer begann, sich nun beim Lesen der homerischen Epen zu fragen: Stimmt das alles wirklich? Dass bereits die ältesten Vorfahren diese Geschichten erzählten, genügte hierbei längst nicht mehr als Antwort. Handfeste Beweise mussten her, die man sehen oder anfassen konnte - die real waren. Zumindest der Schauplatz musste doch zu finden sein, wenn auch nur ein Fünkchen Wahrheit in der *Ilias* steckte. Die Suche nach Troja nahm ihren ersten, ernst zu nehmenden Anfang bereits 1786. Damals glaubte ein Franzose namens Jean-Baptiste Le Chevalier (1752-1836), die einstige Lage der sagenumwobenen Stadt lokalisiert zu haben. Eine auffällige Bergkuppe über einer Ebene bei dem Dorf Bunarbaschi[1] diente als Hauptargument für seine Behauptung. Le Chevaliers Bunarbaschi-These blieb, wenn auch vielfach diskutiert, noch viele Jahrzehnte bestehen.

*

Schliemann schrieb in seiner Selbstbiografie, dass er von dem Helden Aeneas erstmals als Achtjähriger erfuhr. Damals schenkte ihm sein Vater zu Weih-

1 Im 18. und 19. Jahrhundert so geschrieben, heißt das moderne Dorf heute Pinarbaşi. Es ist ein kleiner Ort, der auf den Höhen eines Steilhangs liegt, etwa vierzehn Kilometer vom Hellespont entfernt.

nachten Georg Ludwig Jerrers *Weltgeschichte für Kinder*. Die Zeichnung von der Flucht aus Troja soll den Jungen sofort in ihren Bann gezogen haben. »Wenn solche Mauern einmal dagewesen sind, so können sie nicht ganz vernichtet sein, sondern sind wohl unter dem Staub und Schutt von Jahrhunderten verborgen«, habe er daraufhin seinem Vater gesagt und in jenem Augenblick beschlossen, Troja eines Tages auszugraben.

Ob diese Erinnerung der Wahrheit entspricht oder von Schliemann im Nachhinein als sinngebende Anekdote erfunden wurde – in jedem Fall schwingt in seinen Worten die grundsätzliche Stimmung seiner Zeit mit. Es war eine Epoche der Suche nach neuem Wissen, mit dem man die klaffenden Lücken füllen wollte, die auf den Verlust alter Traditionen und Glaubenssysteme gefolgt waren. Bei der Suche behalfen sich die Menschen auf unterschiedliche Weise. Und Schliemann schien spätestens auf Ithaka einen neuen Glaubenssatz für sich gefasst zu haben: Wenn man schon nicht der Bibel vertrauen konnte, dann aber wohl Homer.

*

Es war wie verhext. Er hatte an alle gedacht: Strabon, Plinius, Thukydides, und an John Murray. Dessen Reiseführer für Griechenland durfte auf Schliemanns Reise natürlich genauso wenig fehlen wie die antiken Klassiker. Aber ein einziges Buch hatte er beim Packen dann doch vergessen, wie er kurz nach seiner Abreise aus Paris feststellen musste; zu allem Überfluss handelte es sich dabei auch noch um eine Neuerscheinung, das jüngste Werk aller, die er bei sich haben wollte: *Topographie et plan stratégique de l'Iliade*. Die Vorstellung des Buches hatte Schliemann in Paris persönlich miterlebt. Der Autor, George Nicolaïdes, ein Verfechter der bereits jahrzehntealten Bunarbaschi-These, hatte eine Publikation veröffentlicht, die Schliemann für würdig genug hielt, um ihn auf seiner geplanten Erkundung der Troas zu begleiten. Er wollte sie einfach nicht missen. Deshalb telegrafierte er direkt bei seiner Ankunft in Rom und vor der Weiterreise Richtung Ithaka nach Hause, um sich sofort ein neues Exemplar aus Paris nachsenden zu lassen.

Mittlerweile hat Schliemann Athen erreicht und kann das Buch endlich wieder in seinen Händen halten, kurz bevor er zu den Dardanellen aufbricht. Am 9. August 1968 kommt er dort an und reist unverzüglich nach Bunarbaschi.

Während sich zu Füßen des Ortes die weite Ebene bis zum Meer hin erstreckt, ragt im Hintergrund das Ida-Gebirge empor. Als die ersten Reisenden aus Europa auf der Suche nach Troja hier eintrafen, schien ihnen der Eindruck dieser Landschaft gut mit Homers Beschreibung übereinzustimmen: Vom Hellespont[2] aus im Süden hatte das Schiffslager der Griechen gelegen, dahinter, auf den ersten Hügeln des Ida-Gebirges, waren die Stadt und die Burg von Troja zu sehen. In der Nähe von Bunarbaschi gibt es eine größere Anzahl von Quellen; die Einheimischen nennen sie die »vierzig Augen«. Als Le Chevalier rund achtzig Jahre vor Schliemann die Gegend erkundete, war er sich sicher, dass an dieser Stelle auch der Skamandros entspringt, der laut Homer unweit der Mauern von Troja verlief. Und einen weiteren Fluss, den Karamenderes Çayi, hielt er für denselben Fluss, der in der Antike Simoïs genannt wurde und – so steht es in der *Ilias* – in der Nähe der Stadt gelegen haben soll. So kam Le Chevalier zu der Erkenntnis, dass man in der Umgebung von Bunarbaschi nach Troja suchen müsse. Seine Annahme stützte sich vor allem auf seine eigenwillige Identifizierung der Flüsse. Von Anfang an polarisierte seine Theorie, es gab Befürworter, aber auch Zweifler. Homer sprach von zwei Quellen, hier hingegen gab es gleich vierzig. Auch lag Bunarbaschi relativ weit vom Meer entfernt. Darüber hinaus fehlten aussagekräftige Funde, und es gab nur sehr dürftige sichtbare Überreste eines historischen Ortes. Dennoch: Die Theorie blieb zunächst unangefochten. Vor allem, weil es keinen alternativen, besseren Vorschlag gab.

Bunarbaschi ist, wie Schliemann bald feststellt, kein Ort, an dem er lange verweilen möchte. Er zählt dreiundzwanzig Häuser, auf deren Dächern unzählige Störche nisten. Das Haus, in dem er untergebracht werden soll, ist, wie vermutlich jedes andere, verschmutzt und voller Wanzen. Die Schale, in der ihm sein Gastgeber Milch serviert, scheint seit Jahren nicht ausgespült worden zu sein. Angeekelt lässt er sie unangetastet stehen und beschließt zugleich, auch lieber draußen unter freiem Himmel zu schlafen. Selbst die Gefahr, die von den vielen Schlangen in dieser Gegend ausgeht, und die auch der Grund dafür sind, warum die Störche hier so gerne nisten, zieht er der Möglichkeit vor, seinen Fuß noch einmal in eines dieser Häuser zu

2 Eine zur Türkei gehörende Meerenge im Mittelmeer zwischen der Ägäis und dem Marmarameer.

setzen. Das Essen lässt er sich fortan ebenfalls nach draußen bringen – in der Hoffnung, nicht sehen zu müssen, mit welch dreckigen Händen es zubereitet wurde.

Schliemann weiß inzwischen, wie er vorgehen muss, um schnell geeignete Arbeitskräfte für sein Vorhaben zu finden. Nach kurzer Zeit hat er einige Männer engagiert, die ihm gegen Bezahlung helfen. Doch die Grabungen in der Umgebung sind vom ersten Moment an ernüchternd. Er entdeckt keine Ziegelstücke, keine Tonscherben, einfach gar nichts, was auf einen bedeutenden Ort aus dem Altertum hingewiesen hätte. Nach zwei Tagen verlässt er Bunarbaschi und kehrt durch die Dörfer der Troas zurück nach Çanakkale. Ob er auf dem Weg an einem kleineren, unscheinbaren Hügel vorbeikommt und ihm darüber hinaus bewusst ist, dass dieser den Namen Hissarlik trägt, bleibt im Nachhinein unklar. Fest steht hingegen, dass Schliemann am 14. August 1868 in Çanakkale den Dampfer nach Konstantinopel verpasst und gezwungen ist, seinen Aufenthalt in der Troas um zwei Tage zu verlängern. Und nur wegen dieser Verspätung trifft er am folgenden Tag mit Frank Calvert zusammen.

Die Calverts, eine britische Konsularsfamilie, besitzen ein großes Haus am Hafen von Çanakkale und Ländereien in der Troas. Aufgrund ihrer diplomatischen Tätigkeiten sind sie die erste Anlaufstelle für Reisende aus Europa. Zudem machen sie Geschäfte mit dem Anbau der Walloneneiche, deren Eichelbecher beim Gerben von Leder verwendet werden. Als Letztgeborener von sieben Kindern kann Frank, was seinen beruflichen Erfolg angeht, den Geschwistern nicht das Wasser reichen. Seine schulische Ausbildung beendete er bereits mit sechzehn Jahren, was für ihn bis ins Erwachsenenalter ein beschämendes Thema bleibt. Während seine Brüder diplomatische Karrieren ansteuerten, unterstützte Frank sie dabei unauffällig aus dem Hintergrund. Im Übrigen führt er ein eher anspruchsloses Leben, ohne besondere berufliche Ambition. Nur für die Geschichte, vor allem für die Vergangenheit der Troas, wo er mit seiner Familie bereits seit seiner Jugend lebt, scheint sein Herz höher zu schlagen als für alles andere. Besucher, die im Hause der Familie ein und aus gehen, führt er bereitwillig zu den besonderen Fundstätten in der Region; bei solchen Besichtigungen präsentiert er gerne auch die vielen Funde, die die Calverts auf ihrem Landsitz bei Thymbra gesammelt haben. Die Regale des großen Kabinetts quellen über von antiken Amphoren, Alabastren, Schalen und Lekythen, die er und seine Brüder über die Jahre hinweg bei Grabungen entdeckt haben. Auch wenn die übrigen Familienmitglieder das Interesse für das Altertum mit Frank Calvert teilen, sticht seine Passion doch besonders hervor. In der großzügig ausgestatteten Privatbibliothek eignet er sich selbst das Wissen an und nutzt zudem die Gelegenheit, von den Gelehrten und Experten zu lernen, die immer wieder in diese Gegend reisen. Bei der Erkundung der antiken Stätten geht Calvert fachkundig und methodisch vor. Bereits 1859 war in der Zeitschrift *Archaeological Journal* eine von ihm angefertigte Schnittzeichnung erschienen – von einem Hügel in Hanay Tepe, in dem er unter anderem mehrere Vorratsgefäße und Grabbeigaben aus dem sechsten Jahrhundert vor Christus entdeckt hatte. Die in ihrer Ausführung erstaunlich professionell wirkende Zeichnung lässt erahnen, welches Talent zur scharfsinnigen Beobachtung sich in dem ruhigen, hageren Frank Calvert tatsächlich verbarg – und wie sehr er auf dem Gebiet der professionell betriebenen Archäologie seiner Zeit voraus zu sein schien.

Seit 1863 besitzt Calvert einen Teil des Hügels Hissarlik. Bereits Jahrzehnte zuvor, kurz nach der Veröffentlichung der Bunarbaschi-These, war ein britischer Reisender namens Edward Clarke auf diesen Ort aufmerksam geworden. Seine Entdeckungen, darunter mehrere Münzen und Inschriften, wiesen auf einen antiken Ort und dessen einstigen Namen hin: Ilion. Dennoch wurde Hissarlik in den folgenden Jahrzehnten von den Gelehrten und Reisenden nicht annähernd so wahrgenommen wie Bunarbaschi.

Angeregt durch die Überlegungen seiner Vorgänger sowie durch eigene Beobachtungen und Grabungen ist Calvert schon länger davon überzeugt, Homers Troja an dieser Stelle zu finden. Doch um eine groß angelegte Ausgrabung beginnen zu können, fehlt ihm etwas Entscheidendes: Geld. Sein Bruder Frederick, dessen Laufbahn als Konsul so glanzvoll begonnen hatte, hatte nicht nur dem Ansehen der Calverts geschadet, sondern zudem die gesamte Familie in große finanzielle Schwierigkeiten gebracht, als er wegen der Beteiligung an einem Versicherungsbetrug aus dem Diplomatendienst entlassen worden war. So besitzt Frank zwar das Land, auf dem er graben will, jedoch nicht die Möglichkeit, genügend Arbeiter zu bezahlen oder die nötigen Gerätschaften zu erwerben. In einem Brief an das British Museum hatte er um Unterstützung gebeten: »Wenn es nun möglich wäre, dass das

British Museum hier ... Ausgrabungen durchführte, böte ich mit Freude meine Dienste an. Ich würde jeden Tag meine Ländereien zur Verfügung stellen; und alle gefundenen Gegenstände würden in den Besitz des British Museum übergehen.« Calvert scheint es weder um Reichtum noch um Ehre zu gehen: Er stellt seine Bitte wie ein Mann, der durch und durch für die Wissenschaft lebt. Doch die Mitarbeiter des British Museum verfolgten seine Anfrage nicht weiter. Die genauen Gründe hierfür bleiben unklar. Dennoch gibt Calvert nicht auf, legt mehrere Grabungsschnitte an, in denen er jedoch nur griechisches und römisches Material findet. Nichts davon reicht zeitlich über das siebte Jahrhundert vor Christus hinaus.

Dann begegnet er an jenem 15. August 1868 Heinrich Schliemann. Über den Verlauf des Treffens dieser beiden Männer, vor allem über den inhaltlichen Austausch, liegen der Nachwelt verschiedene Versionen vor: Während Calvert später schreibt, dass er Schliemann überhaupt erst auf Ilion als potenzielles Troja aufmerksam gemacht habe, notiert Schliemann hingegen in seinem Tagebuch: »Gestern machte ich die Bekanntschaft des berühmten Archäologen Frank Calvert, der annimmt, wie auch ich, daß sich das homerische Troia nirgends anders als in Hessarlik [sic] befand.«

Die einzige winzige Bemerkung über den Hügel Hissarlik, die in Schliemanns übrigen Eintragungen während dieser Reise zu lesen ist, könnte er auch erst im Nachhinein ergänzt haben; dies lässt vermuten, dass Calvert tatsächlich derjenige ist, der Schliemanns Aufmerksamkeit erstmals auf den Hissarlik gelenkt hat. Andererseits erläutert Schliemann in einem Brief an seinen Vater und seinen Schwager Wilhelm, der auf den 12. August datiert und noch in Bunarbaschi geschrieben wurde, detailliert seine Überzeugung, dass Troja nicht hier gestanden haben könne und er einen anderen Ort dafür in Betracht ziehe. Wie auch immer die Begegnung in Wahrheit verlaufen ist, ob er Hissarlik bereits vorher im Visier hatte oder nicht – Calvert muss in Schliemann sogleich einen Mann erkannt haben, der die Suche nach Troja in Ilion entscheidend vorantreiben könnte. Und Schliemann wiederum kommt offenbar schnell zu der Einsicht, Calverts Hypothese unbedingt nachgehen zu müssen. Im Nachhinein betrachtet, hatte dieses Treffen eine Art von synergetischem Effekt. Beeindruckt davon reist Schliemann schließlich ab.

*

Dezember 1868

Es ist ein wolkenverhangener, kalter Winternachmittag. Der letzte Monat des Jahres hat begonnen, und eine adventliche Stimmung verzaubert die Gassen von Paris. Die Dämmerung hat bereits eingesetzt, aus vielen Fenstern ergießt sich warmes Licht auf das Straßenpflaster. Während die meisten Männer um diese Uhrzeit auf dem Rückweg von der Arbeit nach Hause sind und sich auf einen heißen Tee im Beisammensein mit ihren Familien freuen, sitzt Schliemann in seiner Wohnung am Place Saint-Michel bereits seit den frühen Morgenstunden am Schreibtisch, den er auch an diesem Tag so gut wie gar nicht verlassen wird. Seine Reise in die Troas liegt schon wieder mehr als drei Monate zurück; dennoch fühlt es sich so an, als sei er erst gestern dort gewesen.

In den vergangenen Wochen hat er sich mit nichts anderem beschäftigt, als mit einer einzigen Frage. Seit Calvert ihm diese gestellt hat, lässt sie ihn nicht mehr los: *Ubi Troia fuit?* Während er auf der Reise kaum einen ernst zu nehmenden Gedanken daran verloren hatte, wurmt sie ihn nun Tag und Nacht. Ihr nachzugehen macht in vieler Hinsicht Sinn. Die Antwort auf diese wichtige Frage, diese Entdeckung eines symbolisch so bedeutsamen Ortes: Wäre das nicht die eigentliche Bestimmung eines Archäologen – könnte es nicht seine ganz persönliche Bestimmung sein? Und welchen Nutzen hätte es wiederum, allein schon die Suche nach Troja für sich zu behalten? Keinen, weder für die Menschheit, noch für Schliemann. Nicht vor dem nächsten Sommer wird er es schaffen, zum Hissarlik zurückzukehren. Somit können die Taten erst nach den Worten folgen.

Die Rückkehr nach Paris ist zugleich wie ein Erwachen. Nach vielen Wochen voller beschwerlicher Wege, sinnlicher Eindrücke und neuer Bekanntschaften hat Schliemann das Bedürfnis zu kommunizieren, seine Erlebnisse und Gefühle mit anderen zu teilen. Er beginnt, Briefe zu schreiben, an seine Verwandtschaft in Mecklenburg und an seine Kinder in St. Petersburg.

An jenem Wintertag antwortet er auf einen Brief, den sein Vater nach einer längeren Zeit des Schweigens wieder an ihn gerichtet hatte. Darin schreibt Schliemann: »… Mein archäologisches Werk habe ich jetzt beendet, ich habe auch schon einen Verleger dafür; es kommt jetzt zum Druck und da ich Strabo und Alle, die nach ihm über Troja schreiben, umstoße, so wird viel gegen mein Buch geschrieben werden. Indes ist mir nicht bange, da ich überall Beweise gebe und nichts ohne klare Facta behaupte.

Die Vorrede habe ich dazu benutzt, meine Biographie zu geben und damit anzufangen, zu sagen, daß ich, als ich 10 Jahre alt in Kalkhorst, auf schlechtem Latein, an Dich, Vater, die Geschichte des Trojanischen Krieges und die Abenteuer von Agamemnon und Ulysses als Weihnachtsgeschenk schickte, nicht daran dachte, daß ich nach 36 Jahren über denselben Gegenstand in Paris vor`s Publikum treten würde. Ich habe überdies gesagt, daß Du an allem diesem Unheil schuld bist, weil Du mir als Kind immer von den homerischen Helden erzähltest und weil die ersten Eindrücke, die das Kind empfängt, das Leben hindurch dauern …« Als er den Brief unterschreibt und zusammenfaltet, ist Schliemann ganz von Glück und Rührung beseelt. Sein Buch hatte er zuvor wie im Rausch geschrieben und in weniger als drei Monaten vollendet. In Wahrheit gibt es bislang keinen Verleger, der sich für sein Werk interessieren würde. Er ist darüber zwar nicht sonderlich erfreut, sieht aber auch kein Hindernis darin. Zur Not wird er es auch dieses Mal einfach selbst verlegen.

Die Antriebslosigkeit, die ihn vor seiner Abreise in Paris immer wieder übermannt und blockiert hatte, ist verflogen. Dennoch fühlt er sich nicht immer so beschwingt und zuversichtlich wie an jenem Abend. Die letzten Monate hatten ihm viel Ablenkung gebracht. Jetzt muss er aber wieder an seine Familie in St. Petersburg denken. Sergej ist mittlerweile dreizehn Jahre alt. Schliemann hat ihn das letzte Mal vor mehr als zwei Jahren gesehen. Nachdem er seine Kinder mehrmals schriftlich aufgefordert hatte, sich bei ihm zu melden, erhält er von seinem Sohn in diesem September endlich wieder ein Lebenszeichen. Sergej berichtet ihm von seiner Begeisterung für die Naturwissenschaften, bittet seinen Vater, ihm Pflanzen und Mineralien zu senden. Der Brief überfordert Schliemann, er weiß nicht, worüber er sich zuerst an den Aussagen seines Sohnes ärgern soll. Aus den Zeilen liest sich vielleicht die erschreckend lange Zeit, die vergangen ist, seit er Sergej gesehen hat – ein Junge, der nun die Interessen eines heranwachsenden Mannes zeigt. Schließlich entscheidet sich Schliemann, ihm Folgendes mit auf dem Weg geben zu wollen: »… Ich habe Deine russischen Briefe satt und verbiete Dir, mir fortan russisch zu schreiben; ich stelle Dir aber frei, mir deutsch, französisch, griechisch oder lateinisch zu schreiben … Mit fähigem Verstande und eisernem Willen kann der Mensch ein oder höchstens in 2 Studien zugleich in wenigen Wochen Gewaltiges leisten.«

Auch Natalia, nun bereits zehn Jahre alt, hat ihm endlich zurückgeschrieben. Die Antwort an seine Tochter fällt zwar kurz, aber deutlich freundlicher aus. Selbst in der Mahnung zum Schluss lässt er einen liebevollen Klang mitschwingen: »Ich habe mich sehr über Deinen Brief, noch mehr über Deine und Nadjas Photographien gefreut, denn Ihr seid so groß und hübsch geworden wie 2 mit Blumen beladene Rosenstöcke. Ich bitte Euch beide nun ernstlich daran zu denken, was Ihr dem Papa zum Weihnachten schenkt. Ich küsse Euch, Euer Euch liebender Vater«

Ob es nun an der besinnlichen Adventszeit liegt oder an der Aussicht, endlich seinen lang gehegten Traum erfüllen zu können, nämlich den Weg in die Archäologie einzuschlagen – Schliemann ist voller Hoffnung und Sehnsucht nach seinen Kindern, zugleich auch voller energiegeladenem Tatendrang. All das braucht er, um seine Angst vor einer Abweisung seitens Jekaterinas zu überwinden und ein Wiedersehen mit seiner Familie zu wagen. Er nimmt sich vor, Anfang Januar 1869, pünktlich zum russischen Weihnachtsfest, bei ihnen zu sein.

Was genau bei seiner Ankunft in St. Petersburg geschehen ist, lässt sich anhand seines Nachlasses heute nicht mehr eindeutig nachvollziehen. In jedem Fall endet Schliemanns Vorhaben in einem Desaster. Unverrichteter Dinge bricht er seinen Aufenthalt nach vier Tagen ab. Später schreibt er seiner Schwester Wilhelmine, dass nicht nur Jekaterina, sondern selbst sein eigener Sohn ihn wie einen Eindringling behandelt habe. Eigentlich wiederholt seine Frau nur, was sie ihm seit Jahren gesagt und geschrieben hat: Sie wird Russland niemals verlassen. Am Ende musste Schliemann sogar befürchten, von der Polizei festgenommen oder zumindest von seinen Schwägern vor Gericht gezogen zu werden. Zurück in Paris, nimmt er zu seinem Vetter Adolph, einem Justizrat, Kontakt auf. Seine Hoffnung, mit seiner Frau und seinen Kindern wieder unter einem Dach leben zu können, ist zwar erloschen – nicht jedoch sein Drang und die Sehnsucht, der Einsamkeit zu entkommen. Denn während er nun alles für eine Scheidung seiner Ehe in die Wege leitet, reifen in ihm zugleich zwei weitere Pläne.

Am 24. Januar 1869, wenige Wochen nach seiner Rückkehr aus St. Petersburg, erhält er einen Brief von Adolph aus Schwerin. Die »vorliegende

Kleinigkeit« – damit meint er Schliemanns Plan, sich scheiden lassen zu wollen – sei endlich eine Gelegenheit für Adolph, seinem Vetter eine angemessene Gegenleistung zu erbringen. Als juristischer Fachmann liege die Sache für ihn ganz klar auf der Hand: »Die Frau muß dem Manne folgen.« Er werde sich zum genaueren Prozedere mit seinen Fachkollegen beraten.

Zwei Wochen später folgt der nächste Brief aus Schwerin. Die Sache liege doch nicht so klar auf der Hand. Weder in Mecklenburg noch in Preußen wäre ein positiver Ausgang eines Scheidungsprozesses vor Gericht gewiss. Adolph rät Schliemann, lieber von Nordamerika aus die Scheidung in die Wege zu leiten, denn dort gebe es günstigere Gesetze. Während Schliemann ohne zu zögern seine Reisevorbereitungen trifft, hält er seine Schwestern auf dem Laufenden, vor allem Wilhelmine. Ihr anfänglicher Vorbehalt hat sich mittlerweile aufgelöst – sie scheint zu wissen, dass sich der Entschluss ihres Bruders zu diesem Zeitpunkt nicht mehr rückgängig machen lässt. Sie und ihr Mann würden ja sehen, dass er sich vor Gram und Schmerz über seine Vereinsamung, vor Sehnsucht nach einem teilnehmenden, gleich denkenden liebenden Wesen aufreibe. Das gehe nicht länger so weiter. Die Schwestern akzeptieren nicht nur Schliemanns Plan, sie wettern von nun an gegen Jekaterina, die sie in so vielen Briefen zuvor noch in Schutz genommen hatten, schimpfen über deren gefühlskaltes, gewissenloses Verhalten. Zugleich bedanken sie sich für die zweihundert Reichstaler, die Schliemann ihnen auch dieses Jahr wieder gesendet hat, um ihre obligatorische Bäderreise antreten zu können. Wilhelmine weiß es zu schätzen, dass ihr Bruder in all seinem Kummer noch die Seinigen zu erfreuen vermag.

Am 12. März 1869 steht Schliemann bereits auf dem Schiff, mit dem er nach New York fahren wird. Noch am Tag seiner Abreise hat er einen Brief an Theokletos Vimpos abgesendet. Vimpos hatte ihn einst in Neugriechisch unterrichtet, als er in St. Petersburg lebte. Mittlerweile ist Vimpos Erzbischof und nach Athen gezogen. Schliemann bittet ihn, ihm bei der Suche nach einer neuen Frau zu helfen. Er teilt Vimpos seine konkreteren Vorstellungen mit: Was die inneren Werte betrifft, sollte die Kandidatin einen engelhaften Charakter und ein gutes Herz haben. Äußerlich stelle er sich eine schwarzhaarige Frau vor, von »griechischem Typus«.

Zur selben Zeit liegt in Rostock auf dem Schreibtisch von Professor Hermann Karsten ein schweres Paket. Als der Dekan der Philosophischen

Fakultät der Universität den Absender zur Kenntnis nimmt, ist er schon nicht mehr ganz so überrascht – sein Kollege Ludwig Bachmann, wiederum ein Freund von Justizrat Adolph Schliemann, hatte ihm bereits einige Tage zuvor angekündigt, dass er demnächst Post von einem gewissen Heinrich Schliemann aus Paris erhalten würde. Nachdem Karsten das Paket geöffnet hat, liegen vor ihm zwei Bücher sowie ein Anschreiben auf Deutsch und ein Lebenslauf Schliemanns. Letzterer sogar in zweifacher Ausführung, sowohl in Latein als auch in Altgriechisch, wie der Dekan stirnrunzelnd feststellt. Mit zwei Publikationen möchte dieser Herr also promoviert werden. Nach kurzer Überlegung entscheidet sich Karsten, mit dem älteren der beiden Bücher zu beginnen, das bereits vor einem Jahr erschienen ist. Schliemanns Erlebnisse in China und Japan sind recht unterhaltsam geschrieben – doch selbst die genaueren Vermessungen der Steinquader auf der Chinesischen Mauer täuschen Karsten nicht darüber hinweg, dass er es bei diesem Werk mehr mit einem trivialen Reisebericht zu tun hat als mit einer wissenschaftlich fundierten Arbeit. Schon bald legt er das Buch beiseite und wendet sich dem zweiten zu. Der Titel dieser Publikation lautet: *Ithaque, le Péloponnèse et Troie.*

Auch dieses ist sehr unterhaltsam geschrieben und ähnelt den Schilderungen eines Reisenden. Aber es tauchen darin Überlegungen auf, die die Informationen einer beliebigen Reise übersteigen. Anhand seiner eigenen Beobachtungen vor Ort, die er mit den Aussagen Homers vergleicht, stellt der Autor die Bunarbaschi-These infrage. Homer wird dabei nicht wie ein Dichter, sondern wie ein Historiker behandelt.

Doch letztendlich sind die inhaltlichen Details für Karsten nebensächlich. Gegen Gebühr können auch Bewerber ohne Abitur und abgeschlossenes Studium an der Universität Rostock promoviert werden. Schliemann hat alle Voraussetzungen erfüllt, somit kann der Dekan das Verfahren einleiten. Die Beurteilung des Buches über Ithaka und Troja überlässt er allerdings dem Gräzisten Ludwig Bachmann. Inwiefern Adolph Schliemann bei diesem ein gutes Wort für seinen Vetter eingelegt hat oder in irgendeiner anderen Weise seine Finger im Spiel hatte, bleibt offen. Heinrich Schliemann hatte kurz zuvor dessen Schulden beglichen – Adolph war nicht nur ein guter Anwalt, sondern auch ein leidenschaftlicher Spieler. Als Dank wird Adolph Schliemann vermutlich zumindest versucht haben, das Verfahren für den angehenden Doktoranden im Positiven zu beeinflussen.

Bachmann spart nicht an Kritik in seinem Gutachten. Die Resultate von Schliemanns Untersuchungen zu Troja überzeugen ihn weniger, auch wenn der Autor diese »mit unermüdlicher Ausdauer« angestellt habe. Eine Bereicherung hingegen seien die Informationen zur Topografie Ithakas. Die lateinische Vita hält Bachmann sprachlich für einigermaßen befriedigend, das mangelhafte Griechisch hingegen hätte der Verfasser sich ganz sparen können. Immerhin wird Schliemanns Französisch gelobt. Die Aussicht auf einen Doktortitel rückt für ihn somit in greifbare Nähe.

Am 29. März 1869 starrt Vimpos in Athen ratlos auf den geöffneten Brief in seinem Schoß und überlegt, wie er auf die ungewöhnliche Bitte seines ehemaligen Schülers reagieren soll, während Schliemann zur selben Zeit Tausende Kilometer weiter westlich triumphierend mehrere Papiere in den Händen hält: Nur zwei Tage nach seiner Ankunft in New York hat er die amerikanische Staatsbürgerschaft erhalten. Ein Herr namens John Bolan hatte bezeugt, dass Schliemann seit mehr als fünf Jahren in den USA lebe, sich seit mehr als einem Jahr in New York aufhalte und die Prinzipien der amerikanischen Verfassung achte. Damit waren die Voraussetzungen zur Erlangung dieser Papiere, auf welchem Wege auch immer, bereits erfüllt, und Schliemann kann den nächsten Schritt seines Planes in Angriff nehmen.

Am 1. April erreicht Schliemann voller Zuversicht Indianapolis, wo das Scheidungsrecht für sein Vorhaben besonders günstig geregelt ist. Er mietet sich ein Haus, stellt zwei Bedienstete ein und engagiert mehrere erfolgreiche Anwälte. Im Glauben, die Scheidung wäre in spätestens zwei Monaten vollzogen, plant er seine Reise zurück nach Paris bereits für Mitte Juni. Die Anwälte machen sich an die Arbeit: Auf Grundlage der an ihn gerichteten Briefe seiner Frau – eigens von Schliemann aus dem Russischen ins Englische übersetzt – wird die Scheidungsklage eingereicht. Schliemann ziert sich nicht, die eine oder andere Passage zu seinem eigenen Wohl ein wenig zu verändern und Jekaterinas Weigerung, nach Amerika zu kommen, wörtlich zu ergänzen. Ganz gesetzeskonform wird die Scheidungsklage einundfünfzig Tage lang in einer regionalen Zeitung veröffentlicht, sodass jeder in der Bevölkerung die Möglichkeit hat, gegen den Kläger Stellung zu nehmen. Während Jekaterina und ihre Familie in St. Petersburg unwissend ihrem gewohnten Tagesablauf nachgehen, in Indianapolis zugleich so gut wie niemand jemals etwas von einem Herrn Heinrich Schliemann gehört hat, passiert auf die Zeitungsanzeige hin also genau das, was Schliemann sich erhofft hatte: nämlich gar nichts.

Am 20. April kommt Schliemann endlich wieder dazu, an seiner anderen Baustelle zu arbeiten: die Suche nach einer neuen Lebenspartnerin. Er legt sein Schicksal diesbezüglich nicht allein in die Hände von Vimpos, sondern streckt seine Fühler parallel in Richtung seiner alten Heimat aus. Eine Cousine, die in Boizenburg lebt und bereits verlobt ist, bittet er in einem Brief unverhohlen, ihrem Bräutigam abzusagen und stattdessen ihn zu heiraten – sobald er geschieden sei.

Als er sich nach wenigen Tagen zu fragen beginnt, welcher Teufel ihn da eigentlich geritten hat, schreibt er einen weiteren Brief; diesmal an die Eltern seiner Cousine. Falls diese seinen Vorschlag bereits angenommen hätten, mögen sie doch noch einmal überlegen, ob ihre Tochter nicht besser daran wäre, seinen zwanzig Jahre jüngeren Bruder Ernst zu heiraten. Erst eine Woche nach Absenden des Briefes kommt ihm endlich in den Sinn, seinem Bruder Ernst ebenfalls zu schreiben und ihn über dessen eigene »Hochzeitspläne« in Kenntnis zu setzen. Vor allem seine Schwestern Wilhelmine und Elise, die Schliemann über jeden seiner Schritte informiert, können nur tatenlos zusehen, wie sich ihr Bruder immer mehr in Peinlichkeiten verstrickt und die ganze Familie zu blamieren droht. Da Schliemann schließlich eine ablehnende Reaktion aus Boizenburg erhält, kann er diese Angelegenheit mit Erleichterung ad acta legen. Seine Schwester Elise versucht hingegen noch Wochen später vergeblich, ihn zu einem freundlichen Brief mit einer Entschuldigung an seinen gekränkten Onkel zu bewegen.

Am 27. April erlangt Schliemann in absentia die Doktorwürde. Karsten, Bachmann und die übrigen Professoren des achtköpfigen Gremiums an der Universität in Rostock sind sich einig: Alle stimmen für die Promotion des »Autodidakten mit vorwiegend archäologischer Neigung«.

Und am 18. Mai kann Schliemann seinen Geschwistern eine weitere erfreuliche Neuigkeit berichten. Bei der Suche nach einer neuen Ehefrau geht es voran: Vimpos hat sich mittlerweile mit seiner Rolle als Heiratsvermittler abgefunden und Schliemann die Fotos mehrerer heiratswilliger Athenerinnen zugesendet – darunter auch das Bild seiner eigenen Nichte. Ihr Name ist Sophia Engastromenos, sie ist schwarzhaarig und übertrifft für Schliemanns Geschmack die übrigen Kandidatinnen bei Weitem an Schönheit. Aus ihrem

Antlitz liest er die Liebenswürdigkeit, die er von seiner zukünftigen Gemahlin unbedingt erwartet. Sobald er die Angelegenheit in Amerika erfolgreich beendet hat, will er nach Athen reisen, um sie persönlich kennenzulernen – auch wenn das Mädchen erst siebzehn Jahre alt ist. Bis dahin muss sich Schliemann mit ihrer Fotografie zufriedengeben. Kopien davon wird er auch an seine Schwestern schicken.

Mitte Juni – Schliemann ist noch immer nicht geschieden – ändert sich die Gesetzeslage in Indianapolis. Der Kläger muss nun zunächst beweisen, dass er ein »echter« Bewohner von Indiana ist. Schliemann kauft sogleich ein Haus und Anteile einer Fabrik. Die Zuversicht, bald geschieden zu sein, schwindet indes mit jedem Tag und die lästige Angelegenheit, die sich länger als erwartet hinzuziehen droht, vermiest ihm zunehmend die Laune. Für seinen Vetter Adolph, der beim Kartenspiel wieder einmal Geld verloren hat und Heinrich um Hilfe bittet, zeigt er in dieser Zeit nur wenig Verständnis. Zwar hilft er ihm auch dieses Mal aus, aber nicht, ohne Fragen zu stellen: »Wie kann nun aber ein Gelehrter wie Du überhaupt nur Karten spielen? Giebt es denn etwas Dümmeres, etwas Materielleres als das Kartenspiel? Giebt es irgendwo auf der Welt einen Bauern, der nicht Karten spielen könnte …«

Zugleich macht er sich bereits Gedanken darüber, in welchem amerikanischen Staat er als Nächstes sein Glück versuchen will, sollten seine Scheidungspläne in Indianapolis scheitern.

Am 30. Juni jedoch kann Schliemann aufatmen: Seine Ehe ist endlich geschieden. Zwischen Jekaterina und ihm besteht nun nicht mehr Verbindung als zwischen zwei Kohlköpfen, kommt ihm als heiterer Vergleich in den Sinn, als er überlegt, mit welchen Worten er die frohe Botschaft seinen Schwestern übermitteln könnte.

Ebenfalls auf den 30. Juni datiert ein Brief seiner Schwester Elise, die sich die Kopie von Sophia Engastromenos angesehen hat: »Mit der Photographie einer Dir unbekannten Dame, war es doch gewiß nur ein Scherz Deinerseits? Nicht wahr, mein Heinrich? Scherz ist ja die Würze des Lebens, und wir beunruhigen uns weiter folglich nicht darüber.« Gemeinsam mit Wilhelmine macht Elise gerade eine Kur in Gräfenberg. Auch Wilhelmine nimmt die Verlautbarungen ihres Bruders nicht weiter ernst, drückt es jedoch gelassener aus als Elise. »Das Bild der jungen Griechin ist zwar ganz niedlich, aber nach einem Bilde kann man sehr wenig urtheilen.«

Die Schwestern versuchen, nicht weiter darüber nachzudenken, welches Abenteuer ihr Bruder als Nächstes im Sinn hat. Stattdessen widmen sie sich wieder ganz und gar ihrer körperlichen und seelischen Erholung.

*

Herbst 1869

Klack – kaum ist die Tür ins Schloss gefallen, prescht Schliemann eilig den schmalen Gang hinunter. Seine schnellen Schritte versinken in den dicken Teppichen des Korridors, die jedes noch so laute Stampfen schlucken und geräuschlos werden lassen. Schliemann sucht sich seinen Weg zum Treppenhaus, überholt dabei Herren in maßgeschneiderten Anzügen und schmuckbehangene Damen. Im Erdgeschoss angekommen, nimmt er den direkten Weg zum Ausgang, mitten durch die von Kronleuchtern funkelnde Empfangshalle. Als der Portier den heraneilenden Mann bemerkt, schafft er es gerade noch rechtzeitig, ihm die Tür zu öffnen und ihm mit einer leichten Handbewegung höflich den Weg ins Freie zu weisen. Draußen muss Schliemann erst einmal seine Augen zusammenkneifen: Die blendende Sonne lässt Athen erstrahlen. Für seinen Aufenthalt hat er sich das luxuriöse »Hôtel d'Angleterre« ausgesucht, das direkt am Syntagma-Platz steht. Überall tummeln sich Passanten, sind auf dem Weg zu unbestimmten Zielen – vielleicht zu einem der zahlreichen eleganten Cafés in der Umgebung. Es ist das typische Gewusel, diese elektrisierende Stimmung, die Schliemann bereits von anderen Großstädten kennt. Es ist fast nicht zu glauben, dass hier noch vor wenigen Jahrzehnten kaum mehr als ein Bauernkaff existierte. Gerade einmal viertausend Einwohner lebten in Athen, als die Stadt unmittelbar nach Ende des Griechischen Unabhängigkeitskrieges zur Hauptstadt des neu gegründeten Königreiches erklärt wurde. Seitdem war allerhand passiert, sodass das einstige Provinznest mittlerweile zu einer herrlich pulsierenden Stadt angewachsen ist. Wohlhabende Griechen, die ihr Leben lang in der Diaspora gelebt hatten und nun, nach dem endgültigen Abzug der Osmanen, zurückkehren konnten, ließen sich prächtige Villen errichten. Zeitgleich schufen die vom Monarchen beauftragten Architekten ein stimmiges und zeitgemäßes Stadtbild, mit prächtigen klassizistischen Repräsentationsbauten. Bei der Errichtung der neuen Gebäude achteten sie darauf, den Blick auf das bedeutendste Wahrzeichen dieser Stadt, wenn nicht gar das Wahrzeichen einer ganzen Epoche, nicht zu stören: Wie Schliemann feststellt, kann er die Akropolis von nahezu jeder Straße aus sehen.

Heute aber hat er etwas anderes vor, als die Stadt und ihre Sehenswürdigkeiten zu erkunden. Er will gemeinsam mit Vimpos nach Kolonos fahren. Seit die Eltern von Sophia Engastromenos ihr Haus in der Stadt aus finanziellen Gründen hatten aufgeben müssen, lebt die Familie in dem kleinen Ort unweit von Athen. Heute also, etwa ein halbes Jahr, nachdem Vimpos in einem Brief von dem Mädchen geschrieben und ihm ein Foto von ihr beigelegt hatte, wird Schliemann sie endlich persönlich treffen. Den ganzen Morgen wartet er voller Ungeduld und mit leichter Nervosität auf den großen Moment. Doch dieser scheint einfach nicht kommen zu wollen.

Statt Sophia zu sehen, lernt Schliemann bei seiner Ankunft in Kolonos zunächst die Familie seiner Heiratskandidatin kennen. Dazu gehören nicht nur die Eltern Georgios und Victoria sowie Sophias Schwestern, sondern auch unzählige Tanten, Onkel, Neffen und Nichten. Gefühlt das gesamte Dorf umringt Schliemann und schiebt ihn vorbei an duftenden Aprikosenbäumen zu einem schattigen Sitzbereich im Garten des Landhauses. An einem großen Tisch nimmt er Platz und lässt, eingeschüchtert von der lärmenden Menschentraube um ihn herum, den Dingen lieber erst einmal ihren Lauf. Mit jedem neuen Verwandten, der es noch irgendwie schafft, sich in eine der wenigen Lücken am Tisch zu quetschen, wächst sein Gefühl von Machtlosigkeit. Es sagt ihm, dass er sowieso nichts an dieser Situation ändern kann. Während er darüber nachdenkt, wie viele Menschen noch in den Garten passen könnten, redet Sophias Vater auf ihn ein. Der einst angesehene Tuchhändler, dessen Textilgeschäft mittlerweile vor dem Ruin steht, überschwemmt Schliemann geradezu mit seiner Gastfreundlichkeit. Und offensichtlich hat er seiner Sippschaft nicht verheimlicht, dass der Besuch eines steinreichen, potenziellen Ehemannes für eine seiner Töchter ansteht. Immerhin werden sie bei solchen Aussichten Sophia irgendwann schon zu mir lassen, versucht er sich selbst zu ermuntern.

Wie auf ein Signal hin wird es still unter den Versammelten. Schliemann hat ihr Kommen nicht bemerkt – nun steht Sophia vor ihm. Schnell erhebt er sich, überragt sie aber auch dann kaum an Größe. Und sie ist so hübsch wie auf den Fotos. Während sein Schwiegervater in spe das Förmliche übernimmt und die beiden einander vorstellt, mustert Schliemann ihre streng frisierten, schwarzen Haare, ihre großen dunklen Augen, ihre jugendliche Haut. Als er bemerkt, dass Georgios die Vorstellung beendet hat und schweigt, zieht er schnell ein Buch aus seiner Tasche und überreicht es Sophia. Auf Griechisch erklärt er ihr, er habe dieses kleine Buch über Ithaka, die Peloponnes und Troja erst im vergangenen Jahr publiziert. Er habe ihr die französische Übersetzung mitgebracht, weil er davon ausgehe, dass ihr das Lesen dann leichter fallen würde. Welche Reaktion er von ihr erwartet hatte, wusste er nicht mehr so genau. Doch als sie es entgegennimmt, kann von Euphorie jedenfalls keine Rede sein. Noch weniger, als sie ihre gesenkten Augen zwischendurch kurz erhebt und ihn für Bruchteile von Sekunden direkt anblickt. Schließlich setzen sie sich hin. Während rings um ihn herum die Verwandtschaft wieder durcheinander schwätzt, rechnet Schliemann im Stillen nach, dass er bei ihrer Geburt etwa dreißig Jahre alt war. Der siebzehnjährigen Sophia macht nun also ein Mann den Hof, der auf die Fünfzig zugeht, kaum mehr Haare auf dem Kopf hat und sich in diesem Moment – nach dem aufreibenden Scheidungsprozess in Amerika, der beschwerlichen Reise über den Atlantik nach Paris und von dort durch Europa nach Athen – bestimmt nicht in seinem besten äußerlichen Zustand befindet.

Nach seiner Rückkehr ins Hotel dröhnt ihm der Kopf. Er versucht, seine Eindrücke von der Familie Engastromenos zu sortieren. Georgios hatte ihn über seine Ansichten zur Lage Trojas ausgefragt, aber auch zu all seinen anderen beruflichen Leistungen. Schliemann erzählte ihm gerne davon, merkte aber bald, dass sein Gegenüber nicht aus Interesse gefragt hat, sondern hauptsächlich, weil er mit seinem besonderen Gast vor der Verwandtschaft prahlen wollte. Als wäre die Heirat des deutschen Multimillionärs mit Georgios Tochter nur noch reine Formsache. Schliemann kann sich denken, welche Absichten hinter Georgios Verhalten stecken. Sophia ist arm, daher abhängig, und die Familie sucht verzweifelt nach einem Geldgeber, der sie aus der Krise holt und ihr zurück zum einstigen Wohlstand verhilft. Doch je länger Schliemann darüber nachdenkt, umso klarer wird ihm: Über Sophias Sippschaft hat er in den letzten Stunden alles erfahren, über Sophia selbst hingegen, die schüchtern kaum ein Wort herausbrachte, weiß er nichts. Ist sie wirklich gebildet genug für ihn? Begeistert sie sich ebenso sehr für Homer, wie er es tut? Eine dunkle Ahnung steigt in ihm auf, dass er, wenn es allein nach den Griechen und ihren Sitten ginge, bis zur Vermählung kein einziges persönliches Gespräch mit Sophia führen würde. Es ist also Zeit, die Dinge wieder selbst in die Hand zu nehmen. Schnell greift er nach Papier und Stift, um ihr einen Brief zu schreiben. Sie solle ihre Eltern bitten, in irgendeiner Form ein Treffen der beiden zu ermöglichen, ohne all die Menschen, die bisher immer um sie herum waren; sonst müsse er sie bitten, ihn ganz zu vergessen. Bereits am nächsten Morgen bekommt er die erhoffte Antwort: Sophia und er dürfen sich am Hafen von Piräus treffen.

Schliemann bereitet sich bestens auf das Rendezvous vor. Es geht ihm nicht nur darum, ihre Bildung zu prüfen (immerhin soll sie laut Georgios das renommierte Gymnasium Arkasion besucht haben), sondern möglichst viel über Sophias Persönlichkeit zu erfahren. Da ihn dies vor allem dahingehend interessiert, ob sie in sein Leben und zu seinem eigenen Charakter passt, ist er überzeugt, mit einer einzigen Frage die Antwort darauf zu bekommen. Schliemann und Sophia dürfen sich für eine Weile von ihrer verwandtschaftlichen Begleitung auf ein Schiff zurückziehen. Während Möwen kreischen und schäumendes Wasser sie umgibt, fragt er sie also, warum sie ihn heiraten wolle. Ihr gleichförmiger Gesichtsausdruck – bei allen Fragen zur griechischen Geschichte zuvor hatte er sich kaum verändert – wird für den Bruchteil einer Sekunde von leichtem Entsetzen beherrscht. Nach kurzem Zögern antwortet sie sehr direkt, dass er reich sei und ihre Eltern es so wollen. Jetzt wiederum ist Schliemann entsetzt, so sehr, dass es ihm die Sprache verschlägt. Kurzerhand lässt er die Schiffstour abbrechen, verabschiedet sich von Sophia und kehrt zum Hotel zurück.

Als er dort eintrifft, sind seine Fassungslosigkeit und Wut bereits dem Gefühl reiner Ernüchterung gewichen – purer Enttäuschung, wie sie nach einer traurigen Erkenntnis folgt. Denn eigentlich sollte er, wie er sich ehrlicherweise eingestehen muss, von Sophias Reaktion nicht überrascht sein. Schließlich hatte er selbst einige Monate zuvor schon seinen Vater in einem Brief darüber belehrt, dass ein schönes junges Mädchen einen alten Mann nur in dem Falle ehren und lieben könne, wenn sie selbst für die Wissenschaften schwärmte, in denen er viel weiter fortgeschritten ist als sie. Er schaut in den Spiegel. Ein Mann blickt zurück, blass um die Wangen, mit buschigem Schnauzbart und einer zierlichen Brille, die ihn nicht eben verjüngt, mit einem großen Kopf auf schmalen Schultern, die sich auch durch den feinsten Anzug nicht verbreitern lassen. Dafür taxieren ihn zwei Augen mit einem scharfen, klaren Blick. Sie wirken … irgendwie unbeirrt, fokussiert. Als würden sie durch ihn hindurchsehen und mehr in ihm erkennen, als seine runzlige, verbrauchte Oberfläche. Er erinnert sich wieder an seine Vision und greift zum Stift.

Wenige Stunden später hält Sophia Schliemanns Abschiedsbrief in der Hand. Es habe ihn tief getroffen, dass sie, ein gebildetes Mädchen, ihm eine Sklavenantwort gegeben habe. Er sei aber ein einfacher, schlichter Mann. Wenn sie ihn heirate, dann weil sie zusammen ausgraben, sich gemeinsam für Homer begeistern wollen. Nun aber werde er übermorgen abreisen, und sie werde ihn vielleicht nie wiedersehen.

Er muss nicht lange auf Sophias Antwort warten. Sie entschuldigt sich für ihr Verhalten, lädt ihn auch im Namen ihrer Eltern zu einem Besuch ein, um alles wiedergutzumachen. Schliemann atmet innerlich ein wenig auf. Nun beginnt eine erste vorsichtige Konversation, nur zwischen ihnen beiden, so, wie er es sich die ganze Zeit gewünscht hatte. Gleichzeitig hat er selbst endlich wieder die Fäden dieser ganzen Vermählungsgeschichte in der Hand. Denn seine Drohung hat bei Sophias Familie die gewünschte Wirkung gezeigt, und Schliemann traut sich nun zu taktieren. So lässt er ein Mal bewusst Zeit verstreichen, bevor er Sophia zurückschreibt, ein anderes Mal drückt er sich betont unverbindlich aus, erklärt ihr allgemein, dass Reichtum nicht die Grundlage einer Ehe sein dürfte. Immer noch lässt er die Möglichkeit offen, Athen augenblicklich zu verlassen – und damit zugleich Sophia die Aussicht auf eine Hochzeit zu nehmen.

Und sie beginnt, ihre Emotionen aufzuschreiben: Sie sei traurig, voller Kummer und hoffnungslos, falls er tatsächlich Athen verlassen sollte. Sie bittet um einen letzten Besuch. Mehr verlange sie nicht. Diesmal lässt sich Schliemann zwei Tage Zeit, bevor er antwortet. Er hat das volle Vertrauen in sich selbst und sein Handeln zurückgewonnen. Und nur zwei Wochen, nachdem er Sophia im Landhaus in Kolonos kennengelernt hat, teilt er seiner Verwandtschaft mit, dass er das griechische Mädchen heiraten werde.

*

Sie sehen aus wie zwei Wachsfiguren. Die eine ist umhüllt von einem weißen Kleid, trägt über dem streng nach hinten geflochtenen Haar einen luf-

Hochzeitsfoto von Sophia und Heinrich Schliemann, 1869

tigen Schleier, der bis zum Boden hinabfällt. Aus dem hellen Gesicht mit den nur leicht gerundeten Wangen blicken große dunkle Augen, die Lippen sind zu einem Streifen gepresst und erinnern vage an ein Lächeln. Der Kopf wirkt ein wenig vorgebeugt, als würde sich die Figur bücken; doch ob sie das auch wirklich tut, bleibt unter dem weit ausgestellten Rock des Kleides verborgen.

Die zweite Figur bildet in ihrem schwarzen Anzug einen starken Kontrast zu dem weißen Kleid. Sie scheint ebenfalls nicht aufrecht zu stehen, eher neigt sie sich ein wenig seitlich zur ersten Figur hin. In der Hand hält sie einen glänzenden schwarzen Zylinder. Das Gesicht ist eingefallen, um die Nase und unter den Wangen zeichnen sich Schatten ab. All das hat den Effekt, dass die erste Figur im Beisein der zweiten noch makelloser erstrahlt, während die zweite Figur daneben nur noch ausgemergelter wirkt.

Seit mehreren Sekunden stehen Schliemann und Sophia wie zu Eis gefroren und starren in dieselbe Richtung. Endlich leuchtet ein Blitzlicht auf, es folgt ein kurzer Knall, und eine kleine Rauchwolke verpufft. Der Fotograf taucht unter dem schwarzen Tuch wieder auf, das er über sich und die Boxkamera gelegt hat; augenblicklich sacken die angespannten Körper von Braut und Bräutigam ein wenig in sich zusammen. Sophia zupft an ihrem Kleid, blickt etwas hilfesuchend zu ihrer Mutter, die im Hintergrund steht. Schliemann rückt blinzelnd seine Brille zurecht und räuspert sich mehrmals – ihn beißt noch immer der Weihrauchduft in der Nase.

Die Hochzeit musste innerhalb kürzester Zeit vorbereitet werden – für Familie Engastromenos gehört das aber zu den kleinsten Kunststücken. In Griechenland lässt man sich üblicherweise nicht viel Zeit, um eine Ehe zu schließen, und so können Schliemann und Sophia bereits fünf Tage nach ihrer offiziellen Verlobung in einer kleinen Kirche in Kolonos getraut werden – ohne dabei auf das aufwendige Programm verzichten zu müssen, das eine orthodoxe Zeremonie verlangt. Goldene Ikonen spiegelten den Schein unzähliger Kerzen wider, die monotonen Gesänge des Priesters hallten im Kirchengewölbe, und über allem schwebte der penetrante Geruch des brennenden, herumgeschwenkten Weihrauchs. Schliemann fühlte sich genauso eingeräuchert wie damals bei seiner Hochzeit mit Jekaterina. Er war froh, als die Trauung vorbei war und er endlich die Kirche verlassen konnte. Danach ging es direkt weiter zum Landhaus, wo die Hochzeit mit der Verwandtschaft zelebriert wurde. Aus dem Garten wehte der Geruch von frisch gebratenem Lammfleisch, die Tische waren vollgestellt mit süßen Backwaren und anderen Köstlichkeiten. Schliemann dachte, er hätte in den vergangenen zwei Wochen jeden noch so entfernten Verwandten Sophias kennengelernt. Doch da hatte er sich offenbar getäuscht. Selbst aus Kreta waren etliche, ihm noch völlig fremde Familienmitglieder angereist, um die nächsten Stunden mitzufeiern. Nicht einmal ungeladene Dorfbewohner wurden von Sophias Eltern abgewiesen; jeder, der wollte, durfte am heutigen Tag die Gastfreundschaft der Engastromenos' genießen. Schliemann biss die Zähne zusammen und ertrug mit Fassung den Lärm, die Tänze und das Gedränge. Voller Vorfreude dachte er daran, dass er Griechenland mit seiner Gemahlin noch in derselben Nacht auf einem Schiff verlassen würde.

Und dann ist es endlich so weit: Mitten in der Nacht winken Schliemann und Sophia von der Reling der *Aphrodite* den Verwandten zu, die sich am Kai aufgereiht haben: die weinende Mutter, der etwas ratlos blickende Vater, daneben die schluchzenden Geschwister, Tanten und Onkel sowie alle anderen Gäste, die es sich nicht haben nehmen lassen, beim Abschied ihrer geliebten »Sopháki« und deren sonderbarem Ehemann dabei zu sein. Den feuchten Glanz in Sophias Augen bemerkt Schliemann nur beiläufig, als sie ihm zur Kabine folgt – er sieht den kommenden Wochen erwartungsvoll entgegen. Das Programm hierzu hat er längst im Detail vorbereitet. Natürlich soll sich das frisch vermählte Paar auf der Hochzeitsreise besser kennenlernen. Und Schliemann will ebenso wenig die Gelegenheit versäumen, dem jungen Mädchen die Welt zu zeigen – die Welt, in der er sich am liebsten aufhält. Sie besuchen Sizilien, Neapel und Rom, fahren über Florenz weiter nach Venedig, dann durch Tirol nach München, um von dort schließlich nach Hause, nach Paris zu reisen. Schliemann zeigt Sophia tagsüber die bekanntesten Ruinen und Paläste, Kirchen und Museen. Am Abend besuchen sie das Theater. Sie eilen von einer Sehenswürdigkeit zur nächsten, und er ist froh, Sophia bereits in Athen geraten zu haben, mehrere Paare bequemer Schuhe mitzunehmen.

Die meiste Zeit ist er sehr zufrieden mit Sophias Benehmen. Sie betrachtet alles genau und hört ihm zu. Sie kann sogar lustig sein, wie bei der Besichtigung des Perpetuum mobile in der Universität von Padua. Als Schliemann ihr erklärt, dass dieses sich seit dreißig Jahren ununterbrochen von selbst bewegt, meint sie, die Maschine habe Ähnlichkeit mit ihrem Mann.

Es gibt aber auch Momente, in denen er platzen könnte – so im Schloss Nymphenburg, als Sophia sich in griechischer Tracht, die er eigens dafür mit ins Schloss gebracht hat, neben das Bildnis einer schönen Griechin stellen soll. Ein genialer Einfall, findet Schliemann, würden doch alle Besucher sehen, um wie viel schöner seine eigene Griechin im Gegensatz zu der abgebildeten Dame sei. Aber Sophia weigert sich, murmelt etwas von Blamage, flieht mit geröteten Wangen und Tränen in den Augen aus dem Saal – lässt Schliemann einsam unter den glotzenden Besuchern zurück. Kochend vor Wut folgt er ihr schließlich und bereut es in diesem Augenblick sehr, eher ein trotziges Kind denn eine erwachsene Frau geheiratet zu haben. Doch solches Verhalten lasse sich umerziehen, versucht er sich zu trösten. In jedem Fall bleibt noch viel zu tun, um aus Sophia eine perfekte Lebenspartnerin zu formen.

Einen Monat nach der Abreise aus Athen kommen sie in Paris an. Schliemann zeigt seiner Frau ihr neues, luxuriös eingerichtetes Heim direkt an der Place Saint-Michel. Aus den Fenstern kann sie den Neptunbrunnen und die Seine sehen, wie sie langsam durch die Stadt fließt. Sophia scheint das alles gut zu gefallen. Er macht ihr schnell klar, dass sie nichts weiter tun müsse, als seinen Anweisungen zu folgen. Und wie bei Jekaterina gibt er ihr nicht einfach Geld in die Hand. Lieber soll sie ihn fragen, wenn sie welches braucht. Ein Fall, der aber ohnehin nicht oft eintreten dürfte. Denn Schliemann kümmert sich selbst um das Personal, um die Wohnung, um die Finanzen, um den Speiseplan, um Sophias Garderobe. Aus welchem Grund also brauchte sie Geld?

Die Mecklenburger Verwandten haben mittlerweile auf die Nachricht seiner Hochzeit reagiert. Schwester Elise verheimlicht ihm nicht, dass sie anfangs sehr besorgt über dieses überstürzte Ereignis gewesen sei. Aber ihr Brief nimmt schnell eine einsichtige Wendung – sie glaubt, dass er nun endlich das gefunden habe, wonach er so sehr gesucht habe. Wie, um dem Bruder ihr Wohlwollen zu beweisen, hat sie einige Wörter zusätzlich noch unterstrichen: innerer Wert – wahr – lange – endlich – glücklich.

Das Hochzeitsfoto scheint zu beeindrucken. Schwager Hans schreibt, er habe Sophias Gesichtszüge darauf durch ein Vergrößerungsglas betrachtet und befunden, dass sie ein schönes Auge besäße. Schliemann fühlt sich in diesen Wochen glücklich, auch wenn die Formvollendung seiner Frau noch längst nicht erreicht ist. Zwar zeige sie wie fast alle griechischen Frauen eine Art von göttlicher Verehrung für ihren Mann und widerspräche nie, aber sie sei eben auch sehr jung und könne weder Französisch noch Deutsch, schreibt er seiner Schwester Luise. An diesen Makeln arbeitet er bereits. Kaum nach ihrer Ankunft in Paris kommen täglich verschiedene Sprachlehrer zu den Schliemanns und unterrichten Sophia stundenlang in Französisch, Deutsch und Englisch.

Doch schon bald schleicht sich in Sophias Verhalten eine melancholische Befindlichkeit ein. Schliemann bemerkt, wie sie beginnt, die Flure und die gemeinsamen Räume der eigenen Wohnung zu meiden. Sie zieht sich zurück, klagt über Kopf- und Magenschmerzen, will immer öfter lieber im Bett bleiben. Mit ihrer Behauptung, Heimweh zu haben, kann Schliemann nur wenig anfangen. Die Abende, an denen er befreundete Gelehrte zu sich einlädt, scheint sie kaum durchzustehen; dann sitzt sie nur noch da, beobachtet teilnahmslos die Professoren und deren Ehefrauen, spricht fast nichts mit den Gästen. Das liegt natürlich daran, dass sie die Sprache kaum beherrscht, denkt sich Schliemann. Sicherlich mangelt es an Unterhaltung: also mehr Theater- und Opernbesuche am Abend. Und ihr fehlt die sportliche Disziplin: Vor und nach dem Sprachunterricht fordert er sie von nun an auf, Gymnastik oder Spaziergänge an der frischen Luft zu machen. Aber es hilft nichts. Enttäuscht, verärgert und ein wenig beunruhigt gesteht er sich allmählich ein, dass Sophia nur noch ein Schatten ihrer selbst ist. Aus seinen Briefen erahnen seine Schwestern einen möglichen Grund für ihre Verfassung; Luise mahnt ihn, sie mit dem Unterricht nicht zu überfordern. Schliemann kann sich nicht vorstellen, dass man vom Lernen krank werden kann, und noch weniger, dass Sophia das Leben fernab der Heimat oder das kalte Klima schaden könnte. Stattdessen beschleicht ihn immer mehr das Gefühl, dass ihr ohnehin labiler Zustand sich vor allem dann verschlechtert, wenn es wieder einmal um finanzielle Angelegenheiten zwischen ihm und ihrer Familie geht. Diese lästigen Konflikte könnten ihn ja selbst schon in eine regelrechte Depression treiben. Schließlich gibt er ihrem innigsten Wunsch trotzdem nach: Er verspricht ihr, dass sie bald nach Athen reisen werden.

*

Winter 1869

Am 10. Dezember, demselben Tag, an dem Schliemann zu einem festlichen Empfang in seine Pariser Wohnung einlädt – wo dieses merkwürdige und gleichzeitig auch faszinierende Paar einmal mehr im Mittelpunkt steht – und Schliemann seine Frau sogar dazu bewegen kann, ein paar Sätze auf Französisch an die Gäste zu richten, stirbt seine Tochter Natalia mit zehn Jahren an einer seltenen Knochenkrankheit. Schliemann erfährt das erst einige Tage später. Die Entfernung macht es ihm unmöglich, rechtzeitig zur Beisetzung in St. Petersburg zu sein. Er kann von seiner Tochter nicht mehr persönlich Abschied nehmen.

Schliemann hält seine Gedanken über das unbegreifliche Ereignis in Worten fest, an die Verwandten in Mecklenburg, aber auch an seinen Sohn. Er denkt nicht daran, Rücksicht auf Sergej zu nehmen, als er über dessen Mutter schreibt: »Gott sendet jetzt seine Strafe, denn solche Schand(thaten) als Deine Mutter an dem Vater ihrer Kinder verübt hat, solche Schandthaten bleiben nicht ungestraft.« An Jekaterina persönlich richtet er hingegen eine andere Botschaft. Als seine Leidensgenossin rät er ihr, sich mit dem Spiritismus vertraut zu machen. Denn er selbst suche nun Trost in dieser neu aufgekommenen Lehre. Sie ermögliche es ihm, mit den Seelen der Toten in fortwährendem Kontakt zu bleiben.

Chaos

Vielleicht noch zehn, allerhöchstens fünfzehn Minuten, versuchte der Junge sich zu trösten. Mit beiden Ellenbogen auf dem Schreibpult abgestützt, starrte er regungslos in das aufgeschlagene Buch. Den ersten Satz der Aufgabe las er bereits zum dritten Mal, aber auch jetzt wollte kein Wort davon hängen bleiben. Immer wieder schweiften seine Gedanken ab. Warum dauerte es nur so lange? Warum gab der Lehrer nicht endlich das Signal, dass der Unterricht beendet sei? Zwei seiner Schulkameraden, die eine Reihe hinter ihm saßen, begannen, gegen seine Bank zu treten – leise genug, damit der Lehrer es nicht bemerkte, monoton genug, um den Jungen in seinem Ausharren zu stören. Langeweile und Ungeduld, eine schlimmere Foltermethode konnte er sich in diesem Moment nicht vorstellen.

Dann endlich klatschte der Lehrer kräftig in die Hände, um die Aufmerksamkeit der Schüler auf sich zu lenken. Die Stunde war vorbei, und sie durften nach Hause gehen. Erleichtert packte der Junge seine Hefte und Bücher zusammen und verließ das Schulgebäude. Draußen schien die Sonne, es war angenehm warm. Die meisten seiner Kameraden versammelten sich im Freien, um gemeinsam Ball zu spielen und sich nach dem langen Sitzen erst einmal auszutoben. Ihn kümmerte das nicht, er lief mit schnellen Schritten die Hauptstraße entlang durchs Dorf, immer weiter. Er blieb erst stehen, als der Lärm der Schulkinder längst nicht mehr zu hören war und er sich mitten auf einem Feld befand. Das grelle Gelb des blühenden Rapses flimmerte in seinen Augen. Am Horizont lag ein kleines Wäldchen, davor war alles Flachland – bis auf einen sanften Hügel, der, von einem Graben umzogen, fast frech emporragte. Er war wirklich kaum mehr als eine Erhöhung, doch umso mehr fiel er jedem auf, der hier vorbeikam. Der Junge, ebenso wie alle übrigen Bewohner dieser Gegend, kannte die Geschichte des Hügels, seit er denken konnte. Man sagte, es sei ein altes Hünengrab, in heidnischer Vorzeit von Menschenhand geschaffen. Ein Fürst hätte diesen damals anlegen lassen, um sein liebstes Kind, das gestorben war, darin zu beerdigen. Seit Tagen zog es den Jungen nach dem Schulunterricht an diesen Ort. Er betrachtete den Hügel, stellte sich vor, wie dieser Fürst wohl ausgesehen, welch kostbare Ausrüstung er getragen hatte, während er den schlaffen Körper seines Kindes in den Armen gehalten hatte, um es hier zu bestatten. Doch der Sage nach wurde der kleine Leichnam nicht einfach auf den Boden gelegt, sondern, als Nachkomme des reichen Fürsten, in eine Wiege aus purem Gold gebettet. Jedes Mal, wenn der Junge auf dem Hügel stand und sich vorstellte, dass diese Wiege nur wenige Meter unter ihm in der Erde steckte, überzog selbst an den wärmsten Sommertagen eine Gänsehaut seinen ganzen Körper. Seine Träume, nachts wie tags, begannen stets damit, dass er mit einem kraftvollen ersten Spatenstich den mit Gras überwachsenen Boden aufbrach. Dann machte er wieder einen Spatenstich, dann noch einen. Nachdem er die Grasnarbe entfernt hatte, wurde das Schaufeln leichter. Ausdauernd und mühelos arbeitete er, gönnte sich keine Pause. Der Erdhaufen neben ihm türmte sich immer mehr in die Höhe, das Loch vor ihm wurde so tief, dass er sich bald hineinstellen musste, um überhaupt weitergraben zu können. Irgendwann schaute nur noch sein Kopf aus der Grube. Und dann machte es plötzlich: pling. Das Geräusch erinnerte ihn an Metall, das auf Metall trifft – wie das helle Klingen eines feinen Glöckchens. Er legte den Spaten beiseite und griff in die aufgewühlte Erde. Schließlich ertastete er mit seinen lehmigen Fingern den Gegenstand, auf den sein Spaten gestoßen sein musste. Hart und kalt fühlte sich das Objekt an, und als der Junge die letzten Erdkrümel weggestrichen hatte, spiegelte sich darin das Licht der Sonne, deren Strahlen in die tiefe Grube fielen. Umrahmt von schwarzer klumpiger Erde glänzte und leuchtete das Objekt, so sehr, als würde es frohlocken, endlich wieder vom Tageslicht beschienen zu werden – endlich wieder in Augenschein genommen zu werden. An dieser Stelle seines Traumes war der Kopf des Jungen leer, während er gleichzeitig tausend Gedanken auf einmal hatte. Es gab die Wiege, also hatte das geliebte Kind existiert. Der Fürst hatte tatsächlich gelebt und an diesem Ort um seinen Verlust getrauert. Die Sagen, die Erzählungen der Alten mussten also wahr sein, denn er hatte das Beweisstück gefunden und zum Vorschein gebacht. Er fühlte sich überwältigt, wie im Rausch. Er war der erste Mensch nach dem Fürsten, der die Wiege wieder berührt hatte. Und er hatte damit gleichsam eine vergangene Zeit ans Tageslicht befördert, die edel und heroisch anmutete. Der Junge hatte eine Brücke zwischen Gegenwart und Vergangenheit geschlagen – und darin ein Glück von reinster Vollendung gefunden.

Es war nur ein Traum, aber für den Träumenden war er von purer Schönheit und voller Wahrheit. Hätte es doch eine Erinnerung sein können.

*

Schon immer waren die Menschen mit dem konfrontiert, was ihre Vorfahren erschaffen hatten. Während sie vieles, dessen Sinn sie nicht erkannten und für das sie daher keine Verwendung mehr hatten, zerstörten, überbauten oder einfach nicht weiter beachteten, nutzten sie anderes weiter oder deuteten es um – manchmal bewusst, manchmal unabsichtlich.

So auch im Falle des Reiterstandbilds von Marc Aurel auf dem Kapitol in Rom: Die Menschen des frühen Mittelalters hielten es für ein Abbild Constantins des Großen. Und gerade in diesem Versehen, also im Verlust seiner wahren Identität, lag paradoxerweise die Rettung der bronzenen Statue. Niemand wagte es, das Bildnis des Mannes einzuschmelzen, der als erster römischer Kaiser dem Christentum den Weg zu einer der bedeutendsten Religionen der Welt geebnet hatte.

Während des 15. und 16. Jahrhunderts fingen die Menschen in Europa an, Denkmäler und Objekte, die sich aus der römischen und griechischen Antike erhalten hatten, aus ästhetischer Perspektive zu betrachten. Und es blieb nicht allein bei der visuellen Wahrnehmung: Alles, was man als schön empfand, begann man nun auch zu sammeln und zu dokumentieren, und damit umso mehr wertzuschätzen. Doch auch wenn das Interesse des Menschen an alten Dingen schon immer existiert zu haben schien, kann bis zu diesem Zeitpunkt von Archäologie als Forschungsmethode keine Rede sein.

Erst im 18. Jahrhundert ging nachweislich jemand in seiner Wertschätzung antiker Kunst noch einen Schritt weiter. Er beobachtete nicht nur, sammelte und dokumentierte, sondern begann, tiefgehend zu untersuchen und zu beschreiben. Mit seiner virtuosen Sprachgewandtheit und präzisen Ausdrucksweise gelang es Johann Joachim Winckelmann (1717–1768), die Seele eines Kunstwerkes aufzudecken, seine äußere wie innere Schönheit zu enthüllen – war es doch diese Schönheit, in der Winckelmann die eigentliche und einzige Aufgabe der Kunst erkannte. Sein fundiertes Wissen und seine Beobachtungsgabe hielt er in Schriften und Briefen fest. Diese Werke bildeten das Fundament der neuen Forschungsrichtung: Die Archäologie nahm ihren Anfang. Winckelmann wollte die ihm so kostbaren Objekte sorgsam behandelt wissen. Mit höchstem Widerwillen reagierte er daher, wenn seine Zeitgenossen mit Fundstellen bedeutsamer antiker Stätten achtlos umgingen. Mit seinen Schriften versuchte er, ein Zeichen zu setzen. Er gehörte zu den frühen Pionieren, die die Bedeutung systematischer Ausgrabungen erkannten. Dabei blieb Winckelmann trotz all seiner bemerkenswerten Talente auch nur ein Mensch: ein Individuum, das seinem eigenen subjektiven Geschmack unterworfen ist – und nicht allein ein objektiver Forscher. So galt ihm zeitlebens allein die griechische Kunst als höchste Perfektion, die römische hingegen hielt er nur für deren Nachahmung. Außerdem prägte er mit seinem Urteil, seinem Verständnis von antiker Kunst, die nachfolgenden Generationen aufs Tiefste. Dass die Tempel und Skulpturen der Griechen komplett weiß gewesen seien, stimmt nicht: Antike Polychromie ist nachweisbar. Dennoch spukt Winckelmanns Idealvorstellung von weißer Plastik, harmonierend mit seiner berühmten Formel von der »edlen Einfalt und stillen Größe«, bis heute in unseren Köpfen.

Gelehrte, die in der Tradition Winckelmanns arbeiteten, konzentrierten sich somit ausschließlich auf die Untersuchung griechischer und römischer Monumente unter Anwendung philologischer und kunstgeschichtlicher Ansätze. Vermoderte Holzreste, abgebrochene Steine und Tonscherben oder brüchige Knochenstücke passten schlecht in dieses Forschungskonzept. Doch genau solche Kleinfunde waren es, mit denen sich die Vertreter einer neu aufkommenden Forschungsrichtung ab dem frühen 19. Jahrhundert sukzessive beschäftigten.

Die Idee einer Nation war seit der Französischen Revolution ins Zentrum der europäischen Politik gerückt, und mit dieser Idee kamen Fragen auf: Was verbindet eine Nation als Gemeinschaft? Worauf gründet sie ihre Identität? Und wo liegen deren Wurzeln? Die Pioniere, fast ausnahmslos engagierte Laien, die sich für diese Fragen interessierten, organisierten sich in Altertumsvereinen und Gesellschaften. Statt griechischer und römischer Skulpturen untersuchten sie das, was sie in ihrer jeweiligen Region vorfanden: Pfahlbausiedlungen, Burgwälle oder Hünengräber. Diese Bodendenkmäler, die sich kunstgeschichtlich nicht einreihen ließen und von Kulturen geschaffen worden waren, die keine schriftlichen Zeugnisse hinterlassen hatten, also aus prähistorischer Zeit stammten, erforderten innovative methodische Ansätze. Ein dänischer Altertumsforscher namens Christian Jürgensen Thomsen hatte mit seiner Erfindung des Dreiperiodensystems, der Unterteilung der europäischen Urgeschichte in Steinzeit, Bronzezeit und Eisenzeit, ein formidables Ordnungssystem geschaffen, das in seinen Grundzügen bis heute Gültigkeit in der Wissenschaft hat. Es ließ sich auf die gesamten Hinterlassenschaften der prähistorischen Zeit beziehen: auf Schmuck, Werkzeuge, Gerätschaften sowie den Fundkontext.

Zu den Ersten des Fachs der Ur- und Frühgeschichte zählt ein Mann, der in erster Linie einen ganz anderen Beruf ausübte. Rudolf Virchow, geboren 1821 in Mittelpommern, hatte sich durch die Ausbildung zum Militärarzt aus den bescheidenen Lebensumständen seiner Familie emporgearbeitet. Dank seiner bahnbrechenden Leistungen – so zum Beispiel seiner Entdeckung der Zellularpathologie 1858 – machte er eine glanzvolle Karriere als Mediziner und gründete das erste Pathologische Institut Deutschlands. Aber neben der Medizin verfolgte Virchow viele andere Interessen, mit zumeist ebenso bemerkenswerten Erfolgen. In seinem Institut entstand eine Sammlung von über zehntausend Skeletten. Wissenschaftler aus aller Welt schickten Virchow ihre Schädelfunde aus unterschiedlichsten Ausgrabungen, um sie von ihm untersuchen zu lassen. 1867, nachdem er an einem Kongress in Paris zur Vorgeschichte teilgenommen hatte, beschloss er, sich noch eingehender mit diesem Thema zu beschäftigen und dessen Bekanntheit in Deutschland zu fördern. Zwei Jahre später gründete er gemeinsam mit zwei anderen Naturwissenschaftlern die »Berliner Anthropologische Gesellschaft«. Neben Schädeln interessierte er sich nun auch für Keramikfunde; schnell erkannte er deren Bedeutung für die Datierung von Kulturgruppen. Dass Virchow irgendwann mit einer Person zusammentreffen würde, die, allein durch ihren tiefen Glauben an eine Sage, Großes in der Wissenschaft zu erreichen strebte, dass sich zwischen ihnen gar eine langjährige Freundschaft entwickeln sollte, dürfte ihm zu diesem Zeitpunkt noch eine sehr abwegige Vorstellung gewesen sein. Denn egal, auf welchem Gebiet er tätig war, verfolgte Virchow bei seiner Arbeit als überzeugter Naturwissenschaftler immer denselben Ansatz: Er verließ sich ganz auf die optische Wahrnehmung, die Autopsie. Alle anderen Herangehensweisen, die nicht den Naturwissenschaften entstammten, lehnte er grundlegend ab. Erkenntnissen, die auf irgendeiner Tradition fußten, misstraute er dabei ganz besonders – im Gegensatz zu Heinrich Schliemann.

*

Frühjahr 1870

Schon seit dem frühen Vormittag spazieren Calvert und Schliemann entlang des Hügels Hissarlik. Es ist Anfang April, ein herrlicher Frühlingstag, weder zu heiß noch zu kalt – ein idealer Zeitpunkt für eine Feldbegehung. Calvert konnte sich auf den recht überraschenden Besuch Schliemanns noch einigermaßen vorbereiten. Er hatte wirklich nicht damit gerechnet, dass dieser bereits jetzt wieder eine Reise zu den Dardanellen unternehmen würde, gab es doch nach wie vor keine Aussicht auf eine baldige Grabung. Jedenfalls waren Calverts Versuche, im Auftrag von Schliemann in Konstantinopel eine Grabungserlaubnis für den Hügel Hissarlik zu erhalten, bislang gescheitert. Daraufhin hatte er versucht, Schliemann zu beruhigen: Aus eigener Erfahrung wisse er, dass der bürokratische Aufwand und die Trägheit der Behörden in diesem Land normal seien. So ein Antrag brauche eben viel Zeit und eine Menge Geduld.

Schliemann sieht das anders. Zeit und Geduld sind das, was ihm in seinem Leben am meisten fehlt. Und während Calvert ihm stolz das eigene Stück des Hissarlik präsentiert und die Gräben zeigt, durch die er bislang in den Hügel vorgedrungen ist, kann Schliemann seine Augen immer seltener von dem westlichen, höheren Teil des Hügels abwenden. Schließlich unterbricht er Calvert und meint, sich jenen Bereich genauer anschauen zu wollen. Calvert folgt ihm nur zögerlich, bis er bemerkt, dass Schliemann sein Tempo nicht gerade verlangsamt. Während er mit ihm nun doch Schritt zu halten versucht, ruft er ihm in Erinnerung, dass jener Teil zwei türkischen Grundbesitzern gehöre, und nicht Calvert. Diese Information ist Schliemann nicht neu. Nichtsdestoweniger setzt er seinen Marsch unbeirrt fort.

Bis zum Nachmittag schaut er sich den Hügel von allen Seiten an, sowohl Calverts Abschnitt als auch den restlichen Bereich. Daraufhin fasst er den

Der Berliner Mediziner, Politiker und Urgeschichtsforscher Rudolf Virchow, 1901

Entschluss, keine Sekunde länger auf eine Nachricht aus Konstantinopel zu warten. Sobald er genügend Arbeiter gefunden hat, will er mit den ersten Untersuchungen beginnen.

Schliemann kann die Ausgrabung kaum erwarten, vor allem nicht nach den Ereignissen der letzten Monate. Anfang Februar war er mit Sophia in ihre alte Heimat gereist, darauf hoffend, dass sich ihr Gesundheitszustand endlich wieder verbessern würde. Tatsächlich war es genauso gekommen: Kaum hatte Sophia die warme Luft Athens eingeatmet, war ihre blasse Gesichtsfarbe verschwunden, und kaum hatten ihre Eltern und Schwestern sie in die Arme geschlossen, war sie wieder aufgeblüht. Schliemann hingegen wurde von der griechischen Verwandtschaft eher kühl in Empfang genommen – sie hatten sich ihm gegenüber viel distanzierter gezeigt als noch im vergangenen Herbst, zum Zeitpunkt ihrer Hochzeit. Er hatte seinen Schwiegereltern schon bald nach der Abreise signalisiert, dass er jedwede Erwartung ihrerseits nicht zu erfüllen beabsichtigte – vor allem nicht in finanzieller Hinsicht. In Athen waren die erhitzten Gemüter beider Seiten schließlich aufeinandergetroffen. Irgendjemand behauptete, Schliemann hätte gegenüber Vimpos eine stolze Summe in Form von Diamanten als Brautgabe versprochen. Schliemann hingegen stritt dies ab, Vimpos wiederum leugnete, jemals Derartiges geäußert zu haben – und Sophias Vater, durch diese Behauptung ebenfalls peinlich berührt, schimpfte, niemals so etwas von Schliemann verlangt zu haben. Das Gerücht bewirkte letztendlich, dass alle Parteien fürchteten, ihr Gesicht zu verlieren, und der Streit nur noch heftiger wurde. Zu allem Überfluss belastet Schliemann die Klageschrift, die Jekaterinas Anwalt ihm zugeschickt hatte, nachdem sie von seiner Hochzeit erfahren hatte. Darin wird die neue Ehe angefochten, da die Scheidung in Indianapolis nach russischem Recht illegal gewesen sei und Schliemann nun, ebenfalls nach russischem Recht, als Bigamist gelte. Nein, das Jahr 1870 hatte wahrlich nicht gut für ihn begonnen.

Inmitten der brüskierten angeheirateten Verwandtschaft und im ständigen Zwist mit seiner Frau, die sich viel öfter auf die Seite ihrer Familie stellte als auf seine, wollte sich Schliemann nicht länger in Athen aufhalten als nötig. Weil es in diesem Moment für ihn selbst zwar keinen Grund gab zu bleiben, er mit seinen eigenen Reiseplänen aber Sophias sichtbarer Genesung in vertrauter Umgebung nicht im Weg stehen wollte, übergab er sie in die Obhut ihrer Eltern. Mit Pausanias und dem Baedeker-Reiseführer im Gepäck begann er am 27. Februar eine Reise auf die Kykladen und zu den Inseln Paros und Naxos. Von dort reiste er weiter nach Santorin – einer Insel, die ihn mit ihren Überresten aus der Vorzeit ganz besonders begeisterte – und kehrte Ende März nach Athen zurück. Obwohl laut Calvert noch immer keine Grabungsgenehmigung eingetroffen war, wollte Schliemann zu dem Ort zurückkehren, den er nicht mehr vergessen konnte: Hissarlik. Sophias gesundheitlichen Zustand hielt er für stabil genug, um sie nun endlich mitnehmen zu können – weg von ihrer lästigen Sippe, hin zu seinem Sehnsuchtsort. Doch zunächst einmal bereisten sie das griechische Festland. Mit dem Schiff ging es nach Delphi; von dort aus nach Marathon. Schon wenige Tage später war Sophia vollkommen erschöpft; Schliemann musste sich eingestehen, dass sie für den Weg bis zu den weit entfernten Dardanellen noch längst nicht bereit war. Er brachte sie zurück nach Athen.

Und nun steht er also hier, am Hissarlik, um dem Hügel endlich seine Geheimnisse zu entlocken. Schnell findet er genügend Männer, die für ihn graben, beginnend am Gipfel. Als Schliemann nach zwei Tagen immer noch keine nennenswerte Entdeckung dort oben gemacht hat, lässt er einen Graben in die Westseite des Hügels anlegen. Zwanzig Meter schaufeln sich die Arbeiter vor. Auf die wohl unvermeidliche Begegnung mit den beiden Grundbesitzern hat sich Schliemann vorbereitet: Mit mehreren hundert Francs lassen sie sich von ihm bestechen und sind fürs Erste besänftigt, sodass er ihr Land ungehindert weiter durchpflügen kann. Das, was er hier vorfindet, gefällt ihm nämlich weitaus besser als die unspektakulären Entdeckungen auf dem Gipfel. An den Seiten des Grabens, die teilweise drei Meter hoch reichen, lassen sich viele unterschiedliche Schichten differenzieren. Das führt ihn zu der Erkenntnis, dass das homerische Troja wahrscheinlich unter verschiedenen jüngeren Siedlungsschichten begraben liegt. Zwischendurch ragt sogar ein großes Mauerstück hervor, so groß, dass es eigentlich nur von einem ganz eindrucksvollen Gebäude stammen kann, wie Schliemann zufrieden feststellt.

Nach elf Tagen beendet er die Ausgrabung und reist wieder zurück nach Athen – nicht, ohne Calvert damit beauftragt zu haben, den restlichen Grund für ihn aufzukaufen. Und zwar möglichst günstig, mahnt er seinen bislang so folgsamen Helfer, denn den Wert als Weidegrund habe er ja durch seine

Blick auf die Ebene von Troja durch den Graben,
den Schliemann in den Hügel von Hissarlik gegraben hat, 1874

eigenen massiven Einschnitte sowieso bereits erheblich gesenkt. Auch wenn Schliemann bislang nur selten seine Hinweise annimmt, wird sich Calvert auch in den folgenden Monaten als wichtige Unterstützung erweisen. Zunächst einmal muss er sich, wie er beunruhigt feststellt, um die Folgen kümmern, die Schliemanns illegales Vorgehen nach sich zieht. Schliemann selbst befasst sich lieber mit der Aufarbeitung seiner Entdeckungen. Und er fängt an zu rechnen: Seinen Erfahrungen der vergangenen Wochen zufolge wird er zur Freilegung von Homers Troja wohl etwa hunderttausend Francs benötigen, dazu hundert Arbeiter sowie einen »Pionier des Ausgrabens aus Rom oder Pompei« oder einen Ingenieur sowie einen Zeitraum von fünf mal drei Monaten. So weit die Kalkulation, die er seinem neuen persönlichen Agenten Calvert brieflich mitteilt.

In den kommenden Wochen setzt Schliemann viele Schreiben auf. Er verfasst unter anderem einen Bericht an das »Institut de France« in Paris und erklärt – dabei das große Mauerstück vor seinem inneren Auge –, dass er den Palast des Priamos gefunden habe. Abgesehen von der Fachwelt, gibt es für

Schliemann noch einen anderen Kreis, dem er seine Ausgrabungsergebnisse nicht vorenthalten will. Am 19. Mai schickt er der *Augsburger Allgemeinen Zeitung* »zur beliebigen Benutzung für die wissenschaftliche Beilage Ihres berühmten Blattes die Beschreibungen meiner Ausgrabungen in Troja«.

Bereits fünf Tage später wird sein Bericht von der Redaktion veröffentlicht. Er füllt fast zwei Seiten der Zeitung. Außerdem ist im selben Blatt, ebenfalls am 24. Mai, eine weitere kleine Nachricht zu diesem Thema zu lesen, die aus der *Neuen Stettiner Zeitung* übernommen worden war. Darin heißt es, dass ein »interessanter Brief aus der Ebene von Troja an den Justizrath Plato eingetroffen« sei.

Seine Bekannten, denen er zuvor von seiner archäologischen Entdeckung geschrieben hatte – in diesem Fall Justizrat Plato –, haben diese Information offenbar wie gewünscht geschickt lanciert. Schliemann ist mehr als zufrieden, als er das liest. Auch wenn er selbst erst seit einem Jahr den Doktortitel trägt und noch am Anfang seiner Karriere als Archäologe steht, scheint die Nachricht dennoch auf öffentliches Interesse zu stoßen. Troja ist *das* Schlagwort.

In Athen angekommen, holt er Sophia bei ihrer Familie in Kolonos ab und verbringt mit ihr noch ein paar Tage im Hotel am Syntagma-Platz. Seine Frau wirkt auf ihn noch immer fahl und krank genug, um ihr nun, nachdem der Besuch in der Heimat offensichtlich doch nichts genützt hat, ein Mittel zu verordnen, das ihm selbst und seinen Geschwistern bislang immer zuträglich war: Sie reisen zu einer Kaltwasser-Heilanstalt in der Nähe von Dresden, wo sich Sophia einer Bäderkur unterziehen soll. Als die kalten Bäder ebenso wenig helfen und ihr Zustand melancholisch, nervös und instabil bleibt, sucht Schliemann Rat bei den Ärzten. Doch deren Diagnose klingt wenig optimistisch. Eines Abends schreibt er an seinen Vater und seine Schwestern. Dabei zeigt er sich überrascht, dass seine Idee der Kaltwasserkur bislang wenig Erfolg verspricht: »Wie aber zu meinem Erstaunen der Arzt behauptet, kann eine solche Cur ihr nur schaden … und nachdem er meine geliebte Kranke genau untersucht hat, versichert er, daß auch bereits Krämpfe und Schwindsucht bei ihr im Anzuge sind und sie nie und in keinem Lande wiedergenesen kann, daß sie aber in ihrem Vaterlande am besten einige Erleichterung bei ihrem Leiden finden wird.«

Schliemann teilt weiterhin mit, er werde Sophia zurück nach Athen bringen und anschließend selbst sofort nach Paris zurückkehren. Resigniert erinnert er sich am Ende des Briefes an den Wortlaut eines Arztes, den er bereits in Athen konsultiert hatte: Um Sophias Nerven zu stärken, solle sich Schliemann einige Monate von ihr fernhalten. Damals konnte er das noch nicht glauben. Jetzt hingegen ist er ernüchtert genug, um auch diesen Rat nicht unversucht zu lassen. Außerdem kann er seine Zeit nicht länger damit zubringen, ihr Krankenwärter zu sein. Er muss auch an sein eigenes Fortkommen denken: »Leider aber scheint mir das Schicksal kein dauerndes eheliches Glück zu er(dacht) zu haben; es bleibt aber nichts anderes übrig, als die Schicksalsschläge philosophisch aufzunehmen. Ich werde nun, um dahin gelangen zu können, mich wie ein Wüthender auf die Wissenschaften werfen und jährlich große Ausgrabungen machen.«

Am 19. Juli 1870 erklärt Frankreich Preußen den Krieg. Acht Monate wird er dauern. Während der Kriegsausbruch in Deutschland vor allem Begeisterung auslöst, sorgt sich Schliemann um seine Wohnung und seine Mietshäuser in Paris. In Briefen an seine Verwandten stellt er sich dezidiert auf die Seite der Franzosen. Im Herzen beschäftigt ihn dagegen weniger der Krieg zweier Länder als vielmehr sein persönlicher – der »Krieg« gegen die türkischen Behörden um eine Grabungserlaubnis. Seit diese von Schliemanns illegaler Ausgrabung am Hügel Hissarlik erfahren hatten – zugegebenermaßen selbst verschuldet durch seine eigenen Veröffentlichungen –, gestalten sich die Verhandlungen auf einmal noch schwieriger. Nicht einmal Calvert schafft es, seinen Gram über Schliemanns voreiliges Handeln zurückzuhalten. Er könne, so schreibt er Schliemann, nicht umhin, ihm mitzuteilen, dass es unklug gewesen sei, sich der eigenen Taten zu rühmen – nun müssten sie beide die Konsequenzen tragen und den Ferman, ein Dekret des osmanischen Herrschers, beschaffen, wenn die Regierung wieder in besserer Stimmung sei. Schliemanns Aktionismus wird von derlei Ermahnungen nicht gedämpft. Im Gegenteil: Er wird nicht müde, den Behörden in Konstantinopel fortlaufend Briefe zu schreiben und dabei zu betonen, dass er rein wissenschaftliche Absichten habe. Bei einer Genehmigung würde er alles selbst finanzieren und eine Aufsicht seiner Ausgrabung dulden. Außerdem verspricht er den türkischen Museen die Hälfte aller seiner Funde.

Ende des Jahres 1870 stirbt Ernst Schliemann mit neunzig Jahren. Die Schwestern berichten Heinrich, der Tod sei sanft und friedlich gekommen. Die letzte Korrespondenz zwischen Vater und Sohn stand im Zeichen der

Versöhnung. Nach dem Tod des Vaters spürt Schliemann das Bedürfnis, seinem eigenen Sohn zu schreiben – jedoch nicht, ohne den Brief mit einem Rat für ein glückliches Leben zu beschließen: Möge Sergej, so habe sein Großvater es oft gesagt, einst eine Griechin heiraten, denn nur dann könne er glücklich werden. Schliemann ergänzt noch, dass dieser Wunsch des Großvaters der Verehrung seiner eigenen Frau Sophia entsprungen sei.

Persönlich kennengelernt hatten Ernst Schliemann und Sophia sich nicht mehr.

*

Im Januar 1871 hat sich Calverts Hoffnung noch immer nicht erfüllt: Die Stimmung der osmanischen Regierung ist nach wie vor schlecht. Schliemann war noch im Dezember persönlich nach Konstantinopel gereist, um die Zuständigen von seinem Vorhaben zu überzeugen. Er hatte sich in den Wochen zuvor sogar extra die Grundkenntnisse der türkischen Sprache angeeignet, um bestens auf die Verhandlungen vorbereitet zu sein. Dennoch scheinen all seine Mühen vergebens. Kaum ist er von Konstantinopel nach Athen zurückgekehrt, erfährt er, dass die osmanischen Behörden den türkischen Besitzern die westliche Hälfte des Hügels abgekauft haben. Zudem ist jüngst auch ein Gesetz erlassen worden, nach dem bedeutende Funde fortan der osmanischen Regierung übergeben werden müssen. Schliemann kann sich denken, welche ungünstigen Folgen das für seine Pläne haben wird. Während Calvert die Angelegenheit sehr unangenehm ist und er sich vorstellt, wie positiv alles hätte verlaufen können, wenn Schliemann nicht auf den Gedanken gekommen wäre, seine illegalen Aktionen öffentlich zur Schau zu stellen, kann und will sich Schliemann nicht mit irgendwelchen Gedanken der Reue aufhalten. Er muss den restlichen Boden des Hügels Hissarlik besitzen – das ist sein einziges Ziel. Geld solle dabei keine Rolle spielen: »Ich wäre sogar bereit, dem Minister den doppelten Wert aller von mir ausgegrabenen Schätze zu bezahlen«, schreibt Schliemann an Calvert, »… denn ich habe nichts anderes im Sinn, als das Problem zu lösen, wo Troia liegt.«

Immerhin gibt es zur selben Zeit auch Positives zu berichten: Schliemann wird wieder Vater. Sophia ist schwanger und wird voraussichtlich im Mai ein Kind zur Welt bringen – einen Sohn, da ist sich Schliemann sicher. Er wird ihn selbstverständlich Odysseus oder Agamemnon nennen. Wie zu erwarten, sind seine Schwestern nach all den besorgniserregenden Nachrichten über seine schwierige zweite Ehe höchst erfreut, als sie von der Schwangerschaft erfahren: »Möge nun das Liebesband, das Euch so rosig umschlingt, im Wonnemonat durch einen kleinen Odysseus noch fester geknüpft werden!«, schreibt Luise ihrem Bruder.

Anfang Mai bringt Sophia das Kind zur Welt – ein Mädchen. Kaum hat Schliemann seine Enttäuschung über den fehlenden männlichen Nachkommen überwunden, ist ihm bereits ein weiblicher Name in den Sinn gekommen, der, wie er findet, für die überraschende Tochter eine ehrwürdige Alternative bietet. Das Kind soll Andromache heißen, verkündet er. Sophia hat gegen den griechischen Namen nichts einzuwenden – sie ist in jedem Fall erfüllt von Glück. Zufrieden beobachtet Schliemann seine Frau, wie sie jedes Mal, wenn sich die Lippen des kleinen Säuglings zu einem vermeintlichen Lächeln formen, über das ganze Gesicht zu strahlen beginnt. Sie sieht so gesund aus wie seit Monaten nicht mehr. Er selbst ist auch recht entzückt von seiner Tochter: Manchmal, wenn seine vielen Verpflichtungen ihm Zeit dazu lassen, beugt er sich über die Wiege, um ihr einen Gesang aus der *Ilias* aufzusagen.

Auch wenn er die Wohnung in Paris trotz der unruhigen Zeiten, die sich selbst nach dem Waffenstillstand im Februar fortsetzen, nicht aufzugeben beabsichtigt, ist Athen mittlerweile zum festen Wohnsitz der Schliemanns geworden. Den Mai verbringt er bei seiner Frau und seiner Tochter. Während er mit Sophia über Andromache spricht oder wenn er durch Athen zieht, auf der Suche nach neuen Grundstücken, deren Preise derzeit bemerkenswert niedrig sind, erwischt er sich jedoch immer öfter dabei, mit den Gedanken ganz woanders zu sein – zumeist Hunderte Kilometer weiter östlich, irgendwo in der Nähe eines unscheinbaren Hügels unweit der Dardanellen. Mit zunehmender Ungeduld wartet er auf gute Neuigkeiten aus Konstantinopel. Sechs Wochen nach Andromaches Geburt hält er es nicht mehr aus: Er muss nach Konstantinopel reisen, um zu sehen, ob er die Grabungsgenehmigung irgendwie selbst beschleunigen kann. Und von Sophia erwartet er, ihn auf dieser wichtigen Mission zu begleiten, die endlich den Weg für das lang ersehnte Abenteuer frei machen könnte. Als er seinen Schwestern schreibt, dass Sophia und er die für die gebildete Welt höchst interessanten Ausgrabungen schon bald gemeinsam fortsetzen werden, folgen besorgte Fragen.

Wilhelmine erkundigt sich, was sie mit ihrem »Püpping« machen werden – ob es wohl mitkommt oder ob es bei der Großmutter bleibt? Auch wenn diese Einwände lästig sind, dienen sie ihm zumindest als gute Vorbereitung für das, was ihm wohl im Gespräch mit Sophia bevorstehen wird.

Ihre Reaktion auf seine Pläne erscheint Schliemann noch trotziger als befürchtet. Weder ist sie der Meinung, dass sie ihm als Gattin überallhin zu folgen habe, noch teilt sie seine Ansicht, dass Großmutter und Tanten einen hinreichenden Mutterersatz für das Baby darstellen könnten. Davon, dass es hierbei um den Fortschritt der Menschheit geht, hätte er gar nicht erst anzufangen brauchen. Letztendlich muss er feststellen, dass jegliches vernünftige Argumentieren bei dieser Diskussion nicht weiterhilft: Sophia gibt sich ganz ihrem mütterlichen Instinkt hin, will sich in jedem Fall selbst um ihr Kind kümmern. Schließlich reist er allein nach Konstantinopel, nicht, ohne zum Abschied einen besonders heftigen Streit mit seiner Frau zu führen, und auch nicht, ohne ihr von Konstantinopel aus noch einen Brief zu senden, in dem er seiner angestauten Wut freien Lauf lässt. Obwohl Gott seine Gebete erhört habe, Sophia durch die Geburt eines Kindes wieder gesund zu machen, zeige sie weiterhin ein äußerst schlechtes Betragen. Sie habe zur Hochzeit das Versprechen gegeben, sich ihrem Gatten zu unterwerfen. Davon spüre er bislang nichts.

*

Die wundersame Geschichte des Vincenz Prießnitz (1799–1851) aus dem böhmischen Gräfenberg beginnt mit zwei Rippenbrüchen. Siebzehn Jahre alt war er damals und befand sich, wie jeden Tag, auf dem Weg zum Feld. Die Schule besuchte er zu diesem Zeitpunkt schon längst nicht mehr; für ihn hatte das Schicksal ein anderes Leben bestimmt. Seit sein ältester Bruder tot und sein Vater, ein Landwirt, erblindet war, musste Vincenz auf dem elterlichen Hof mithelfen. Deshalb saß er auch an jenem Tag auf einem Pferd, das einen Wagen, voll beladen mit Gerste, hinter sich her zog. Wer weiß, was das Tier gesehen, gerochen oder gehört hatte – in jedem Fall schreckte es plötzlich auf. Es buckelte so sehr, dass Vincenz sich nicht mehr halten konnte und zu Boden geschleudert wurde. Der Wagen überrollte ihn. Vincenz überlebte, hatte sich jedoch zwei Rippen gebrochen. Ein Arzt sah sich die Verletzungen an und gab der Mutter zu verstehen, dass die Überlebenschancen ihres Sohnes gering seien. Nichtsdestoweniger verordnete er Vincenz allerlei in Wein gekochte Kräuter und heiße Umschläge. Aber die Schmerzen wurden nur noch schlimmer, so unerträglich, dass Vincenz die Umschläge wegriss. Er dachte an das kalte Wasser aus den vielen Quellen, die in dieser Gegend entsprangen. Oft hatte er den Erzählungen der Alten gelauscht, wenn sie auf die heilenden Kräfte des Wassers schworen. Er selbst hatte in der Vergangenheit schon manch verwundetes Tier damit gesund gepflegt. So kam er auf die Idee, einen Umschlag in das kalte Wasser zu tauchen, auf seinen schmerzenden Brustkorb zu legen und mit Tüchern fest zu verschnüren. Er fiel in einen tiefen erholsamen Schlaf und seine Rippen verheilten.

Diese Geschichte verbreitete sich rasch, sodass Vincenz bald zu einem berühmten autodidaktischen Naturheiler wurde. Seine zu dieser Zeit völlig neue Methode erfuhr so viel Zuspruch, dass der »Wasserdoktor« 1830 in seinem Heimatort eine Kaltwasser-Heilanstalt gründete. Bald reisten Besucher mit den unterschiedlichsten Krankheiten aus allen Ländern eigens nach Gräfenberg, in das Altvatergebirge in Böhmen, um mit eiskalten Duschen und Kompressen, Trink- und Schwitzkuren die »schlechten Säfte«, wie Prießnitz erklärte, ihren Körpern zu entziehen.

Auch Schliemann ist seit seiner Jugend von der wundersamen Wirkung der Wassertherapie zutiefst überzeugt. Bei fast jedem Wehwehchen, über das die Schwestern in ihren Briefen klagen, rät er ihnen, in ein Seebad an die Nordsee zu fahren, oder, besser noch, eine Kaltwasserkur zu machen. Als ihm der gute Ruf der Heilanstalt in Gräfenberg zu Ohren kommt, empfiehlt er im Sommer 1871 seinen Schwestern, die wieder einmal über ihre unzähligen Leiden jammern, dort eine Kur zu machen – wie so oft, wolle er auch dieses Mal alle Reise- und Behandlungskosten übernehmen. Als Wilhelmine, einige Zeit später schließlich auch Elise in Gräfenberg eintreffen, werden sie von einer Nachricht Schliemanns überrascht: Er habe sich dazu entschlossen, Sophia ebenfalls an diesen Ort zu bringen, damit sie sich gemeinsam mit seinen Schwestern der Kur unterziehe und lerne, wie man mit kaltem Wasser umgehe. Dabei muss er daran denken, wie selten ihre letzten Kaltwassertherapien von Erfolg gekrönt waren. Doch noch hat er die Hoffnung nicht aufgegeben.

Schliemann setzt durch, dass Andromache bei den Großeltern in Athen bleibt. Wie zu erwarten, sind die Schwestern sehr erfreut, als sie Sophia endlich leibhaftig in die Arme schließen können. Sie sind entzückt von der schönen jungen Frau, die ihnen mehr wie eine Tochter als wie eine Schwägerin erscheint. Die beiden Schwestern kümmern sich fürsorglich um sie und versprechen Schliemann, regelmäßig aus Gräfenberg zu berichten. Denn er selbst beabsichtigt nicht, dort zu bleiben. Ihn zieht es weiter nach England.

Bereits seit Juni reist er kontinuierlich zwischen den europäischen Metropolen hin und her: mal nach Paris, um nach seiner Wohnung und seinen Häusern zu sehen, mal nach London, um Museen zu besuchen. Bevor er Sophia nach Gräfenberg gebracht hat, war er auch schon in Berlin gewesen, um einen wichtigen Gelehrten zu treffen – eine renommierte Persönlichkeit der Fachwelt namens Ernst Curtius.

Schliemann erinnert sich, wie ihm auf dem Weg zu dessen Stadtpalais die zerfledderten Blumenbänder und Girlanden entgegenflatterten: Überreste einer gigantischen Parade, mit der Kaiser Wilhelm und seine Truppen

Heinrich Schliemann (hinten links) und Sophia Schliemann (Mitte) beim Kuraufenthalt in Gräfenberg mit den Verwandten, 1871

wenige Wochen zuvor nach dem gewonnenen Krieg in Berlin eingezogen waren. Schliemann spürte die Aufbruchstimmung nach dem bedeutenden Sieg, sie schien jede Gasse zu beleben; gleichzeitig dachte er mit Erleichterung daran, dass sein gesamtes Wohneigentum im von Kanonen und Granaten angegriffenen Paris wie durch ein Wunder die deutsche Belagerung unversehrt überstanden hatte.

Curtius, etwa zehn Jahre älter als Schliemann und mit bereits vollkommen weißen, dennoch dichten welligen Haaren, hatte den Besucher freundlich empfangen und dabei mehr wie ein ehrwürdiger Professor gewirkt als wie ein abenteuerlicher Entdecker. Vor einigen Jahren hat er die Professur für Archäologie in Berlin übernommen und ist zudem Direktor des Alten Museums.

Während des ganzen Besuchs war der deutsche Althistoriker Schliemanns Äußerungen mit Misstrauen und Skepsis begegnet. Das hatte ihn nicht überrascht, wusste er doch bereits, dass Curtius die Bunarbaschi-These vertrat. Genau deshalb aber war Schliemann sehr daran gelegen, ihm seine eigenen Theorien zu unterbreiten. Detailliert hatte er ihm seine Beobachtungen zu Bunarbaschi geschildert und seine Zweifel daran erläutert, dass Troja so weit vom Meer entfernt gelegen haben könnte. Nach Homer seien die griechischen Soldaten mehrmals am Tag zwischen der Burg und dem Schiffslager am Meer hin- und hergelaufen, was sich Schliemanns Meinung nach einfach nicht mit der Lage Bunarbaschis vereinbaren ließ. Höflich, wie es der Anstand gebietet, hatte Curtius ihm zugehört. Doch am Ende des Nachmittags hatte er sich von Schliemann verabschiedet, ohne seine Meinung geändert zu haben: Er ließ sich nicht davon überzeugen, dass Bunarbaschi als Ort des ehemaligen Troja abwegig sei.

Das Treffen mit Curtius liegt nun wieder einige Wochen zurück, und Schliemann beschäftigen gerade andere Dinge als die Verbohrtheit deutscher Gelehrter. Seit er Sophia in Gräfenberg gelassen hat, um nach London weiterzureisen, berichten seine Schwestern pflichtbewusst und in regelmäßigen Abständen über das gesundheitliche Befinden seiner Frau. Zwei Tage nach seiner Abreise bittet Wilhelmine ihn, so bald wie möglich zurückzukommen: Sophia habe sich erkältet und leide unter Kopfschmerzen. Sie verlange immerzu flehentlich nach ihm, dennoch stehe sie die Anwendungen tapfer durch. In den Berichten wird kein noch so kleines Detail ausgespart. Weil ihre Periode ausgeblieben ist, vermutet Elise, dass sie wieder in anderen

Umständen sei. Und auffallend sei ihre Schwäche, vor allem nach längeren Spaziergängen oder gar nach dem Bergsteigen wirke die »arme Kleine«, wie Wilhelmine sie nennt, matt und heiß. Immerhin seien aber sowohl ihr Appetit als auch ihr Stuhlgang gut, ergänzt Elise pflichtschuldig.

Nach etwa vier Wochen, in denen sich Sophia der Kaltwasserkur unterzogen hat, ist Schliemann nach Böhmen zurückgekehrt. Er springt die Stufen der breiten Treppe fast hinauf, die zum Eingang der Heilanstalt führen. Schon bevor er Sophia und seine Schwestern überhaupt wiedersieht, denkt er bereits wieder über seine bevorstehende Abreise nach. Nicht länger als nötig will er an diesem Ort bleiben, der so erhaben über dem Altvatergebirge mit seinen dunklen Fichtenwäldern thront. Denn vor kaum zwei Wochen hat er einen Brief erhalten, dessen Inhalt es ihm nicht erlaubt, einen Moment länger als nötig an diesem abgeschiedenen Ort zu verweilen. Schliemann wurde endlich die Grabungslizenz für den Hügel Hissarlik erteilt.

Auch wenn er es kaum erwarten kann, die erste legale Grabung in die Wege zu leiten, versäumt er es nicht, die seltene Begegnung mit zumindest zweien seiner Geschwister zur Erinnerung dokumentieren zu lassen. So entsteht wenige Tage vor der Abfahrt ein Gruppenfoto vom gemeinsamen Kuraufenthalt in Gräfenberg: In der Mitte sitzt die neunzehnjährige Sophia, flankiert von ihren viel älteren Schwägerinnen Elise und Wilhelmine, hinter ihr stehen Schliemann und sein Schwager Wilhelm Kuhse, Wilhelmines Ehemann, ohne den diese nur äußerst ungern verreist. Als Hintergrund wurde eine realistische Darstellung einer pittoresken Landschaft gewählt, mit mildem Klima und mediterraner Fauna. Während Schliemann in Richtung Kamera blickt, ohne zu blinzeln oder zu lächeln, sieht er sich in Gedanken bereits mit Sophia auf den Trümmern von Troja stehen, um gemeinsam am Fortschritt der Menschheit zu arbeiten.

Ungefähr zur selben Zeit, als die beiden ihre große Reise nach Athen antreten, begrüßt Frank Calvert Ernst Curtius und fünf weitere Herren mit Fachexpertise unter anderem zu bauhistorischer Forschung und Landvermessung, die eben im Hafen von Çanakkale an Land gegangen sind. Calvert war von Schliemann vorher über den hohen Besuch in Kenntnis gesetzt und eindringlich darum gebeten worden, sich mit den Herrschaften zu treffen. Auf Calverts Vorschlag hin, ihnen Hissarlik vorzustellen, winkt Curtius ab; er möchte zuerst nach Bunarbaschi fahren, bevor er sich – eventuell – auch Hissarlik ansieht.

Calvert blickt ihnen enttäuscht nach, als sie sich am Hafen auf die Suche nach einem Segelschiff machen, das sie entlang der Küste südwärts zu ihrem ersten Ziel bringen soll. Curtius und seine Kollegen besuchen in den folgenden Tagen sowohl Bunarbaschi als auch Hissarlik. Obwohl der große Graben, den Schliemann vor anderthalb Jahren anlegen ließ, fast wieder vollständig zugeschüttet ist, bleiben die besonderen Erdschichten und auch die freigelegten Mauerreste immer noch gut sichtbar. Doch ebenso wie das Gespräch mit Schliemann in Berlin kann auch dieser Besuch vor Ort Curtius nicht überzeugen. Dass hier einst eine große Stadt lag, die unter den Römern ihre Blütezeit erlebte, das ist wohl wahr. Doch das alte Troja kann Curtius hier nicht erkennen.

*

Das Wort »Stratigrafie« setzt sich zusammen aus dem lateinischen »stratum« für »Schicht« und dem griechischen »graphein« für »schreiben«. Demnach bezeichnet der Begriff etymologisch die Lehre von den Schichten. Als im 19. Jahrhundert die ersten wissenschaftlichen Ausgrabungen begannen, gehörte es für die Archäologen bald zu den wichtigsten Methoden, die Schichtenabfolge eines Fundortes zu begutachten. Doch mitnichten ist das Gesetz der Stratigrafie so simpel wie das der Schwerkraft: Denn nicht immer liegen die ältesten Objekte ganz unten. Ein Fundort birgt meist viel komplexere Strukturen, entstanden durch spätere Eingriffe wie etwa »Störungen« durch den Bau von Abfallgruben, Gräben oder Gebäudefundamenten, die in ältere Schichten hineinschneiden. Deshalb kommt eine ideale Abfolge, in der Siedlungsschichten gleichmäßig übereinander angeordnet sind, in der Realität nur selten vor. Auch die geografische Lage spielt eine bedeutende Rolle: Eine Siedlung in der Ebene ist anderen Gesetzen unterworfen als eine Siedlung, die beispielsweise auf einem Hügel liegt. Im letzteren Fall können die einzelnen Schichten – statt einfach übereinandergestapelt wie Bücher – ähnlich geformt wie ein Regenbogen übereinanderliegen. Das hat dann zur Folge, dass eine jüngere Schicht am Rande eines Hügels auf derselben Höhe oder auch tiefer liegt als eine ältere Schicht im Zentrum des Hügels. Und plötzlich befindet sich der Archäologe in der Situation, ein fein gearbeitetes Messer der Bronzezeit in einem viel tieferen Bodenniveau zu entdecken als eine primitiv behauene Axt aus der Steinzeit.

Diese Möglichkeit überrascht heutige Archäologen nicht mehr, sie erscheint sogar vollkommen logisch. Doch die Pioniere auf diesem Gebiet, die Ersten, die solche Ausgrabungen wagten, erkannten das Offensichtliche noch nicht. Um überhaupt erst zu ihren weitreichenden Erkenntnissen zu gelangen – denen die heutige Archäologie ihren hohen Standard zu verdanken hat –, mussten sie ausprobieren und Erfahrungen sammeln. Manchmal lagen sie richtig, manchmal machten sie Fehler.

*

Schliemann knallt die Tür hinter sich zu. Gedämpft hört er Andromache noch weinen und Sophia sanft auf sie einreden. Ihre Stimmen werden leiser, während er zu seinem Arbeitszimmer geht. Der Streit war nicht neu. Seit Monaten kehrt er immer wieder zurück, und jedes Mal geht es um dieselbe Sache. Schliemann will Sophia in den wichtigsten Momenten seines Lebens an seiner Seite wissen. Er will, dass sie ihn dieses Mal endlich zum Hügel Hissarlik begleitet. Die bahnbrechenden Entdeckungen, die er zu machen hofft, der Triumph, den er feiern wird – all das will er nicht allein erleben. Doch Sophia erfüllt ihm seinen Wunsch auch dieses Mal nicht: Sie leide unter starkem Husten. Außerdem sei Andromache nach wie vor zu jung, um ohne ihre Eltern auszukommen. Nach dem Ehekrach verlässt er schweigend die Villa in Athen. Schweigend betritt er das Schiff, ebenso schweigend geht er am 27. September von Bord, als es in Çanakkale anlegt.

Der große Moment der ersten legalen Grabung, die er am Hügel Hissarlik beginnen darf, verzögert sich zunächst aufgrund von Schwierigkeiten mit den örtlichen Behörden – und findet schließlich einige Wochen später, im Oktober, statt. Etwa achtzig Griechen werden von Schliemann beschäftigt sowie einige Türken. Letztere arbeiten immer sonntags, damit keine wertvolle Zeit vergeudet wird. Schliemann setzt wieder im Norden des Hügels an und erweitert seinen Grabungsschnitt aus dem Vorjahr. Doch schon kurz nach Beginn der Grabung setzt der Regen ein.

Nach mehreren Tagen, in denen die Arbeiter nur Schutt aus dem Graben ziehen, passiert plötzlich etwas, womit Schliemann nicht gerechnet hätte: Hämmer, Äxte und Klingen werden freigelegt – allesamt aus Stein. Verwirrt und ernüchtert lässt er seine Arbeiter trotzdem weitergraben, immer tiefer.

Bald stoßen sie auf zierliche Werkzeuge und Kriegsgeräte, diesmal viel filigraner und aus Kupfer gearbeitet. Schliemann begreift nicht, wieso er in tieferen Schichten Funde macht, die auf eine Kultur mit besseren technischen Fertigkeiten hinweisen als die Funde der oberen Schichten. Mehreren Personen in seinem Bekanntenkreis schildert er seine Beobachtungen: Wie befremdlich es sei, auf dem Gipfel des Hügels in vier Metern Tiefe auf die Steinzeit zu stoßen, während er zwanzig Meter entfernt in fünf Metern Tiefe eine römische Mauer findet. Ohne auf Antworten zu warten, definiert er nach und nach seine Ziele neu: Er will den »Urboden« erreichen, tief unten, wo er von nun an Homers Troja vermutet.

Mit jeder Woche verschlechtert sich das Wetter; bald regnet es fast ununterbrochen. Schliemann bricht die Grabung trotzdem nicht ab. Während die Tropfen gleichmäßig auf seinen Hut prasseln, beobachtet er vom hoch gelegenen Rand aus weiterhin das Geschehen im Graben. Die Aufgaben verlangen seinen Männern einiges ab; alles, was oberhalb der Schicht liegt, die Schliemann zu finden beabsichtigt, muss ausnahmslos beseitigt werden. Ständig hieven die Arbeiter massive Steine aus dem Graben und wälzen sie schließlich zum Rand des Abhangs. Mit donnerndem Getöse rollen die Steinbrocken dann hinunter, bis sie weit entfernt in der Ebene liegen bleiben. Oft starren die Männer diesem gewaltig lärmenden Ereignis eine Weile hinterher, bis sie von weiter oben Schliemanns Stimme mit einem schrillen Beiklang über den Hügel schallen hören. Er kann es einfach nicht ertragen, wenn auch nur wenige Minuten seiner kostbaren Zeit sinnlos verstreichen.

In den ersten Wochen nimmt Schliemann keinen Kontakt zu Sophia auf. Schließlich meldet sie sich bei ihm. Erst mit einem selbst gebackenen Kuchen und einem Brief voller liebevoller Worte. Dann schickt sie noch ein Telegramm hinterher. Daraufhin bricht er sein Schweigen und reagiert versöhnlich, wenngleich er darauf hinweist, dass sie ihm das Herz gebrochen habe. Sein langes Schweigen solle ihr in jedem Fall eine Lehre sein, ihn niemals wieder derart zu beleidigen.

Nicht nur der Regen macht die Arbeit an diesem Ort immer unerträglicher: Schliemann hat mittlerweile starkes Fieber bekommen; er nimmt täglich Chinin. Glücklicherweise hat er jede Menge davon mitgebracht, sodass er zunächst auch die vielen erkrankten Arbeiter damit versorgen kann. Am 24. November muss er die Grabung jedoch beenden – unter diesen erschwerten Bedingungen geht es nicht mehr weiter. Am Ende haben die Helfer an manchen Stellen eine Tiefe von vierzehn Metern erreicht. Ohne seine große Entdeckung gemacht zu haben, kehrt Schliemann nach Athen zurück, nachdem er elf Tage in Quarantäne auf der Insel Salamis verbracht hat. Sobald der Winter vorbei ist, will er seine Arbeit auf dem Hissarlik fortsetzen.

In einer seiner Publikationen wird er einige Jahre später behaupten, dass seine Frau bereits jenen ersten Ausgrabungen von Oktober bis November 1871 von früh bis spät beigewohnt habe. Doch in dieselbe Zeit datieren zwei Briefe, die anderes vermuten lassen. Am 11. Oktober fragt Sophias Gouvernante, die auf Schliemanns Geheiß nicht mehr Anna, sondern Nausikaa gerufen wird, bei ihm an, ob sie ein Klavier mieten dürfe, um seiner Frau, die öfter einmal betrübt sei, etwas Schönes vorspielen zu können. Den anderen Brief sendet Schliemann selbst, ebenfalls im Oktober, vom Hissarlik aus nach Athen. An Sophia berichtet er: »Das Leben hier ist gräßlich, alles starrt vor Dreck, und die Entbehrungen sind unerträglich. Ich bin froh, daß Du nicht bei mir bist … Du würdest das Leben hier nicht zwei Tage aushalten, trotz Deiner Begeisterung für Homer.«

*

Frühjahr 1873

Wenn die Stille der frühen Morgenstunden noch über dem Hügel und der sich davor erstreckenden Ebene liegt, wenn die völlige Dunkelheit noch verheimlicht, dass es bald dämmern wird, dann ist es Zeit für Schliemann, seinen Tag zu beginnen. Die Eisenstangen seines Bettes quietschen, als er aufsteht, um auf dem Tisch am Fenster eine Kerze anzuzünden und sich etwas Warmes überzuziehen. Danach verlässt er das kleine Wohnhaus, das er sich auf der Westseite des Hügels an der höchsten Stelle hat errichten lassen, steigt auf ein Pferd und reitet zum sechs Kilometer entfernten Meer. Nachdem er eine ausgiebige Runde geschwommen ist, reitet er zurück, frühstückt und steht pünktlich um halb acht Uhr am Rand des Grabens, wenn sich die ersten Arbeiter weiter unten zusammenfinden. Für den Rest des Tages werden ständiges Klopfen, Schürfen und Hämmern aus den Tiefen des Hügels schallen, außer in der Zeit, wenn die Arbeiter eine kurze Mittagspause abhalten.

Schliemann selbst gönnt sich um zwölf Uhr ebenfalls eine Stunde Ruhe, um etwas zu essen. Danach beaufsichtigt er wieder die Grabung, bis die letzten Sonnenstrahlen im Ägäischen Meer versinken. Wenn die Arbeiter erschöpft die Werkzeuge beiseitelegen und sich zurückziehen dürfen, sitzt Schliemann in seinem Arbeitszimmer, um Berichte zu vervollständigen, manchmal bis tief in die Nacht. Erst, wenn alles erledigt ist, legt er sich in sein Bett und schläft ein – bis er von der Stille der frühen Morgenstunden wieder geweckt wird.

Am 4. März 1873 nimmt sich Schliemann Zeit, um Sophia zu schreiben. Aus dem geöffneten Fenster hört er, weit entfernt in den Sümpfen der Ebene, Frösche quaken und die Vögel ihren letzten Abendgesang anstimmen. Schon des Längeren beschäftigt ihn Sophias Unwohlsein, das sie ihm in ihren letzten Briefen geschildert hat; sie leide so sehr darunter, dass sie Chinin einnehme und zur Stärkung Wein trinke. Schliemann missfällt, was er da lesen muss. Seine Frau befasse sich nicht mit dem Grund des Übels, den er selbst als »ständigen Zorn« bezeichnet. Er schreibt: »Aber wer gewinnt von diesem ständigen Verdruß? Du selbst gehst dabei zu Grunde und quälst durch dein Leiden alle die Dich lieben; ja Du hast Dich schon so zu Grunde gerichtet, daß Du nicht mehr schwanger werden (wirst), wenn nicht baldige gründliche Besserung eintritt.«

Nachdem er den Brief unterzeichnet und zusammengefaltet hat, verspürt er eine starke Erschöpfung, die ihn in letzter Zeit immer häufiger überfällt, meist am Abend, wenn der letzte Bericht geschrieben ist und es für Körper und Geist nichts mehr zu tun gibt. Seit fast genau drei Jahren führt er Grabungen auf dem Hügel Hissarlik durch – im Jahr 1872 war Schliemann sogar durchgehend von April bis August in der Troas geblieben. Er kann sich nicht erinnern, wann er das letzte Mal so viel Zeit an einem Ort verbracht hat.

Seit seinem ersten Spatenstich auf dem Hissarlik war einiges passiert – und dennoch zu wenig für Schliemanns Geschmack. Während er bei der ersten Grabung 1871 lediglich Spitzhauen, hölzerne Schaufeln, Körbe und mehrere Schubkarren zur Verfügung hatte, sind seine Arbeiter mittlerweile mit weitaus besseren Geräten ausgestattet. 1872 verbreiterten sie den Grabenschnitt des Vorjahres auf neunundsiebzig Meter an der Oberkante. Schon aus weiter Entfernung klafft seitdem eine riesige Schlucht mitten im Hügel. Hissarlik ist kaum wiederzuerkennen.

Auch wenn Schliemann mittlerweile ein Wohnhaus mit immerhin drei Zimmern zur Verfügung steht, lebt er hier draußen sehr spartanisch – und ziemlich gefährlich. Nicht selten kriechen Skorpione oder aufgescheuchte Giftschlangen aus dem Steinschutt hervor, darunter auch kleine braune, besonders fiese Exemplare von Schlangen, deren Biss man angeblich nur einige Stunden überlebt. Wer im Graben steht, muss ständig fürchten, von Steinabbrüchen erschlagen zu werden, denn die Seiten des Grabens haben eine gefährliche Tiefe erreicht. Seit sich die Unfälle häuften, hat Schliemann einen Griechen eingestellt, der sich fast ausschließlich um die Absicherung der Grabungsarbeiten kümmert.

Immer wieder tauchen Besucher auf, denn Schliemanns Aktivitäten haben sich sowohl in Fachkreisen als auch unter gewöhnlichen Reisenden herumgesprochen. Doch die Persönlichkeiten, mit denen er seine bisherigen Erkenntnisse besonders gerne diskutieren würde, bleiben Hissarlik bislang fern. Wiederholt hatte er Briefe an Curtius geschrieben, um ihn über die Ergebnisse der Ausgrabung auf dem Laufenden zu halten. Dessen Reaktion war eher verhalten. Zwar ließ er immerhin einen der vielen Berichte Schliemanns in der von ihm mit herausgegebenen *Archäologischen Zeitung* abdrucken. Von anderer Seite jedoch bekam Schliemann bald mit, dass Curtius seine Theorie weiterhin belächelte und an der eigenen festhielt.

Unbeirrt sucht Schliemann Kontakt zu weiteren renommierten Wissenschaftlern, um deren Meinungen zu erfahren; nachdem ihm der französische Archäologe Émile Burnouf empfahl, jeweils die genaue Tiefe des Fundortes festzuhalten, setzte er den Ratschlag in die Tat um und dokumentierte auf diese Weise die Funde genauer in ihrem Kontext.

Ebenfalls im Jahr 1872 war Sophia endlich einmal nach Troja gekommen. Schliemann hatte ihren Aufenthalt gut vorbereitet: Eine junge Griechin aus der Region ging ihr bei den Haushaltspflichten zur Hand, die es selbst in dieser kargen Wohnsituation auf dem Hügel zu erledigen gab. Sie leistete ihr Gesellschaft und tröstete sie, wenn sie zwischendurch an die mittlerweile einjährige Andromache denken musste, die in Athen bei den Großeltern geblieben war. Außerdem hatte er Sophia während ihres Aufenthalts mit besonderen Aufgaben betraut: Mit Unterstützung von zwei Arbeitern durfte sie ihre eigene kleine Ausgrabung in einem gesonderten Bereich selbstständig leiten. Abends, wenn Schliemann seine Berichte abfasste, saß sie neben ihm und kümmerte sich um die Funde. Sie säuberte zahlreiche Keramikscherben und sortierte sie. Schliemann hält in seinem Tagebuch fest, dass Sophia all ihre Aufgaben und das anstrengende Leben vor Ort zu seiner vollen Zufriedenheit meisterte.

Die erste beachtenswerte Entdeckung war auf den 13. Juni 1872 gefallen. Auf Calverts Teil des Hügels hatten die Arbeiter einen zwei Meter langen Block aus Marmor freigelegt. Auf der Vorderseite war ein Relief zum Vorschein gekommen: eine Darstellung des Gottes Helios, der mit sonnenumkränztem Haupt auf einer Quadriga fuhr. Aufgrund der drei Kerben, den sogenannten Triglyphen im rechten und linken Feld neben dem Bild, war rasch klar, wozu dieser Marmorblock einst gehört hatte: Es handelt sich um eine Metope, ein architektonischer Bauteil, der typischerweise im Fries dorischer Tempel angebracht war. An dieser Stelle hatte also einst ein Heiligtum gestanden. Schliemann war erfreut über den Fund, auch wenn dieser eindeutig nicht in die zeitliche Phase der Siedlung hineinpasste, die er eigentlich finden wollte. Auch Calvert hatte die Entdeckung außerordentlich gefallen; wie lange hatte er doch Überzeugungsarbeit leisten müssen, damit Schliemann überhaupt einmal auf die Idee gekommen war, auf diesem Teil des Geländes zu graben. Während die beiden Herren das Meisterwerk gemeinsam betrachteten, dachte Calvert laut über einen angemessenen Platz in seinem Garten nach, wo das hübsche Stück platziert werden könnte. Schliemanns plötzliches Schweigen machte ihm jedoch jäh klar, dass dieser bereits andere Pläne gefasst hatte. Daraufhin war es zu einem harten Feilschen um die Metope gekommen, bei dem Schliemann all sein kaufmännisches Geschick einsetzte. Calvert war irgendwann eingeknickt, und für fünfzig Pfund überließ er ihm die Metope. Schliemann ließ sie nach Griechenland schmuggeln. Dort steht sie seitdem in seinem eigenen Garten. Er war so stolz auf seine Entdeckung, dass er jeder seiner Schwestern ein Foto davon schickte. Doch von jenem Tag an, an dem Schliemann und Calvert miteinander verhandelt hatten, war das Verhältnis zwischen ihnen nicht mehr dasselbe. Und als Schliemann den eigentlichen Wert der Metope in aller Öffentlichkeit sogar auf mehrere hundert Pfund geschätzt hatte, war es zum völligen Bruch gekommen.

Abgesehen von der Metope hatte das Jahr 1872 Schliemann noch einige weitere Funde gebracht, unter anderem Mauerwerk von Befestigungen. Diese Erfolge stimmten ihn zumindest zeitweise wieder etwas optimistischer.

Dennoch muss er, als er 1873 die dritte Kampagne am Hissarlik beginnt, den Tatsachen ins Auge blicken. Bislang hat er keinen einzigen Fund vorzuweisen, der beweist, dass hier einst Troja lag. Und noch etwas wird ihm bewusst: Seine Energien sind allmählich aufgebraucht. Die letzten drei Jahre haben seinem Körper stark zugesetzt, die ganze Zeit, die er in der brütenden Hitze dieser Gegend zugebracht hat, die Fieberanfälle, unter denen nicht nur seine Arbeiter, sondern auch er selbst regelmäßig gelitten hatte, die endlosen Regengüsse pünktlich zum Herbstbeginn, die lästigen Stechmücken. Selbst das nächtliche Geschrei der Eulen, die in den Grubenwänden nisten, zerrt an seinen Nerven. Nicht zuletzt bringen ihn die ausbleibenden großen Entdeckungen zunehmend zur Verzweiflung. Doch alle Strapazen halten ihn trotzdem nicht davon ab, seine Arbeiter, mittlerweile an die hundertfünfzig Personen, jeden Tag aufs Neue mit strengem Regiment voranzutreiben.

Sophia, die nach seinem mahnenden Brief im April 1873 wieder eintrifft, erhält bereits wenige Wochen später eine traurige Nachricht von ihrer Familie: Ihr Vater liegt im Sterben. Schliemann begleitet sie nicht zurück nach Athen – er sei auf der Ausgrabung unabkömmlich. Die Kosten eines einzigen Grabungstages belaufen sich immerhin auf vierhundert Francs. Aber selbst das entmutigt ihn nicht. Er arbeite nicht weniger als zwanzig Stunden pro Tag, schreibt er seiner Schwester Elise.

Dann beginnt der Frühsommer. Es ist jene Zeit, in der die Troas noch in eine angenehme Wärme gehüllt ist. Schliemann kennt das schon aus dem vorigen Jahr. Er genießt es, denn er weiß, dass sich in wenigen Wochen alles ändern wird. Die Frühlingsblumen, die die Ebene bedecken, werden bald verschwinden, und statt des bunten Teppichs wird eine glühende, unerträgliche Hitze über dem ausgetrockneten Boden des Hügels flirren.

In diesen Tagen konzentriert er sich auf einen Bereich, in dem erst vor wenigen Wochen eine gepflasterte Fläche freigelegt worden war. Es muss sich um eine Straße gehandelt haben, so steil, dass sie ihn an eine Rampe erinnert. Sie führte zu etwas hin, und das musste ein besonderer Ort, ein Gebäude von hoher Bedeutung gewesen sein, hat er sich notiert. Er ließ daraufhin allein an dieser Stelle hundert Arbeiter graben. Die rechtwinkligen Mauerreste, auf die sie dann stießen, übertrafen all seine Hoffnungen: Er war sich sicher, auf die Überreste des Skäischen Tores gestoßen zu sein, wo sich einst Priamos und die Ältesten der Stadt versammelt hatten. Wo Hektor von seiner Frau Andromache vor dem Duell gegen Achill Abschied genommen hatte, von dem er nicht mehr lebend zurückkehrte.

An einem Morgen Ende Mai geht Schliemann seinem gewohnten Tagesablauf nach. Erst ein Ritt zur Küste, dann ein Bad im Meer, anschließend die Rückkehr zum Hügel und ein Frühstück im Wohnhaus. Nachdem er einen letzten großen Schluck aus der Kaffeetasse getrunken hat, setzt er seinen Hut auf und marschiert zu dem Bereich, wo die Rampe und die Mauerreste liegen, die er für die Überreste des Skäischen Tores hält. Dort will er die kommenden Stunden des heutigen Vormittages verbringen. Die Erschöpfung, die er in der vergangenen Nacht wieder deutlich gespürt hat, ist längst vergessen. Voller Tatendrang, die Hände in die Seiten gestützt, sieht er sich um und überlegt, wo er mit der Arbeit beginnen soll. Er ist motiviert und auch neugierig: Wenn er doch jetzt schon wüsste, was er am Abend über den heutigen Tag aufschreiben würde.

*

Am 5. August 1873 veröffentlicht die *Augsburger Allgemeine Zeitung* folgenden Bericht: »Es scheint daß die göttliche Vorsehung mich für meine übermenschlichen Anstrengungen während meiner dreijährigen Ausgrabungen in Ilion auf eine glänzende Weise hat entschädigen wollen, ... Um den Schatz der Habsucht meiner Arbeiter zu entziehen ..., schnitt ich den Schatz mit einem großen Messer heraus, was nicht ohne die allergrößte Kraftanstrengung und die furchtbarste Lebensgefahr möglich war, denn die große Festungsmauer, welche ich zu untergraben hatte, drohte jeden Augenblick auf mich einzustürzen. Aber der Anblick so vieler Gegenstände, wovon jeder einzelne einen unermesslichen Werth für die Wissenschaft hat, machte mich tollkühn, und ich dachte nicht an die Gefahr. Die Fortschaffung des Schatzes wäre mir aber unmöglich geworden ohne die Hülfe meiner lieben Frau, welche immer bereit stand, die von mir herausgeschnittenen Gegenstände in ihr großes Umschlagetuch zu packen und fortzutragen.« Die Redakteure wissen sicherlich, dass dieser Artikel bei der Leserschaft auf großes Interesse stoßen wird. Dennoch vermag an jenem Tag noch kaum einer zu erahnen, welche Folgen der Beitrag tatsächlich nach sich ziehen wird.

Der Autor des Textes sitzt zu diesem Zeitpunkt in seiner Villa in Athen, auf dem Tisch vor ihm türmen sich Bücher und Papierstapel. Seit seiner Rückkehr aus der Troas Ende Juni hat Schliemann kaum eine Minute Ruhe gefunden. Nachdem er seinen Sensationsfund erfolgreich an den osmanischen Behörden vorbei außer Landes gebracht hatte, musste er sich zunächst gründlich mit der rechtlichen Situation beschäftigen. Zu den Bedingungen seiner Grabungslizenz gehört, seine Funde mit dem Museum in Konstantinopel zu teilen. Bisher hat er die sensationelle Nachricht verheimlicht – mit dem Artikel, der nun in der *Augsburger Allgemeinen Zeitung* erschienen ist, wird es nur noch eine Frage der Zeit sein, bis die türkischen Behörden reagieren. Schliemann glaubt, bei einem möglichen Rechtsstreit die griechische Regierung an seiner Seite zu wissen. Schließlich hat er sie darüber informiert, dass er in seinem Testament die ganze Sammlung trojanischer Altertümer der griechischen Nation vermachen würde.

Parallel dazu muss Schliemann an der Veröffentlichung seiner Grabungsergebnisse arbeiten. Jetzt, wo er den Schatz gefunden hat und damit den endgültigen Beweis dafür liefern kann, dass er all die Jahre am richtigen Ort gegraben hatte, sollte er so bald wie möglich die Fachkreise über seinen Erfolg informieren. Für seine Publikation zu den trojanischen Altertümern, die er in Gedanken schon lange geplant hat und dank des entscheidenden Fundes nun endlich verfassen kann, hat Schliemann bereits vor einigen Monaten Kontakt zu einem deutschen Verlagshaus aufgenommen. In seinem ersten Brief an Eduard Brockhaus teilt er diesem seine genauen Vorstellungen darüber mit, wie die Öffentlichkeit auf das Buch vorbereitet werden sollte. Die Bedeutung für die Wissenschaft müsse in jedem Bericht betont, die Beschreibung der Funde hingegen lieber vernachlässigt werden: »… denn mir ist immer für meinen Ferman bange, wenn die Türken hören, was ich alles aus den Tiefen Iliums fortgeschleppt habe.«

In diesen Tagen ist Schliemann wieder einmal klar geworden, mit wie viel Bedacht er vorgehen muss. Als er Ende Mai auf den »Schatz des Priamos« gestoßen war, war er überwältigt und überzeugt davon, sein Ziel nun erreicht zu haben. Doch dem Gefühl der glücklichen Erleichterung folgte sogleich eine kühle Gefasstheit, denn er hatte während der dreijährigen Suche viel Zeit gehabt, sich auf diesen großen Moment vorzubereiten. Bereits beim Wegschaffen der Helios-Metope hatte Schliemann den Ärger der osmanischen

Behörden zu spüren bekommen, auch wenn seiner Meinung nach der Fall damals klar auf der Hand lag: Dem Besitzer des Grundes, auf dem die Metope gefunden worden war, nämlich Calvert, hatte er auf rechtmäßigem Wege für fünfzig Pfund sein Teilrecht am Fund abgekauft. Allerdings lässt sich bei jeder Entdeckung, die er auf einem anderen Teil des Geländes machen sollte, dieses Argument nicht mehr anwenden.

Und dann sah er endlich das vor sich ausgebreitet, was der Grabung die entscheidende Wende geben würde. Es war ein Hortfund, bestehend aus einhundertsiebenunddreißig metallenen und achttausendsiebenhundertfünfzig goldenen Objekten. Silbergefäße, gefüllt mit Goldschmuck, dazu Werkzeuge und Waffen aus Kupfer und Bronze. Beim Anblick dieses wahrhaftigen Schatzes konnte der Verstand nur schwer über das Herz siegen, ließen sich die Gefühle der Euphorie und des Übermuts kaum unterdrücken. Aber Schliemann schaffte es, wie er wenige Wochen später rückblickend feststellt, die Kontrolle über sich selbst wie über das gesamte Ereignis zu behalten. Der erste Schritt ist ihm gelungen: Der Schatz ist unbemerkt über die Landesgrenze geschafft worden und befindet sich nun in Athen. Somit besteht erst einmal keine Gefahr, ihn mit irgendjemandem teilen zu müssen.

Der Fund an sich ist schon atemberaubend. Er birgt aber bei Weitem noch mehr Potenzial. Um seine Bedeutung für die Menschheit in ihrer vollen Wirkung entfalten zu können, muss er auf einer gut ausgeleuchteten Bühne präsentiert werden. Das führt Schliemann zum zweiten Schritt: die Vorbereitung der Bühne, seine Publikation. Doch zuallererst müssen die Treppen zur Bühne gebaut werden: die Berichterstattung in der Presse. Mit Brockhaus hat er einen Verleger gefunden, der vorausschauendes Denken ebenso gut beherrscht wie er selbst – vielleicht sogar noch ein bisschen mehr. Brockhaus glaubt nämlich, sie sollten nicht zu früh an die Zeitungen herantreten. Zweckmäßiger sei es, den Bericht für die *Augsburger Allgemeine Zeitung* bis kurz vor Erscheinen seines Buches zu verschieben, um mit besonderem Nachdruck auf dieses Werk hinzuweisen. Als Schliemann daraufhin überschlug, bis wann er mit dem Schreiben fertig sein dürfte – sicherlich würde es noch Monate dauern –, schien ihm das Zögern des Verlegers doch ein wenig übertrieben.

Und nur zwei Wochen nach dem Briefwechsel mit Brockhaus steht sein Bericht in der Zeitung. Alle können nun lesen, wie Schliemann beim Graben am

Skäischen Tor ein großes Kupferobjekt fand, gerade in dem Moment, als seine Arbeiter ihre Mittagspause abhielten. Wie er, das Glück auf seiner Seite, den Gegenstand mit einem großen Messer von ihnen unbemerkt aus der steinharten Erde löste. Wie die Befestigungsmauer, unter der er graben musste, dabei jeden Moment auf ihn hätte herabstürzen können. Wie er seine Arbeit dennoch tollkühn fortsetzte, weil das Objekt der Begierde ihn alle Gefahr vergessen ließ. Wie seine Gattin die ganze Zeit an seiner Seite blieb. Wie sie alle von ihm ausgegrabenen Gegenstände in ihren Schal wickelte und forttrug.

Zwei Tage, nachdem die *Augsburger Allgemeine Zeitung* den Artikel abgedruckt hat, erscheint derselbe Beitrag in der *Vossischen Zeitung* in Berlin. Am 16. August berichtet dann die *Illustrierte Zeitung* in Leipzig. Am 23. August folgt die englische Zeitschrift *The Graphic* mit einer ausführlicheren Beschreibung des goldenen Kopfschmucks. Auch die satirische Zeitschrift *Kladderadatsch* lässt den Fund nicht unkommentiert und veröffentlicht ein Spottgedicht, in dem Priamos singt:

> Mein Schatz ist gefunden, mein herztausiger Schatz!
> Fragt nur Schliemanns Heinrich aus Rostock – der hat's!
> Holdrio!
> Er hat ihn gefunden vorm Skäischen Thor;
> Dort grub ich ihn ein, als ich Troja verlor.
> Holdrio!

*

Im Dezember 1873 verlässt ein älterer, vornehm gekleideter Herr mit Vollbart die Villa Schliemann. Die Stirn in Falten gezogen, spaziert er gedankenverloren über den Syntagma-Platz. Sir Charles Newton, der Kustos der Abteilung für griechische und römische Altertümer des British Museum, war eigens nach Athen gereist, um sich den »Schatz des Priamos« zeigen zu lassen. Schliemann hat ihn dem Museum zum Kauf angeboten, und solch ein besonderes Angebot war die Reise nach Athen allemal wert. Doch Newton wundert sich weniger über die Objekte, die er gesehen hat – ohne Frage zählen sie zu den außerordentlichen Funden ihrer Art –, als vielmehr über die Geschichte ihrer Entdeckung. In den letzten Stunden, als Schliemann zwischendurch abwesend war, ist ihm zu Ohren gekommen, dass Sophia Schliemann den ganzen Mai über in Athen war, da ihr Vater gestorben war. Die Erzählung von der Gattin, die den Schatz in ihrem Schal versteckte – offenbar eine Lüge. Und wie steht es dann um den Rest der Geschichte? Alles nur ein Märchen? Zurück in London, fordert Newton Schliemann zu einer schriftlichen Erklärung auf.

Er muss nicht lange auf die Antwort warten. Ja, es stimme, schreibt Schliemann. Aufgrund des plötzlichen Todes ihres Vaters musste seine Gattin Anfang Mai aus Troja abreisen. Aber er wolle aus ihr eine Archäologin machen, denn sie habe großartige Fähigkeiten. Um sie zu ermutigen, habe er ihr daher bei seiner Geschichte der Entdeckung eine Rolle zugedacht. Nur deshalb habe er geschrieben, dass Sophia ihm geholfen habe.

Doch in der Öffentlichkeit hat sich die Legende von Schliemann und seiner Frau, die gemeinsam unter Lebensgefahr den Schatz bargen, bereits fest verankert. Der Briefwechsel zwischen Newton und Schliemann dagegen blieb unbeachtet und sollte für viele Jahrzehnte in den Tiefen des Museumsarchivs in Vergessenheit geraten.

*

Am 24. Juni 1875 herrscht geschäftiges Treiben auf der Piccadilly Street. Zwei Passanten spazieren am Burlington House vorbei, als irgendwo über ihnen Applaus zu hören ist, der nach wenigen Sekunden abrupt wieder endet. Überrascht unterbrechen sie ihr Gespräch und schauen nach oben – das Klatschen muss aus dem geöffneten Fenster im Westflügel des imposanten klassizistischen Gebäudes gedrungen sein. Erst seit einem Dreivierteljahr ist hier die »Society of Antiquaries« untergebracht, eine britische Gelehrtengesellschaft. Zuvor residierte sie fast ein ganzes Jahrhundert im Somerset House in der Nähe der Waterloo Bridge. Doch schon seit einigen Jahren reichten diese Räumlichkeiten der Gesellschaft, deren Mitgliederzahl stetig wuchs, nicht mehr aus. Deshalb waren sie im Dezember 1874 in das Burlington House umgezogen.

Seitdem treffen sich die Mitglieder im eigens für sie umgestalteten westlichen Gebäudekomplex, um sich mit den Hauptzielen der Gesellschaft zu beschäftigen: der Förderung der Forschung und des öffentlichen Interesses am kulturellen Erbe sowie dem Publizieren von Forschungsergebnissen.

Dazu gehören auch regelmäßig stattfindende Vorträge, gehalten von Persönlichkeiten, die sich auf dem Feld der Forschung in besonderem Maße hervorgetan haben.

Auf den heutigen Abend haben sich viele der Mitglieder schon lange gefreut: Heinrich Schliemann wird dem Publikum über Hissarlik berichten. Die Einführung hält niemand Geringeres als der ehemalige britische Premierminister William Gladstone. Zum wiederholten Male muss er innehalten, weil das Publikum erneut zum Applaus ansetzt. In der vordersten Reihe sitzt Schliemann und blickt, die Hände auf dem Schoß gefaltet, mit glänzenden Augen zu seinem Vorredner. Selten hat ihm jemand den Einstieg in einen Vortrag so leicht gemacht wie hier. Was ihn auch nicht überrascht: Gladstone ist bekannt für sein bemerkenswertes rhetorisches Talent. Außerdem ist er Schliemann wohlgesinnt. Und so sieht Schliemann, weil er keinerlei persönliche Anfeindungen zu erwarten hat, dieser Veranstaltung schon seit Tagen mit entspannter Vorfreude entgegen.

Zwar sind sich die beiden Herren am heutigen Abend zum ersten Mal persönlich begegnet, doch durch ihren Briefwechsel konnten sie sich im Vorfeld bereits etwas besser kennenlernen. Im Dezember 1873, ein halbes Jahr nach der Entdeckung des Schatzes, hatte Schliemann seinen ersten Brief an Gladstone geschrieben, bestens informiert über seine Interessen und Ansichten. Der Sohn eines reichen Kaufmanns war nach dem Studium in Eton und Oxford in die Politik gegangen, sein Handeln war geprägt von liberalen Ideen, auch hinsichtlich der Religionsfrage. So zeigte sich Gladstone etwa aufgeschlossen gegenüber der rechtlichen Gleichstellung von Katholiken und Juden. Aufgefallen war Schliemann aber vor allem Gladstones persönliches Interesse an der Antike: Bereits 1858 hatte er ein dreibändiges Werk über Homer veröffentlicht – der Grundstein für den ersten Kontakt zwischen dem Archäologen und dem archäologiebegeisterten Politiker. Sei es, weil Schliemann anerkennend auf die Thesen in Gladstones Studien zu Homer eingeht oder weil sich Gladstone für Schliemanns Ausgrabungen interessiert: Er liest Schliemanns Bücher und antwortet ihm voller Wohlwollen. Vor allem seine Lebensgeschichte erscheint ihm äußerst bemerkenswert.

Und nun, anderthalb Jahre später, steht Gladstone vor einem Publikum, das jedes lobende Wort des Redners über Schliemann mit Klatschen und Beifallsrufen honoriert.

Als unter den Zuhörern wieder Ruhe einkehrt, räuspert sich Gladstone und fährt fort: »I must again express my hearty congratulations to Dr. Schliemann on the result of his labours, and my personal gratitude for all that he has done for the enlargement of our knowledge, and for his exhibition, in an age which has perhaps somewhat teriorated in that respect, of the most noble and high-minded enthusiasm …« Wieder hält Gladstone inne und lässt den

Schliemann vor der »Society of Antiquaries«, 1877

Blick zufrieden über die Zuhörerschaft schweifen, die seine letzte Bemerkung besonders kräftig bejubelt. Schliemann muss in diesem Moment an einige Zeilen denken, die er – das dürfte irgendwann im Sommer 1873 gewesen sein – in einem britischen Journal gelesen hatte: »An enthusiast in archaeology, Dr. Heinrich Schliemann, has been for several years grubbing amongst the rubbish which he believes the dust of the reliquias Danaum – the ruins of sacred Troy.« In jedem anderen Land – dazu zählt vornehmlich sicher seine deutsche Heimat – hätte diese Umschreibung seiner Tätigkeit einen abwertenden Beiklang gehabt. Nicht so in England. Hier wird ein Amateur, der seine Tätigkeit allein aus Leidenschaft ausübt, der es durch Enthusiasmus und jahrelanges Wühlen schafft, im »Müll« die Ruinen des heiligen Troja auszugraben, mit Hochachtung gewürdigt. Denn ganz im Sinne des Mottos »Labor omnia vincit« scheint man zumindest in diesem Land die Leistung eines Mannes anzuerkennen, der es ausschließlich durch harte Arbeit vermochte, von ganz unten nach ganz oben zu gelangen.

Schliemanns Vortrag verläuft wie erwartet reibungslos. Später treten viele Zuhörer zum Podium vor, um ihm ihre Glückwünsche auszusprechen. Wiederholt wird er gefragt, wo sich seine bezaubernde Gattin an diesem Abend befände. Schliemann erklärt, sie sei gemeinsam mit ihrer Tochter an der Südküste, in Brighton, untergebracht. Innerlich bedauert er es zwar, sie auch bei diesem glänzenden Auftritt nicht bei sich zu haben. Doch inzwischen hat er sich damit abgefunden, dass Sophia aus gesundheitlichen Gründen des Öfteren den Rückzug braucht – vor allem, seit sie in kurzer Folge mehrere Fehlgeburten erlitten hat, ist Schliemann diesbezüglich einsichtig geworden. Aber allein schon die Tatsache, von so vielen Unbekannten auf seine Gemahlin angesprochen zu werden, hilft ihm, ihr Fehlen zu verschmerzen.

Sophia wird von allen Seiten bewundert. Und warum? Vor allem wegen eines einzigen Fotos. Keine Worte, keine filigrane Zeichnung, kein noch so farbenprächtiges Gemälde vermag an dieses erst wenige Jahrzehnte alte Medium heranzureichen, wenn es darum geht, die Realität abzubilden. Ein Foto besticht durch seine Details und seine Konkretheit. Es strahlt Objektivität und Wahrheit aus. Und genau das will Schliemann: die Wahrheit ans Licht bringen.

So ließ er noch vor der Veröffentlichung seines Buches Sophia mit dem Schmuck des Schatzes ablichten. Das Diadem, die langen Ohranhänger, die Halsketten – alles passte ihr wie angegossen. Eigentlich konnte dieses Ge-

Sophia mit Schmuck aus dem »Schatz des Priamos«, 1873

schmeide kaum erhabener oder angemessener präsentiert werden, als an seiner Gemahlin, die auf dem Foto mit einer strengen und zugleich herrlich edlen Würde in die Ferne blickt. Sie hatte sich in eine trojanische Prinzessin verwandelt. Schliemann hatte es auf diese Weise noch einmal geschafft, die Geschichte des Schatzes nicht nur mit seiner eigenen Person, sondern vor allem mit Sophia zu verflechten. Sie war nun genauso bekannt wie er selbst. So sehr, dass sowohl ihre Präsenz oder, wie hier in London, eben auch ihre Abwesenheit allen auffiel.

Nachdem Schliemann vielen Zuhörern die Hand geschüttelt hat, stellt er sich neben Gladstone. Gemeinsam lassen sie den gelungenen Abend Revue passieren und tauschen Komplimente aus. Zuletzt empfiehlt ihm Gladstone, sich doch einmal mit einem gewissen Rudolf Virchow zu unterhalten. Dieser habe sich insbesondere mit Gesichtsurnen beschäftigt und hierzu einen interessanten Bericht publiziert. Schliemann merkt sich diesen Namen.

Die Einladung der »Society of Antiquaries« markiert den Höhepunkt der letzten beiden Jahre. Nach der Entdeckung des Schatzes im Mai 1873 hatten sich die Ereignisse nahezu überschlagen. Kaum ein halbes Jahr hatte es gedauert, bis Schliemann sein Buch über die trojanischen Altertümer fertiggeschrieben und bei mehreren Verlagen veröffentlicht hatte: erst in Deutschland bei Brockhaus, in Frankreich und ein Jahr später dann in England. Als er seinen Schwestern druckfrische Exemplare gesendet hatte, musste er nicht lange auf ihre überschwänglichen Reaktionen warten. Doris war überwältigt: »... diese vielen herrlichen Sachen ..., diese saubere Arbeit; aber besonders diese unendlichen Mühen, Strapazen, Entbehrungen und Gefahren, deren Du und Deine Frau bei Ausgrabung, und Auffindung all dieser herrlichen Sachen hattet, die doch Jahrtausende in der Erde gelegen, und doch größtentheils noch schön erhalten sind; die Welt wird, und muß staunen und bewundern, denn so Großes hat in dieser Art vor Dir wohl noch niemand geleistet!«

Der Zuspruch war nicht nur aus der stolzen Verwandtschaft gekommen. Émile Burnouf, der französische Archäologe, der ihm während seiner Arbeit zu einer sorgsameren Dokumentation der Ausgrabung in ihrem Fundkontext geraten hatte, hatte einen Artikel über Schliemann und seine Troja-Forschung für eine bekannte Pariser Zeitschrift verfasst und damit dessen Bekanntheit unter den Bildungsbürgern der Stadt gefördert.

Manch anderen Wissenschaftler, der die Ausgrabungen am Hissarlik bislang kritisch beobachtet hatte, versuchte Schliemann auf persönlichem Wege von der Richtigkeit seiner Thesen zu überzeugen. Zum Teil war ihm das gelungen, wie bei Max Müller. Im Herbst 1873 noch hatte der deutsche Sprachforscher, der in England lehrte, in der *Pall Mall Gazette* den »Schatz des Priamos« als eine von Schliemanns vorschnellen Interpretationen kritisiert. Schliemann hatte daraufhin Kontakt aufgenommen und pflegt nun eine regelmäßige Korrespondenz mit ihm. Müllers anfangs ablehnende Haltung verblasste von Brief zu Brief, wie Schliemann bald auffiel.

Bei Curtius hingegen verlaufen die Überzeugungsversuche schleppend, um nicht zu sagen erfolglos. Besonders unerfreulich war, dass Curtius Schliemann indirekt einen Strich durch die Rechnung gemacht hatte, was eines seiner neuen Projekte betraf: Olympia. Schliemanns Bitte an den griechischen König um eine entsprechende Grabungserlaubnis wurde nicht entsprochen; stattdessen schloss Griechenland einen Vertrag mit der preußischen Regierung. Letztere wurde vertreten durch – Curtius.

Die deutsche Elite kann sich einfach nicht für Schliemanns Arbeit erwärmen. Und die deutsche Presse ist keinen Deut besser, vor allem nicht dieses Witzblatt namens *Kladderadatsch*, das seinen Namen ganz dreist zu »Dr. Schlaumann« verballhornt hat. Manchmal hielt Schliemann es für durchaus möglich, dass Curtius mit der Redaktion zusammenarbeite, wie er Brockhaus in einem Brief Ende des Jahres 1873 einmal anvertraute.

Während sich die Fachkreise also sehr uneins über den neuen Stern am Archäologenhimmel waren, wusste Schliemann oftmals selbst nicht mehr, wie er mit diesem berauschenden öffentlichen Interesse umgehen sollte, das er seit der Entdeckung des Schatzes erfuhr. Während er durchaus fähig war, Selbstkritik zu üben – wenn er beispielsweise in seinem Buch schrieb: »Infolge meiner früheren irrigen Idee, dass Troia nur auf dem Urboden und ganz nahe drüber zu suchen sei, ist leider 1871 und 1872 ein großer Teil der Stadt von mir zerstört worden …« –, konnte er Kritik von anderen wiederum kaum noch ertragen, gerade jetzt nicht, wo ihn seine Entdeckung doch in all seinem Tun bestätigt hatte. Dem Philologen Otto Keller, mit dem er ebenfalls seit einiger Zeit korrespondierte, klagte er nach einer vorausgegangenen inhaltlichen Auseinandersetzung sein Leid über all die ihm entgegengebrachte Ungerechtigkeit in tief emotionalen Worten zusammen: »Sie und keiner Ihrer mich verdammenden Kollegen hat eine Ahnung davon, was es heißt, bei dem furchtbaren, dem ewigen Nordsturm und dem fortwährenden, die Augen blendenden Staub den ganzen Tag über 150 widerspenstige Arbeiter zu beaufsichtigen, bei der fortwährenden Aufsicht eines unbestechlichen türkischen Wächters die Tausende von gefundenen Altertümer beiseite zu schaffen, im Geheimen abzuzeichnen oder zu fotografieren, in der Kladde zu beschreiben, die Leute zu bezahlen, des Nachts die Gegenstände in Körbe zu verpacken und nach dem fernen Hellespont auf die wartenden Schiffe zu transportieren, ferner des Nachts die Inschriften zu entziffern und die langen Aufsätze für die griechischen, englischen und deutschen Zeitungen zu schreiben und wiederum für das bei Brockhaus gedruckte Werk fertig zu machen!«

Nicht nur fehlender Respekt und Wertschätzung einiger Fachleute trafen Schliemann empfindlich. Neben dem Kampf um Anerkennung musste er in den letzten beiden Jahren auch den Kampf gegen die osmanische Regierung fortführen. In einem Anflug von Großzügigkeit hatte er dem Museum in Konstantinopel angeboten, alle Fundstücke aus einer zukünftigen Grabung in Troja dem Museum zu überlassen, sofern sie ihn als Besitzer der jetzigen Funde anerkennen. Als Antwort darauf hatte das Museum im Frühjahr 1874 in Athen eine zivile Klage eingereicht, mit der die Regierung die Rückgabe des Schatzes forderte.

Die Durchsuchung seines Hauses verlief erfolglos, führte allerdings zur Pfändung verschiedener anderer seiner Besitztümer. Es blieb die Angst, dass die Beamten den Schatz doch finden würden, wenn sie noch auf die Idee kämen, sich einmal in den Häusern von Sophias Verwandten umzusehen. Die Monate des »türkischen Krieges« hatten Schliemann schwer zugesetzt. Zustände voller Euphorie wechselten sich ab mit tiefster Verunsicherung.

In so mancher Nacht wurde er von den schlimmsten Vorahnungen heimgesucht. Erst sah er sich selbst, wie er mit einem langen kupfernen Schlüssel, den er ebenfalls bei dem Schatz entdeckt hatte, an der Ringmauer stand. Den Gegenständen, die wie in Form eines viereckigen Haufens angeordnet dort lagen, fehlte nur die Hülle: sicherlich eine hölzerne Kiste, die in all den Jahrtausenden weggemodert war. Mit welcher Eile wohl einst jemand diesen Schatz hatte forttragen und verstecken müssen? Zeit, den Schlüssel mitzunehmen, hatte er offenbar nicht mehr gehabt, bestimmt musste er fliehen – und doch war alles zu spät. Wer weiß, ob die Feinde, die bereits überall in die

Stadt strömten, ihn niederstreckten, oder ob er in der Feuersbrunst verendete. Jedenfalls blieb die Kiste dort, wo er sie zurückgelassen hatte, wurde kurze Zeit später unter dem rauchenden Schutt der zerstörten Stadt begraben. Und nun stand Schliemann selbst an dieser Stelle. Mit zitternden Händen wie vielleicht auch der einstige Besitzer packte er die kostbaren Gegenstände hastig zusammen, in der Hoffnung, weder von den Arbeitern bemerkt noch von der bröckelnden Mauer erschlagen zu werden. Hierauf begann der abenteuerliche Traum eine absurde Wendung zu nehmen: Eine große türkische Flotte zog gen Athen und wollte Schliemann seinen Schatz wegnehmen. So blieben seine Gedanken zuletzt immer an derselben unheilvollen Frage hängen: Würde sich die Schlacht von Salamis etwa seinetwegen wiederholen?

Schließlich war es Schliemann jedoch gelungen, der Zeit des Bangens ein Ende zu setzen. Seinem Schulfreund Wilhelm Rust hatte er von dem letztendlich glücklichen Verlauf der Ereignisse berichtet: »Endlich am 15. April ist zwischen der Türkey und mir der Friede abgeschlossen; ich habe 50 000 Francs gezahlt, und die Türkey hat dagegen auf alle Ansprüche auf mein troianisches Museum verzichtet, welches ich daher eiligst aus den 100 Schlupfwinkeln, wo es seit 11 Monaten versteckt war, hervorgeholt und in mein Haus gebracht habe.« Und den Vorwurf seiner Gegner im Hinterkopf, fügte er noch etwas trotzig hinzu: »Ich habe ihn [den Schatz] in den Ruinen des Palastes von Troias letztem König gefunden, der von Homer und der ganzen Tradition Priamos genannt wird, und werde ich ihn daher so nennen, bis es bewiesen wird, daß der gute Mann einen anderen Namen hatte.«

Dass ihm der Schatz erst jetzt offiziell zugesprochen wurde, war für Schliemann kein Hinderungsgrund, bereits vorher mit verschiedenen Museen in Kontakt zu treten und die Funde anzubieten. Die zunächst angedachte Kooperation mit der griechischen Regierung, die er anfangs in seinem Testament erwähnen wollte, hat sich zerschlagen. Einen möglichen anderen Käufer hat er trotzdem noch nicht gefunden.

Der Vortrag vor der »Society of Antiquaries« in London im Juni 1875 bildet gleichsam den Auftakt zu einer großen Tournee. Schliemann plant eine Reise, die mehrere Monate dauern und ihn durch ganz Europa führen soll. Es geht ihm nicht nur darum, anderen Menschen in Vorträgen seine Ausgrabungsergebnisse zu präsentieren – er möchte auch sein eigenes Wissen erweitern. Zur Vertiefung seiner archäologischen Kenntnisse wird er bedeutende Sammlungen und Museen besuchen. Er will Hünengräber aus der Steinzeit besichtigen und herausfinden, was es mit dem neu entwickelten Dreiperiodensystem auf sich hat. Und selbstverständlich will er, wenn er schon einmal unterwegs ist, alte Bekannte treffen, so seinen Verleger Brockhaus in Leipzig, und zugleich neue Kontakte mit renommierten Fachkollegen knüpfen. Ein Treffen mit Rudolf Virchow in Berlin hat er ebenfalls anvisiert. Er wird mit der holländischen Königin gemeinsam Abendessen, und seine Schwestern werden fortan vor allem durch die Presse erfahren, was sich im Leben ihres Bruders aktuell ereignet.

Sophia und Andromache bringt er für diese Zeit in einem Hotel in Paris unter, da sämtliche Wohnungen in seinen Häusern vermietet sind. Obwohl ihm sein straffes Reiseprogramm viel Energie abfordert, versäumt er es nicht, seine Frau bei den Banalitäten ihres Alltags zu begleiten – zumindest aus der Entfernung. Er prüft die Rechnungen, die sie ihm regelmäßig zusenden muss, und bittet sie bald, auf das seiner Meinung nach völlig überteuerte Mittagessen im Hotel zu verzichten. Stattdessen sollen sie und Andromache lieber außerhalb des Hotels speisen. Er wird nicht müde, sie zu derselben Sparsamkeit anzuhalten, die er sich selbst abverlangt, zumindest in den Bereichen, wo auch er auf jeden einzelnen Franc achtet. Nie würde er im Zug erster Klasse reisen, auch reicht es ihm vollkommen, in den besten Hotels das billigste Zimmer zu nehmen. Für die täglichen Mahlzeiten bezahlt er ebenfalls nicht mehr als nötig. Sophia solle doch den Idioten das Mittagessen für sieben Francs überlassen, mahnt er sie in einem seiner Briefe. Jedenfalls solle sie, um Gottes Willen, das Geld nicht aus dem Fenster werfen.

*

London. Leiden. Kopenhagen. Stockholm. Lübeck. Rostock. Danzig. Berlin. Leipzig. Wien. Budapest. Mainz. Doch damit ist die Reise noch längst nicht zu Ende. Sogleich geht es weiter: nach Italien, und zwar mit Sophia. Alba Longa in Latium. Populonia an der toskanischen Küste. Arpinum südwestlich von Rom. Capri in der Bucht von Neapel. Paestum in Kampanien. Dann nach Motye, Segesta, Taormina, Syrakus – alles Orte auf Sizilien. Im Oktober hat Sophia bereits genug und kehrt zurück nach Athen. Sie hatte ihm gegenüber ihren Unmut über Italien deutlich gemacht und setzt dies in ihren

Briefen fort, die sie ihm von Athen aus schickt. Dennoch bricht Schliemann die Reise nicht ab.

Im Dezember 1875, zurück in Griechenland, bereitet es Schliemann einige Mühe, die Orte aufzuzählen, die er seit Mai besucht hat. Ganz zu schweigen von der Reihenfolge, in der er sie bereist hat. In Erinnerung geblieben ist ihm letztendlich das, was er auf dem letzten Teil seiner Route gesucht hat, jedoch an keinem einzigen dieser Orte finden konnte. Da er weiterhin auf eine neue Grabungserlaubnis für den Hügel Hissarlik wartet, wollte er eine Alternative finden. Sein Plan B: die Ausgrabung einer prähistorischen Stätte in Italien. Aber egal, wo er Probegrabungen durchführte, sie verliefen jedes Mal enttäuschend. Überall entdeckte er nur Funde aus der klassischen Zeit. Schliemann hat keine Lust, nach Gegenständen zu graben, die ohnehin bereits in jedem Museum ausgestellt werden. Und in Italien existieren offenbar keine vorgeschichtlichen Funde, sondern nur Altbekanntes. Absolut nichts davon hatte das Potenzial, neue spannende Fragen aufzuwerfen. Doch je mehr Eindrücke er in letzter Zeit gesammelt, je mehr er seine Kenntnisse in Archäologie vertieft hat, desto klarer ist ihm nun zumindest, was er wirklich erreichen will: entweder in Troja weitergraben oder ein neues Rätsel lösen.

Fieber

Es war eine Epoche, in der man begann, den Blick auf eine Taschenuhr statt zur Sonne zu richten. In der eine Nachricht keinen Boten mehr brauchte, um Wüsten, Berge und Meere mühelos zu überwinden. In der zur Beschreibung einer Person statt tausend Worten eine einzige Fotografie genügte. In der in nahezu allen Lebensbereichen der technische Fortschritt Einzug gehalten hatte und sich bald niemand mehr daran erinnern konnte, wie es sich einst angefühlt hatte, in einem offenen Schlitten durch eine eisige Winternacht zu fahren statt in der warmen Kabine einer Eisenbahn. Es war aber auch eine Epoche, in der mit einer bis dahin beispiellosen Offenheit gegenüber der Zukunft ein ebenso bemerkenswertes Interesse an der Vergangenheit begann.

Genau genommen existierte dieses Interesse bereits einige Jahrzehnte früher. Besonders sichtbar wurde es zum Beispiel zwischen 1798 und 1801, als die Franzosen unter dem Kommando Napoleons durch Ägypten zogen. Der Stein von Rosette, das Fragment eines Priesterdekrets aus dem zweiten Jahrhundert vor Christus mit einer dreisprachigen Inschrift, gehörte sicherlich zu den berühmtesten Entdeckungen dieser Expedition, denn dieser Fund ermöglichte die spätere Entschlüsselung der Hieroglyphen maßgeblich. Auf dem eigentlich militärischen Feldzug wurden Napoleon und sein Heer von nicht weniger als einhundertsiebenundsechzig Wissenschaftlern begleitet; Astronomen, Mathematiker und Ingenieure, aber auch Architekten, Naturforscher und Geisteswissenschaftler gehörten dazu. Sie waren damit beauftragt, das Land im Hinblick auf eine dauerhafte Kolonisierung zu erkunden. Voller Bewunderung untersuchten sie die Tempel und Gräber, die Fresken und Reliefs, vermaßen alles, hielten die Objekte in Zeichnungen fest – oder nahmen sie einfach gleich mit, wie den Stein von Rosette. Bonapartes Feldzug scheiterte, doch die Arbeit seiner Wissenschaftler, die einer Bestandsaufnahme der ägyptischen Altertümer glich, ging nicht verloren. Sie weckte unter den Europäern sogar einen regelrechten Ägypten-Kult. Diese Neugier am »Fremden« bezog nach und nach auch die Erforschung anderer Kulturen mit ein. Man wollte ihre Sprachen, ihre Sitten, ihre Traditionen verstehen – als Spiegel der eigenen Kultur, um die Unterschiede zu sich selbst zu erkennen. Auch wenn diese Neugier in Europa stets eine untergeordnete Bedeutung gegenüber dem Interesse an den eigenen Wurzeln, sprich der griechisch-römischen Antike behielt, prägte sie dennoch die wissenschaftlichen Vorlieben mehrerer Generationen. Mit großem Eifer wurden in den Museen und Sammlungen das ganze 19. Jahrhundert hindurch materielle Zeugnisse zusammengetragen. Auch im Privaten entwickelte sich diese Leidenschaft zu einer salonfähigen Freizeitbeschäftigung. So erreichte der letztendlich von Napoleon entfachte Kult um das Alte Ägypten einen sonderbaren Höhepunkt in den skurrilen Mumienfeiern: Nach dem festlichen Diner wurden vor den Augen der Gäste die Bandagen einer eingewickelten Mumie aufgeschnitten, in der Hoffnung, darunter nicht nur den schrumpeligen Körper der Leiche, sondern vielleicht noch ein Amulett oder ein anderes kostbares Schmuckstück zu entdecken. Selbst wenn diese Hoffnung allzu oft enttäuscht wurde, sorgte der Gastgeber mit einem solchen Programmpunkt allemal für einen unterhaltsamen Abend voller Nervenkitzel.

Thomas Bruce, der siebte Earl of Elgin (1766 - 1841), trieb den Raub von Altertümern anderer Kulturen auf die Spitze: Als britischer Botschafter ließ er während seiner Amtszeit die Marmorskulpturen des Parthenon-Tempels von Athen nach Großbritannien verschiffen. Von 1802 bis 1812 dauerte dieses Vorhaben – Lord Elgin übernahm sämtliche Kosten. Die Marmorskulpturen, daraufhin Elgin-Marbles genannt, waren nur einer von vielen Kunstschätzen, die sich der Lord angeeignet hatte. Auch die Kulturgüter auf der Peleponnes waren vor ihm nicht verschont geblieben. 1802 brach er dorthin auf, um in Mykene Grabungen durchzuführen. Sein Hauptaugenmerk galt dem Schatzhaus von Atreus, das nicht vollständig verschüttet und daher auch niemals in Vergessenheit geraten war. Großartige Erkenntnisse gewann er von dieser Unternehmung nicht. Dafür konnte er es wieder nicht lassen, zum Andenken an diesen Ort einige Bruchstücke der Fassade einzupacken und diese ebenfalls nach England zu bringen.

Die völlig überzogene Auslegung seiner Vollmachten ging selbst manch einem seiner Landsleute zu weit; viele Zeitgenossen kritisierten Lord Elgin heftig für sein rigoroses Vorgehen. Als Namensgeber für den Raub von Kulturgütern, den man seither auch als den sogenannten Elginismus bezeichnet, bleibt er uns auf besonders unrühmliche Weise in Erinnerung.

Lord Elgin war nicht der Erste, der der Stadt Mykene nach ihrem endgültigen Untergang einen Besuch abgestattet hatte. Schon im Jahr 160 nach Christus stieg der griechische Reiseschriftsteller Pausanias auf die Anhöhe nördlich der Ebene von Argos, um sich einen Eindruck von der sagenumwobenen Königsfestung zu machen. Vor sich sah er nur leere, verwüstete Ruinen. Doch obwohl die Blütezeit dieser Stadt schon zu Pausanias' Lebenszeit mehr als eintausend Jahre zurücklag, betrat er den längst aufgegebenen Ort voller Ehrfurcht, weil er, wie die übrige Bevölkerung, um die Legenden von Mykene wusste. Perseus soll einst die Stadt gegründet und Kyklopen sollen ihre Mauern errichtet haben – denn wer sonst als diese mythischen Riesen hätte die monumentalen Steinquader so akkurat aufeinandertürmen können? Und wer sonst hätte hinter solchen gewaltigen Mauern leben können als Helden: nahezu unverwundbare Krieger wie Achill oder siegreiche Heerführer wie Agamemnon?

Jahre, Jahrzehnte, Jahrhunderte zogen vorbei, und die Ruinen von Mykene blieben so verödet wie seit einer Ewigkeit. Um 1700 beseitigte ein Besucher einen Teil des Schutts, der sich auf den Mauern aufgetürmt hatte. Auf diese Weise kam auch das Löwentor wieder zum Vorschein. Ein anderer Besucher fertigte im 18. Jahrhundert Zeichnungen von den Ruinen an, ein weiterer wiederum führte erste Vermessungen durch. Das waren die frühen sporadischen Versuche, Mykene genauer zu verstehen. Viele, die hierher kamen, hatten weniger Interesse daran, einen wissenschaftlichen Beitrag zu leisten. Sie wollten vielmehr etwas zur Erinnerung an diesen sagenhaften Ort mitnehmen, und Überreste lagen hier genügend herum. Um diesem räuberischen Verhalten der Reisenden ein Ende zu setzen, begann die kurz zuvor gegründete »Griechische Archäologische Gesellschaft« im Jahr 1840, Untersuchungen in Mykene durchzuführen. Ihr Erfolg hielt sich in Grenzen.

Weder die lange Zeit noch das Kratzen und Schürfen an ihrer Oberfläche schien den Ruinen von Mykene etwas anzuhaben. Vermutlich strich – wie bereits Jahrtausende zuvor – immer noch derselbe raue Wind über die behauenen Steine. Unbeeindruckt thronte die Festung auf dem Hügel, umgeben von einer kargen, gebirgigen Landschaft. Was verbarg sich wohl unter ihr? Wer würde ihr das Geheimnis entlocken?

*

August 1876

Von Weitem sieht es so aus, als würden die Löwen zittern, überanstrengt von ihrer unnatürlichen Position, in der sie – auf den Hinterpfoten fast aufrecht stehend und mit den Vorderläufen neben einer erhöhten Säule aufgestützt – nun schon eine Ewigkeit verharren. Auf diese Weise begrüßten sie zu Urzeiten König Agamemnon. In derselben Haltung empfingen sie vor rund eintausendachthundert Jahren den Reiseschriftsteller Pausanias. Und nun erwarten sie den Archäologen Schliemann, als er vor dem Eingang zu Mykene steht.

Die zitternden Hinterbeine der Löwen sind natürlich nur eine optische Täuschung, aufgrund der Hitze, die ein Flimmern über den Steinblöcken erzeugt. Auch heute beträgt die Temperatur auf dem Plateau fast vierzig Grad. Schliemann wendet sich von den Löwen ab und schaut zu den Arbeitern hinüber, die eben auf sein Geheiß hin damit begonnen haben, einen Schnitt in unmittelbarer Nähe zum Tor zu setzen.

Schliemann ist nicht das erste Mal an diesem Ort, und er lässt auch nicht zum ersten Mal den Boden aufgraben. Bereits vor zwei Jahren hatte er mehr als dreißig Schächte an verschiedenen Stellen angelegt, allerdings illegal. Und so ist die Kampagne, die an diesem Tag mit mehr oder weniger freundlicher Genehmigung der griechischen Regierung beginnt, wiederum doch eine Art von Premiere.

Sophia scheint, wie er feststellt, seinen Rat befolgt zu haben: Sie sitzt etwas abseits im Schatten der Mauer und ruht sich aus, da ihr die Hitze in ihrem schwarzen, hochgeschlossenen Kleid zu schaffen macht. Diesmal war es ihr leichter gefallen, ihre Tochter in Athen zu lassen; immerhin ist Andromache schon fünf Jahre alt und wird, wie in den Briefen der Großeltern zu lesen ist, seit der Abreise ihrer Eltern von der gesamten Verwandtschaft verwöhnt.

Schliemann beobachtet zufrieden das emsige Treiben auf dem Gelände. Er hat seine Arbeiter auf mehrere Stellen verteilt, wo sie nun mit aller Kraft versuchen, die völlig ausgetrocknete, fast steinharte Erde mit Schaufeln aufzubrechen. Obwohl er den Nervenkitzel zu Beginn des neuen Abenteuers spürt, ist seine Freude nicht ganz so groß wie während seiner ersten Kampagne, damals auf dem Hügel Hissarlik. Der Grund dafür steht einige Meter abseits: An einen Felsen gelehnt, verfolgt ein Mann mit Brille und Bart schweigend das Geschehen. Panajotis Stamatakis, ein griechischer Archäologe in seinen Dreißigern, wurde von der Regierung beauftragt, die Grabungen in Mykene zu kontrollieren. Schliemann ist in diesem Moment überzeugt zu spüren, wie Stamatakis' Blick seinen Rücken regelrecht durchbohrt.

Der offene Prozess der türkischen Behörden gegen Schliemanns Kunstraub, aber auch seine unerlaubten Probegrabungen in Mykene vor zwei Jahren hatten das Misstrauen der griechischen Regierung geweckt. Im Bescheid vom 16. Juli 1876 an die »Archäologische Gesellschaft«, mit dem Schliemann die Grabungslizenz erteilt wird, stehen ihre Befürchtungen zwischen den Zeilen geschrieben: »Das Ministerium erhofft sich durch die Grabung vielfältige Entdeckungen und ist überzeugt, dass die erforderliche Sorgfalt seitens der Gesellschaft aufgebracht wird, damit die Funde mit der größtmöglichen Gewissenhaftigkeit und Achtsamkeit gehoben, in einer Sammlung zusammengeführt und von der Grabungsaufsicht genauestens in einem kontinuierlich geführten Grabungsprotokoll dokumentiert werden.« Um zu verhindern, dass er seine Tat wiederholen und diesmal womöglich mykenische Funde heimlich fortschaffen könnte, wurde Schliemann unter anderem eine Bedingung gestellt: Wenn er in Mykene graben wolle, dann nur unter der Aufsicht eines griechischen Beamten mit versierten archäologischen Fachkenntnissen. Die Wahl war dabei auf Stamatakis gefallen. Schliemann stimmte dieser wie auch allen übrigen Bedingungen zu. Erst einmal sollte der Grabung in Mykene nichts im Weg stehen, vor allem nicht die kleinlichen Forderungen irgendwelcher Bürokraten. Für alles andere, was ihn an der Erfüllung seiner Vision hindern sollte, würde er zur rechten Zeit sicherlich noch eine Lösung finden. Bisher hatte das jedenfalls immer funktioniert. Die Präsenz des ungebetenen Aufsehers verpasst seiner optimistischen Stimmung allerdings schon jetzt einen Dämpfer, obwohl die Arbeiten noch nicht einmal richtig begonnen haben.

Er versucht, die unschönen Gedanken über den fleischgewordenen Cerberus in seinem Nacken abzuschütteln und sich wieder auf das Wesentliche zu konzentrieren. Während er die Ruinen um sich herum betrachtet, rezitiert er in Gedanken einen Abschnitt aus dem zweiten Buch von Pausanias. Dort beschreibt der Reiseschriftsteller seine Eindrücke von Mykene und bezieht sich vor allem darauf, was in den Legenden über diesen Ort gesagt wird. Unter den Trümmern der Stadt liege nicht nur das Grab des Königs Atreus, sondern auch das seines Sohnes Agamemnon. Dieser war bei seiner Rückkehr aus Troja von seiner Frau Klytaimnestra und ihrem Geliebten Aigisthos hinterlistig erdolcht worden. Zusammen mit ihm seien seine ebenfalls von Aigisthos ermordeten Gefährten bestattet worden. Das Mörderpaar hingegen fand an einem anderen Ort seine letzte Ruhestätte: »Klytaimnestra und Aigisthos wurden etwas entfernt von der Mauer begraben, denn sie wurden für unwürdig gehalten, im Innern begraben zu werden, wo Agamemnon ruht und diejenigen, welche zusammen mit ihm getötet wurden.«

Schliemann muss immer wieder an Pausanias' Beschreibung denken. Bislang gehen die Forscher mehrheitlich davon aus, dass die Atridengräber nahe der äußeren Stadtmauer gesucht werden müssen, also in der unteren Stadt und damit weit entfernt von der Akropolis. Das Grab von Klytaimnestra und Aigisthos wiederum läge dann noch weiter entfernt, an einer Stelle außerhalb der Stadtmauer. Schliemann will der Interpretation seiner Fachkollegen in diesem Punkt nicht folgen. Und nun, wo er sich vor Ort einen eigenen Eindruck machen kann, überzeugt ihn der allgemeine Konsens noch weniger. Das, was bis heute kaum zu übersehen ist, muss in etwa dem entsprechen, was auch Pausanias zuerst bemerkt hat: eine gewaltige Mauer, durch die das Löwentor in die Akropolis hineinführt. Die äußere Stadtmauer hingegen, von Anfang an sehr dünn und schon zu Pausanias' Zeiten seit mehr als sechshundert Jahren zerstört, kann dem Reiseschriftsteller nicht weiter aufgefallen sein. Schließlich war er ja kein Archäologe, der gezielt nach ihren Spuren gesucht hätte. Schliemann erscheint es völlig logisch, dass Pausanias, wenn er von einer Mauer schreibt, einzig und allein die mächtige Burgmauer gemeint haben konnte. Die Atridengräber müssen sich also irgendwo hier, innerhalb der Akropolis befunden haben – und nicht, wie offenbar alle anderen glauben, viel weiter unten, bei der Stadtmauer. Dieser Verdacht hat Schliemann dazu bewogen, die Suche nach den Gräbern in der Nähe des Löwentors zu beginnen.

In den folgenden Wochen gibt es viel zu tun. Die Schliemanns haben sich ein Haus sowie ein Pferd im nahe gelegenen Dorf Charvati gemietet. Für gewöhnlich reitet Schliemann einmal morgens sowie einmal abends hinauf zur Burg, um zu prüfen, ob alles nach seinen Vorstellungen vorangeht. Die restliche Zeit verbringt er an seinem Arbeitstisch in Charvati, um sich seiner Korrespondenz und seinen Studien zu widmen.

Das Verhältnis zu seinem Aufseher bessert sich nicht. Im Gegenteil: Schliemann fühlt sich bei allem, was er tut, misstrauisch von Stamatakis beäugt. Und leider bleibt es auch nicht bei den harmlosen Blicken. Stamatakis fängt bereits nach wenigen Tagen an, ihn offen zu kritisieren. Zunächst sind es nur Banalitäten: So solle er doch ein Zelt beschaffen, damit die Arbeiter während ihrer Siesta besser gegen die sommerliche Hitze geschützt seien. Doch dann wagt Stamatakis es tatsächlich, sich in Schliemanns Grabungsmethoden einzumischen. Wie Schliemann dazu käme, die Männer nicht nach Stunden oder Tagen, sondern stattdessen nach der Menge Erde zu bezahlen, die sie ausheben? Und warum stehen plötzlich doppelt so viele Arbeiter in der Gegend wie noch vor wenigen Tagen? Wo kommen die alle her? Der Aufseher besteht auf die ursprünglichen Abmachungen, murmelt hinterher noch etwas von einer maximalen Anzahl von fünfzig Mann und unsauberer Arbeitsweise. Schliemann ist außer sich. Ein derart respektloses Verhalten hat ihm selten jemand entgegengebracht. Doch Stamatakis wird noch dreister. Sobald Schliemann den Arbeitern Instruktionen gegeben hat und ihnen den Rücken zukehrt, steht Stamatakis wenige Momente später genau an derselben Stelle, um sich bei den Arbeitern nach ihren neuen Aufgaben zu erkundigen. Nicht selten gibt er ihnen daraufhin völlig konträre Anweisungen. So ist es bereits beim Eingang zum Löwentor geschehen: Als Schliemann anordnete, heruntergefallene Steine zu beseitigen, stoppte Stamatakis augenblicklich diese Arbeit – mit der Begründung, das Tor könne vielleicht einstürzen. Die Einmischungen, für Schliemann nichts weiter als Schikanen, hören nicht auf. Stamatakis handelt für seinen Geschmack viel zu vorsichtig und bedachtsam. Während er selbst möglichst schnell zu jener Epoche vorstoßen will, in der das legendäre Geschlecht der Atriden lebte, schaut Stamatakis ständig links und rechts des Weges und hält sich mit Zeugnissen der römischen und hellenistischen Zeit auf. Für Schliemann sind das uninteressante Dinge, die schon allseits bekannt sind. Trotzdem muss alles – eben auch das, was Schliemann mit dem übrigen Schutt beseitigen will – nach Meinung des Aufsehers schonend behandelt, gesammelt und untersucht werden. Wie soll man aber, fragt sich Schliemann, in diesem Tempo jemals zum Ziel gelangen? Kaum zwei Wochen nach Beginn der

Kampagne endet eine ihrer täglichen Diskussionen in einem heftigen Streit. Als Stamatakis ihm wieder einmal die Grabung an einer bestimmten Stelle verbietet, erwidert Schliemann, dass er so viele Grabungen durchführen könne, wie er wolle, Stamatakis sei einzig und allein dazu da, die Funde in Empfang zu nehmen. Der Aufseher wehrt sich, behauptet, seine Aufgaben bei dieser Grabung seien weitaus umfassender und Schliemann solle sich doch an das Ministerium wenden, wenn ihm das nicht passe. Der Streit setzt sich am nächsten Tag fort. Diesmal ist Schliemann in Begleitung von Sophia zum Grabungsgelände gekommen. Wieder einmal geht es um Mauern aus irgendeiner späteren Zeit, die Schliemann wegreißen, Stamatakis hingegen bewahren will. Schon bald ergreift Sophia das Wort: Stamatakis habe kein Recht, derartige Befehle zu erteilen, ihr Mann sei ein Gelehrter, er hingegen wisse überhaupt nichts, und wenn er Schliemann nicht dazu treiben wolle, die Ausgrabungen vollends abzubrechen, solle er lieber mit derlei Provokationen aufhören. Wenige Tage später spielt sich eine ähnliche Szene ab. Vor allen Arbeitern beleidigt Sophia Stamatakis: Er sei ein ungebildeter Mann, eher dafür geeignet, Tiere zu hüten, als eine archäologische Grabung zu beaufsichtigen. Diesmal ist der Aufseher so empört, dass er schweigt, anstatt sich zu verteidigen.

Während der Zeit in Mykene kann Schliemann nicht umhin, seine Frau mit einer gewissen Bewunderung zu beobachten. Wie sehr sie sich doch seit ihrer Hochzeit verändert hat. Und nun, gerade einmal vierundzwanzig Jahre alt, weiß sie bereits, selbstbewusst vor einem seiner Feinde aufzutreten und ihren eigenen Mann mit scharfen Worten zu verteidigen.

Die Gemüter sind erhitzt, doch trotz aller Drohgebärden werden die Grabungen fortgesetzt. Mehrmals wendet sich Stamatakis hilfesuchend an seine Vorgesetzten, überlegt zwischendurch, seine Aufgabe ganz niederzulegen. Eines Tages taucht der Vizepräsident der Archäologischen Gesellschaft persönlich am Ort des Geschehens auf. Selbst sein Besuch trägt nicht zur Klärung der Situation bei, wie der Aufseher in einem Brief an das Ministerium bedauernd feststellt: Auf einmal steige die Zahl der Männer von achtzig auf einhundertdreißig und zu den drei Grabungsorten wird sogar ein weiterer hinzugefügt. Eine ordentliche Dokumentation der zahlreichen Funde sei unter diesen Umständen kaum noch möglich, aber Schliemann lasse sich von seinen Einwänden nicht beeindrucken. Er höre ihm eigentlich überhaupt nie zu, beklagt sich Stamatakis sichtbar verzweifelt. Schliemann führe seine Ausgrabungen ganz nach eigenem Wunsch fort, ohne Rücksicht auf das Ministerium, ohne Rücksicht auf irgendeinen Beamten – ohne Rücksicht auf das Gesetz.

*

Einige Jahre später, als Schliemanns Werk über die Ausgrabungen in Mykene längst erschienen war, plante Panagiotis Stamatakis, eine eigene Publikation zum selben Thema herauszubringen. Sicherlich wäre es für die Nachwelt eine wertvolle Ergänzung gewesen, die Ausgrabungen einmal aus der Perspektive des Aufsehers kennenzulernen, der so pflichtbewusst seine Arbeit zu erfüllen bestrebt war, sich letztendlich aber doch den Vorstellungen Schliemanns hatte beugen müssen. Sein Buchprojekt konnte er nicht mehr verwirklichen: Bereits 1884 starb er an Malaria.

Stamatakis lebte in einer Zeit, als der illegale Handel mit antiken Funden in ganz Griechenland rücksichtslos betrieben wurde. Umso mehr sticht er rückblickend betrachtet mit seiner exzellenten, gewissenhaften Arbeit hervor: Stets lieferte er detaillierte Berichte der Grabungen ab, samt Fundlisten und Zeichnungen. Seine oberste Priorität war es, wissenschaftliche Daten zu sichern und dabei die gesetzlichen Vorgaben einzuhalten. Dennoch stand er mit seinen Auffassungen zum Schutz antiker Objekte noch relativ alleine da. Erst vierzehn Jahre nach seinem Tod wurden dank eines neu erlassenen Gesetzes Antiquitäten als Staatseigentum betrachtet, und es galten verbindliche Regeln bei der Durchführung einer archäologischen Ausgrabung. Heute gilt Stamatakis als einer der besten griechischen Archäologen des 19. Jahrhunderts.

*

Der August des Jahres 1876 vergeht, ebenso der September. Die kalte Jahreszeit kündigt sich wieder einmal mit heftigen Regenfällen an. Schliemann muss Mykene kurzfristig verlassen, um zum Hissarlik zu reisen: Pedro II., Kaiser von Brasilien, hat um eine Führung zu Troja gebeten, und zwar von Schliemann persönlich. Diesem Wunsch kommt er gerne nach. Während der

Besichtigung kann er den Kaiser von der Gleichsetzung Hissarliks mit Troja überzeugen, und zu Schliemanns Freude plant dieser auch noch einen Besuch in Mykene ein.

Auch wenn es Phasen gibt, in denen Sophia krank und geschwächt im Bett in Charvati liegen bleibt, unterstützt sie Schliemann in der übrigen Zeit, so gut sie kann. Mal reist sie nach Athen, um mit dem Ministerium zu verhandeln, mal hilft sie auf der Ausgrabung. Schliemann hat ihr außerdem die Verantwortung für die Freilegung eines Kuppelgrabes in der Nähe des Löwentors übergeben, bekannt als das »Grab der Klytaimnestra«.

Das eigentliche Ziel der Kampagne, die Entdeckung der Atridengräber, lässt hingegen auf sich warten. Auch nach vier Wochen gibt es noch keinen Hinweis darauf, dass Schliemann auf der richtigen Spur ist. Er hatte lediglich Anfang September eine sonderbare Entdeckung gemacht: Bei einem neuen Einschnitt in geringer Tiefe waren seine Arbeiter auf Steinplatten gestoßen, die kreisförmig in die Erde eingelassen worden waren. Schliemann deutete sie bald als Überreste einer Agora, eines Marktplatzes – demnach sicherlich kein Ort, wo er auf irgendeine Begräbnisstätte stoßen würde. Er wandte sich wieder anderen Stellen zu, ließ aber vorsichtshalber ein paar Arbeiter weiter auf der mutmaßlichen Agora graben.

Über diese Entscheidung ist er mehr als froh, als jene Arbeiter bald mehrere große Steine freilegen. Zwar weisen sie keine Inschriften auf, dafür sind sie aber mit geometrischen Mustern verziert. Es muss sich um Grabstelen handeln – dennoch traut sich Schliemann nicht, zu frohlocken. Die Männer sollen weitergraben. Das Wetter und der steinharte Boden lassen sie nur schleppend vorankommen. Nach mehreren Tagen ohne irgendwelche besonderen Vorkommnisse schimmert plötzlich Gold zwischen Geröll und Erdklumpen. Es ist nicht viel, nur einige vereinzelte Schmuckstücke. Doch von nun an bleibt Schliemann meist ganz in der Nähe, während die Männer direkt vor den Stelen in die Tiefe graben.

Erst Ende Oktober, als der Regen an einem besonders kalten Tag auf Mykene niederströmt und die ausgegrabenen Zeugnisse im Schlamm zu versinken drohen, tauchen rechteckige Schemen auf; sie gehören zu einem von insgesamt fünf in den Fels geschlagenen Schächten. Endlich hat Schliemann Gräber gefunden – sie sind der Beweis, dass er mit seiner Entscheidung, innerhalb der Burgmauern zu suchen, richtig gelegen hatte. Wie sich bei der

Öffnung der Schächte zeigen wird, ist er wohl der Erste seit Tausenden von Jahren, der die Ruhe dieser Toten stört.

*

Popularität und Wissenschaft. Zwei Begriffe, die offenbar gegensätzlicher nicht sein könnten. Zumindest trifft dieses angespannte Verhältnis auf den deutschsprachigen Raum und allemal auf das Fach der Archäologie zu. Es kommt nicht von ungefähr, dass populäre Sachbücher, die gewissermaßen die Verschmelzung der beiden Begriffe in sich bergen, von den Wissenschaften nur stiefmütterlich behandelt werden. Für viele scheint es einfach unvorstellbar, fundierte Fakten mit einer fesselnden Erzählweise in Einklang zu bringen und dabei beiden Seiten gerecht werden zu können.

In Deutschland nahm der Versuch, die Wissenschaft in die Öffentlichkeit zu tragen, nach der Märzrevolution 1848 seinen Anfang. Vielleicht nicht zufällig erlangte etwa zur selben Zeit eine biblische Metapher eine neue Bedeutung: der Elfenbeinturm. Dieses Gebäude, geschaffen aus einem Material, das in der christlichen Tradition für edle Reinheit steht, wurde zu einem geistigen Ort der Abgeschiedenheit erklärt. Das Zuhause nicht nur von Künstlern und Literaten, sondern auch von Wissenschaftlern. Der sprachliche Ausdruck des Elfenbeinturms entwickelte sich zu einer festen Vorstellung: Die Wissenschaftler zogen sich dorthin zurück, um sich, völlig abgeschottet und abseits von allem, ganz ihren Forschungen hinzugeben. Das Weltliche kümmerte sie dabei ebenso wenig wie die Auswirkungen ihres Tuns auf die Gesellschaft. Für ihre Suche nach Wahrheit und Erleuchtung spielte das alles keine Rolle. So brauchten sie sich auch nicht verständlich gegenüber jenen zu artikulieren, die von ihrem exklusiven Kreis ausgeschlossen waren – Hauptsache, sie konnten sich gegenseitig verstehen. Mit ihrer Sprache voll komplizierter Fachausdrücke und ihrem ganzen Habitus grenzten sie sich vom Rest der Menschheit ab. Der scheinbar unüberbrückbare Gegensatz von Wissenschaft und Öffentlichkeit war geschaffen.

Doch auch die Bedürfnisse der breiteren Bevölkerung hatten sich infolge der Märzrevolution gewandelt. Das Volk verlangte nach Teilhabe am Wissen und nach Transparenz. Das galt für Erkenntnisse in den Naturwissenschaften, aber auch für die Archäologie. Informationen über die Suche nach vergangenen Kulturen, die Entdeckung von Schätzen, Geschichten von abenteuerlichen Ausgrabungen in fremden Ländern – Redakteure und Journalisten der immer größeren Medienlandschaft stellten bald fest, dass solche Themen auf großes Interesse bei den Lesern stießen und Zeitungsausgaben mit entsprechenden Artikeln besonders gerne gekauft wurden. Durch die regelmäßige Berichterstattung hatten bald weite Teile der Bevölkerung eine Vorstellung von der Arbeit der Archäologen wie auch solide Grundkenntnisse über Troja, Mykene und andere berühmte Stätten.

Während sich die Universitäten noch lange schwertaten, den Wunsch nach einer verständlich vermittelten Wissenschaft zu erfüllen, gab es außerhalb der Elite vereinzelte Individuen, die einen anderen Weg einschlugen. Öffentliche Akzeptanz, das hatten sie erkannt, konnte den Erfolg ihrer Arbeit nur steigern. Und so versuchten sie, die stetig wachsende Macht der Presse für ihre eigenen Ziele zu nutzen, ganz im Sinne von »Tue Gutes und rede darüber«. Dieses Motto des deutschen PR-Beraters Albert Oeckl war zwar erst 1950 ins Leben gerufen worden. Doch Ähnliches könnte auch schon der eine oder andere Pionier der Öffentlichkeitsarbeit im 19. Jahrhundert gedacht haben, als er zum ersten Mal in die Rolle eines PR-Strategen schlüpfte.

*

Am 15. Dezember 1876 erreicht Schliemann ein Brief aus England. Arthur Locker, Chefredakteur der Zeitschrift *The Graphic*, bittet um Fotografien und Zeichnungen von den Grabungen in Mykene. Gerade heraus formuliert Locker die Dringlichkeit seines Anliegens: »… Trusting that you will oblige us with an early answer as we are anxious to illustrate your interesting discoveries as soon as possible …«

Erst vor wenigen Tagen ist Schliemann nach Athen zurückgekehrt. Aus Mykene hat er ein Dutzend Kisten voller kostbarer prähistorischer Objekte mitgebracht. Die fünf Gräber hatten alle seine Erwartungen übertroffen: Sie waren gefüllt mit kostbaren Beigaben wie Siegelringen und Diademen, Waffen und Trinkgefäßen aus unterschiedlichsten Materialien. Keramik, Kupfer, Bronze, Silber, Gold – nichts davon hatte gefehlt. An den toten Männern, Frauen und Kindern hatten sich die Spuren des Leichenfeuers erhalten. Vor ihrer Verbrennung waren sie mit Schmuck bedeckt worden, manche von ihnen hatten sogar Masken aus Gold getragen. Die Bergung der vielen Funde hatte eine Menge Zeit gekostet. Während er gemeinsam mit Sophia mehr als zwanzig Tage in der Tiefe der Schächte kniend die edlen Stücke vorsichtig von den mumifizierten Skeletten getrennt hatte, war er sich in einer Sache immer sicherer geworden: Wer sonst als das königliche Geschlecht der Atriden wäre mit einem solchen Reichtum bestattet worden?

Abends hatte er über den Objekten gebrütet. Sie waren einzigartig, etwas, das er noch nie zuvor gesehen hatte – vor allem die Goldmasken. Während eine der Masken beispielsweise besonders rund ist, mit hoher Stirn, kleinem Mund und dünnen Lippen, weist die andere hellenistische Züge auf: eine lange dünne Nase, große Augen mit ausgeprägten Augenbrauen, einen großen Mund mit ebenmäßigen Lippen und einen schön geschwungenen Bart. Keine gleicht der anderen, sie zeigen vollkommen einzigartige Züge. Jede von ihnen, da ist sich Schliemann sicher, wurde nach dem Gesicht des Verstorbenen geformt. Sie sind irgendwie – individuell, voller Charakter. Eigentlich nicht so heroisch, wie er es sich vorgestellt hätte. Doch der Glaube daran, dass er die von Pausanias erwähnten Atridengräber entdeckt hatte, ließ jeglichen Zweifel über die zeitliche Einordnung des Fundes im Keim ersticken. Wieder war Schliemann überzeugt davon, auf die Epoche seiner homerischen Helden gestoßen zu sein.

Am 28. November hatte er ein Telegramm an den griechischen König Georg I. geschickt und ihm mitgeteilt, dass er einen großen Schatz gefunden habe, einen Eckstein für Griechenlands Reichtum, der einen endlosen Strom von Besuchern ins Land rufen werde. »Mit äußerster Freude kündige ich Eurer Majestät an, daß ich die Gräber entdeckt habe, welche von der Überlieferung, deren Widerhall Pausanias ist, als die Bestattungsstätte von Agamemnon, von Kassandra, von Eurymedon und ihren Gefährten, alle getötet von Klytemnaistra und ihrem Liebhaber Aigisth, bezeichnet wurden …«

Das Interesse von *The Graphic* an seiner Entdeckung erfreut Schliemann, überrascht ihn aber nicht. Von allen Seiten kommen Anfragen. Die langen Berichte, die er seit einiger Zeit an die *London Times* schickt, werden nun zunehmend auch von Zeitungen aus anderen Ländern übernommen. Seit den Grabungen am Hissarlik verfolgt er konsequent all das, was von ihm und über ihn in der Presse abgedruckt wird. Er hat es sich außerdem angewöhnt, die Artikel auszuschneiden und zu sammeln. Seit der Entdeckung der Gräber kommt er kaum noch hinterher; das Medieninteresse hat im Vergleich zur Zeit der Troja-Grabung eindeutig zugenommen.

Sogar seine Frau hatte er dazu ermuntern können, selbst mehrere Berichte zu verfassen, die daraufhin in der Athener Zeitung *Efimeris* unter dem Titel *Mykenae* erschienen waren. Sie decken sich inhaltlich mit seinen eigenen Berichten, neu ist dabei lediglich die Perspektive. Manchmal berichtet Sophia von seiner Theorie, dann wieder von ihrer eigenen Ansicht, oft aber auch von ihrer gemeinsamen Auffassung. Sie erzählt, was sie glauben und was ihnen als Paar gelungen sei. Schliemann hat sie voller Anerkennung für diese Artikel gelobt und ist davon überzeugt, dass die griechische Nation sie dafür bewundern würde. In diesem Moment gehört aber vor allem er selbst zu den stolzesten Bewunderern des Schliemann-Paares.

*

Wenn wir heute einen Blick auf das Jahr 1876 in Mykene zurückwerfen, so lässt sich das, was wir sehen, nicht in einem einzigen Satz zusammenfassen.

Wir sehen Schliemann, der diesmal nicht mit einer Ausgabe der *Ilias*, dafür aber mit einem Buch von Pausanias in der Hand über die Ruinen lief und sich suchend umblickte. Wieder begab er sich mithilfe einer alten Schriftquelle auf die Suche nach den homerischen Helden. Und wieder grub er so lange, bis er sein Ziel erreicht zu haben glaubte. Wie nach der Entdeckung des »Schatzes des Priamos« folgte auch nach der Auffindung der mykenischen Gräber und ihrer kostbaren Beigaben eine Welle der Begeisterung, aber auch eine Welle der Kritik. Viele Gelehrte diskutierten über die zeitliche Einordnung der Funde. Die Vorschläge gingen sogar so weit, in eine der Masken einen Christuskopf aus byzantinischer Ära zu interpretieren – diese Behauptung kam von Ernst Curtius. Auch an der Echtheit der Masken wurde mitunter gezweifelt, und manch einer warf gewagte Behauptungen in den Raum: Sah eine der Goldmasken nicht dem Antlitz des vermeintlichen Entdeckers erstaunlich ähnlich? Nicht ganz so polemisch äußerte der Philologe Carl Schuchhardt seine Bedenken in einem Buch, das er speziell zu Schliemanns Ausgrabungen verfasste. Darin stellte er einen Zusammenhang zwischen den entdeckten Gräbern und den bei Pausanias erwähnten Gräbern infrage. So sehen wir, dass Schliemann spätestens durch die Grabungen in Mykene nicht nur berühmt wurde, sondern auch die Fachkreise gehörig aufgewirbelt hatte.

Rückblickend können wir heute mit Gewissheit sagen: Schliemanns Kritiker hatten recht. Jedenfalls insofern, als er mit seiner Datierung der Funde falschlag. Weder der »Schatz des Priamos« noch die mykenischen Gräber stammen aus der Welt, die in den homerischen Epen beschrieben wird. Dennoch war Schliemann, wenngleich ohne Absicht, auf Erstaunliches gestoßen: Er hatte die Überreste einer Epoche ausgegraben, die die Welt zu diesem Zeitpunkt vollkommen vergessen hatte. Und so sehen wir nicht mehr nur das, was auf der Oberfläche niemals untergegangen gewesen war, nämlich dass in Mykene ein Volk gelebt hatte, das zum Bau gewaltiger Burganlagen imstande gewesen war. Seit der Entdeckung der kostbaren Grabbeigaben sehen wir auch, wie außergewöhnlich reich dieses Volk gewesen sein musste. Die Goldmasken, von denen eine als die »Maske des Agamemnon« in die Geschichte eingehen sollte, ließen zugleich erahnen, welch hohe Kunstfertigkeit dieses Volk besessen hatte. Wir bezeichnen jene Epoche heute als die der mykenischen Kultur und wissen, dass sie während der späten Bronzezeit, vom 16. bis ins 11. Jahrhundert vor Christus existiert hatte.

Auch wenn die Geschehnisse von 1876 je nach Perspektive in einem anderen Licht erscheinen mögen – Schliemann hatte dennoch etwas Bemerkenswertes erreicht. Er war auf nicht viel weniger als die erste Hochkultur Europas gestoßen. Er hatte Griechenland tausend Jahre geschenkt, wie einmal geäußert wurde. Mit seinen Entdeckungen in jenem Jahr legte er den Grundstein zu einem neuen Fach, der Mykenologie. Und so gilt Schliemann vielen als »Vater der mykenischen Archäologie« – bis zum heutigen Tag.

*

Juni 1877

»Und jedem Anfang wohnt ein Zauber inne.« – und nur bei ihr scheint dieser Zauber nie zu vergehen. Gewiss, es gibt viele Momente, in denen sie ihn in den Wahnsinn zu treiben droht, mit ihrem Trotz, ihren Unpässlichkeiten, ihrer Antriebslosigkeit, ihrem ständigen Mutterinstinkt. Doch jedes Mal, wenn er glaubte, er habe genug von ihr und ihren Eigenheiten, wurde er wieder von ihrem Zauber übermannt. Dann wusste er wieder, dass sie, und nur sie, die Richtige an seiner Seite war.

Genau dieses Gefühl überkommt ihn auch an diesem Nachmittag, als er auf das Podium tritt und in einen Saal hinunterblickt, in dem kein Stuhl mehr frei geblieben ist. Er sieht viele fremde Gesichter, nur einige wenige bekannte. Als er seine Rede beginnt, schaut er aber bewusst in zwei große braune Augen. Sie sind ihm von allen ganz besonders vertraut. Es sind Sophias Augen.

Vor fast zwei Jahren hatte er schon einmal hier gestanden, im Burlington House in der Piccadilly Street, um einen Vortrag zu halten. Gladstone, der Schliemann damals mit äußerst schmeichelhaften Worten dem Publikum vorgestellt hatte, sitzt heute in der vordersten Reihe, wo auch Sophia Platz genommen hat. Während Schliemann seine Rede hält, merkt er, wie sich manche Zuhörer ein wenig nach vorne beugen, um zu seiner Frau hinüberzuschielen. Sophia wiederum blickt wie versteinert zu ihm – Schliemann spürt ihre Aufregung. Schließlich beendet er seine Rede mit einem Dank an die Mitglieder des »Royal Archaeological Institute« und kündigt seine Frau an. Ihr zu Ehren haben sich heute alle hier versammelt. Als er sich schließlich setzt, erhebt Sophia sich zögerlich und schreitet mit langsamen Schritten nach vorne. Obwohl Schliemann nicht sehen kann, was in den Reihen hinter ihm geschieht, weiß er es genau: Seine junge Frau versetzt die Damen und Herren in Staunen. Ihr dunkelblaues, lose herabfallendes Kleid aus seidigem Stoff, der dazu passende Hut, die antike Gemme, die sie an ihrem weißen Kragen trägt, ihre schwarzen, glänzenden Haare, die, zu einem dicken Zopf geflochten, ihren Kopf umrahmen, ihre blasse Haut, die in der kalten Luft des Nordens vielleicht noch ein wenig blasser wirkt als sonst: Sophia strahlt ›edle Einfalt und stille Größe‹, klassische Anmut aus. Ebendies wollte Schliemann bewirken – er hatte ihren Auftritt bis ins kleinste Detail vorbereitet. Dennoch ist er von ihrer Erscheinung in diesem Moment fast ebenso überwältigt wie das übrige Publikum. Zwar kennen viele der Anwesenden Sophia bereits vom Foto, auf dem sie den trojanischen Schmuck zur Schau trägt. Doch auch wenn ein Foto fast an die Realität heranzureichen vermag – die Schönheit einer leibhaftigen Sophia kann es nicht ersetzen.

Obwohl er um ihre Unsicherheit weiß, sieht er Sophias zwanzigminütigem Vortrag gelassen entgegen. In den vergangenen drei Wochen hat er mit ihr gemeinsam den Text verfasst und diesen schließlich vom Philologen Max

Müller redigieren lassen, mit dem er mittlerweile in enger kollegialer Verbundenheit steht. Sophia ist bestens vorbereitet – jetzt kann nichts mehr schiefgehen.

Sie beginnt ihren Vortrag nicht mit höflichen Worten über das Gastgeberland oder irgendwelchen anderen der üblichen, wenig kurzweiligen Floskeln. Für den Einstieg hatten die Schliemanns etwas anderes im Blick: Sophias Wurzeln. So erzählt sie in einem nicht ganz akzentfreien Englisch von jener Zeit, als die übrige Welt noch im Dunkeln lebte, die Alten Griechen jedoch in der Wissenschaft und in den Künsten längst eine nicht zu übertreffende Vollkommenheit erreicht hatten. Sie spannt den Bogen von Agamemnon und Achill über Solon und Perikles bis hin zu den Leistungen ihres Mannes und ihren eigenen. Und sie betont, dass ihr Anteil an den Entdeckungen – und da wird nun ihr patriotischer Stolz durch feminine Bescheidenheit wieder ins Gleichgewicht gebracht – letztendlich gering sei. Schließlich habe sie selbst ja keinen der Schätze gefunden. Dennoch, fügt sie an, seien die von ihr ausgegrabenen Tongegenstände für die Wissenschaft von einiger Bedeutung. Mit einem Dank an die Engländer für ihre Unterstützung Griechenlands im Unabhängigkeitskrieg gegen die Türken sowie einem Aufruf an die Damen, ihre Kinder die Sprache von Sophias Vorfahren zu lehren, damit sie »Homer und unsere anderen unsterblichen Klassiker« lesen können, beendet sie ihre Rede. Nach einem Moment der Stille, in der ihre letzten Worte in den Köpfen der Zuhörer nachklingen, fängt das Publikum an, begeistert zu applaudieren.

Am selben Abend, als die Schliemanns zu einem Festessen mit Mitgliedern verschiedener wissenschaftlicher Vereinigungen eingeladen sind, wie auch in den Wochen, die sie danach noch in London verbringen, werden sie von allen Seiten beglückwünscht. Sophias Auftritt ist allein schon deshalb eine Sensation, weil sie zu den ersten wenigen Frauen gehört, die auf einer Sitzung des *Royal Archaeological Institute* gesprochen haben.

Nicht nur Schliemanns Gönner, zu denen mittlerweile neben Gladstone und Müller viele weitere Gelehrte und Literaten zählen, bemühen sich während seines Aufenthalts in London um ihn – eigentlich wird er von ganz England gefeiert. Seine Abende sind gefüllt mit Einladungen zu Banketten und Vorträgen. Er wird zum Ehrenmitglied von nicht weniger als vier renommierten archäologischen Vereinigungen ernannt. Gladstone hat ihm bereitwillig eine Vorrede für seine Publikation zu Mykene verfasst, die in wenigen

Monaten auch in England erscheinen soll. Die *London Times* zählt nach wie vor zu den interessiertesten Abnehmern seiner Berichte.

Schliemann erlebt hier kaum heftige Kritik, wie sie ihm in anderen Ländern wie Deutschland oder Frankreich durchaus entgegengebracht wird. Die Briten sind so freundlich, so unvoreingenommen und aufgeschlossen gegenüber seinen Taten wie auch Worten. Sie geben ihm das Gefühl, zu ihnen zu gehören. Er genießt den Erfolg und die Anerkennung in vollen Zügen.

Als er mit Sophia Anfang August wieder nach Paris zurückkehrt, hat er bereits einen Entschluss gefasst, über den er die *London Times* in einem Brief informiert.

*

Im Dezember 1877 wird eine neue Ausstellung im South Kensington Museum eröffnet: Erstmals soll der »Schatz des Priamos« der Öffentlichkeit präsentiert werden. Offenbar will niemand die einzigartige Gelegenheit verpassen, endlich mit eigenen Augen die wertvollen Stücke zu sehen, von denen zuvor so viel berichtet wurde. In den kommenden Wochen strömen die Besucher scharenweise ins Museum und drängeln sich, um einen möglichst nahen Blick auf die rund zwanzig Vitrinen werfen zu können. Manche Kommentatoren sind voll des Lobes, berichten von einer zauberhaften Anziehung, die die Ausstellung auf die Besucher ausübe. Andere wiederum fällen ein vernichtendes Urteil, so wie der Archäologe Alexander Stuart Murray vom British Museum, als er schreibt: »*The collection fails as a show.*«

Auch wenn die Bemerkungen solcher »Schmähschreiber«, wie Schliemann sie gerne nennt, ihn empfindlich treffen, hat er zu dieser Zeit kaum die Nerven, um sich mit derartiger Kritik zu befassen. Im Oktober hatten Schliemanns Ohren zu schmerzen begonnen – so sehr, dass er schließlich nach Würzburg gefahren war, um sich von einem erfolgreichen Ohrenarzt untersuchen zu lassen. Der Befund attestiert ihm Wucherungen im rechten Ohr. Schliemann unterzog sich daraufhin einer Behandlung, die fast noch grausamer war als die eigentlichen Schmerzen.

Die körperlichen Beschwerden sind nicht nur lästig, sondern kommen auch zu einem denkbar ungünstigen Zeitpunkt. Die Vorbereitung der Ausstellung, das Erscheinen seines Buches zu Mykene, die Korrespondenz mit

Heinrich Schliemann, porträtiert von Sydney Hodges, 1877

Gelehrten und der Presse: Schliemann versinkt bis zum Hals in Arbeit. Dass er nicht bei Sophia in Paris sein kann, die nun wieder schwanger ist, sorgt ihn dabei noch am wenigsten. Vor seiner Abreise nach Würzburg hat er, aus Angst vor einer erneuten Frühgeburt, einige Vorbereitungen getroffen. So wird Sophia gleich von zwei Gynäkologen betreut, außerdem steht ihr ein französisches Kindermädchen zur Seite – von Schliemann ganz nach seiner alten Gewohnheit auf den homerischen Namen Hekuba getauft. Sie soll sich um seine Tochter Andromache kümmern, damit sich Sophia in jeder Hinsicht schonen kann. Schliemann glaubt nun, für alles gesorgt zu haben. Trotz Sophias mehrmaligem Wunsch nach seiner Anwesenheit wird er für viele Monate unterwegs sein – zwischen August 1877 und März 1878 kehrt er nur für ein paar Tage nach Paris zurück. Den längsten Teil ihrer Schwangerschaft wird Schliemann nicht bei seiner Frau sein, sondern sich anderen Dingen widmen.

*

Nachdem der bereits erwähnte Lord Elgin Anfang des 19. Jahrhunderts die Skulpturen des Parthenon-Tempels in rücksichtsloser Weise an sich gerafft und nach England gebracht hatte, hatte das British Museum ihm die griechischen Kunstwerke schließlich abgekauft. Und auch wenn man den Beginn eines gesellschaftlichen Phänomens nie an einem einzigen Ereignis festmachen sollte: Die ausgestellten Objekte hatten ohne Zweifel einen einzigartigen Effekt – nicht nur auf die Museumsbesucher, sondern bald auch auf weite Teile der herrschenden Kreise in der westlichen Welt. Woher kam diese formvollendete, wunderschöne Kunst? Die Eliten der westlichen Länder waren sich bald einig, die Antwort darauf gefunden zu haben: Keine andere Kultur als eine, zu der sie selbst gehören, hätte Derartiges schaffen können. So entstand das Gefühl einer tiefen Verbundenheit zum Griechentum, später Philhellenismus genannt.

Politisch sah die Lage zu diesem Zeitpunkt hingegen anders aus: Griechenland, die Heimat dieser bemerkenswerten Skulpturen, unterlag seit Jahrhunderten der osmanischen Herrschaft und war von der westlichen Welt fast völlig abgeschnitten. Die Philhellenisten wollten nicht nur die vergangene antike Kultur bewahren, sondern auch deren aktuellen Nachkommen helfen, sich

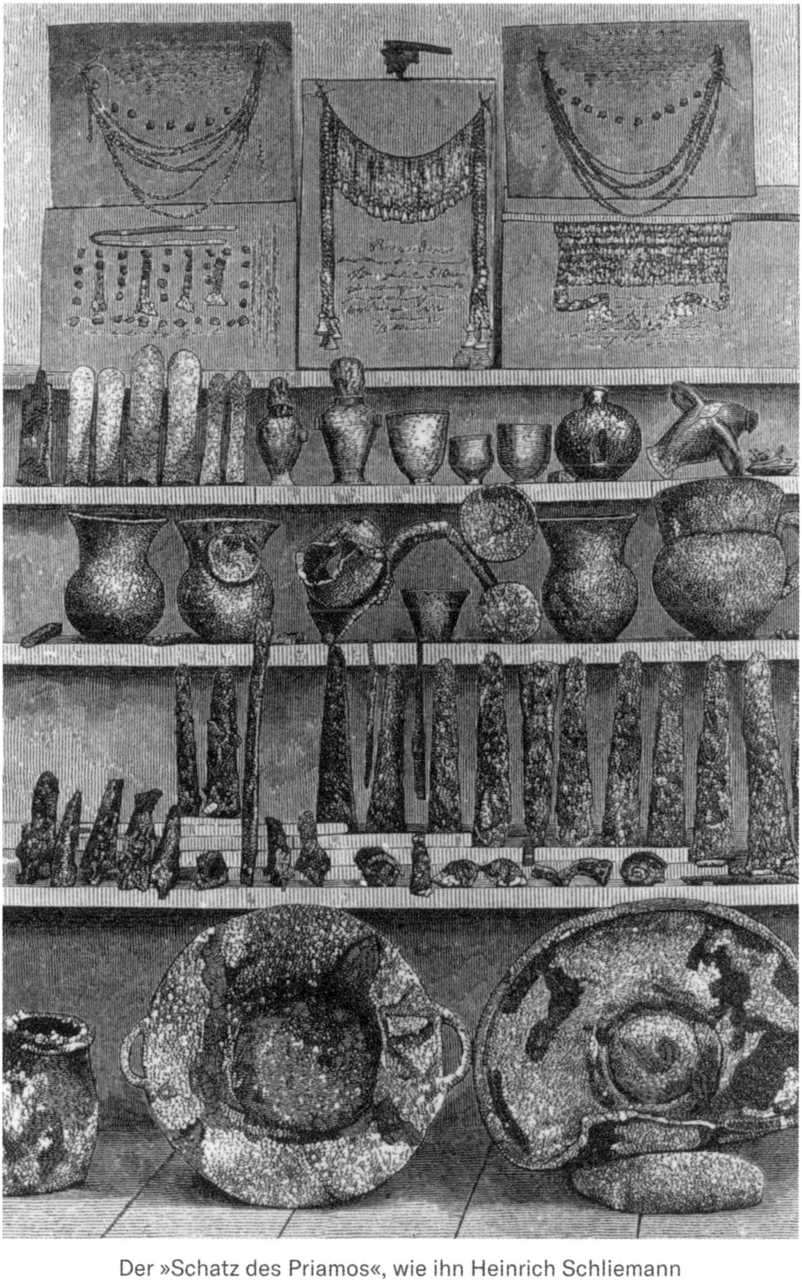

Der »Schatz des Priamos«, wie ihn Heinrich Schliemann in seinem *Atlas trojanischer Alterthümer* abbildete

vom türkischen Joch zu befreien. An der Griechischen Revolution, die von 1821 bis 1829 dauerte, beteiligten sich auch die Großmächte Frankreich und Großbritannien. Primär natürlich aus taktischen Gründen – dennoch hatte gerade auch der Philhellenismus bewirkt, dass sich eine große Anzahl von europäischen Intellektuellen und Bürgerlichen für die Befreiung Griechenlands prominent einsetzte. Nach der Kapitulation des Sultans folgte 1830 die Errichtung eines unabhängigen griechischen Königreichs. Ganz Europa, vor allem die Nationen, die das Land finanziell unterstützten, blickte auf den jungen Staat.

Gebannt kamen die ersten Besucher aus dem Westen nach Griechenland, um die Wiege der europäischen Kultur endlich mit eigenen Augen zu sehen. Sie waren entsetzt: Das erhabene Athen, von den einstigen osmanischen Herrschern zu einem Provinzdorf degradiert, glich eher einem Trümmerhaufen. Ein Reisender beschrieb die Stadt 1832 als eine graubraune Masse von Schutt und Staub, und wenn es nicht die Reste der Burg gäbe, hätte man Mühe, überhaupt zu glauben, dass dies tatsächlich Athen sei. Die Wiedergeburt der einst so prächtigen griechischen Hauptstadt würde in jedem Fall viel Zeit und großen Aufwand kosten.

Auf die Beseitigung osmanischer Spuren im Athener Stadtbild folgte die Konzeption und Anlage einer Neustadt. Im Zentrum entstanden Straßenachsen, die von immer mehr repräsentativen Bauten, Geschäftshäusern und Bürgervillen gesäumt waren. Allmählich formte sich das neue Gesicht Athens – und damit auch ein neues Nationalbewusstsein der Griechen. Beides wurde von den Förderern des Landes gerne gesehen.

Die jahrzehntelange Gestaltung einer ganzen Stadt erforderte die Mitwirkung vieler talentierter Baumeister mit einem bemerkenswerten Gespür für das Ergebnis. Ihre prächtigen klassizistischen Bauten wie das Nationalmuseum und die Nationalbibliothek oder auch das Parlamentsgebäude lassen bis heute ihre Handschrift erkennen. Aber nicht nur Volksbauten, auch private Villen wurden errichtet, für die vielen Griechen, die aus der Diaspora zurückkehrten. Die Aufträge wurden meist von renommierten Architekten übernommen.

Zu den Persönlichkeiten, die Athens Äußeres in der zweiten Hälfte des 19. Jahrhunderts wesentlich prägten, gehörte der deutsch-griechische Architekt Ernst Ziller (1837–1923). Seit den 1870er-Jahren hielt er sich in Griechenland auf und entwarf innerhalb von vier Jahrzehnten nicht weniger als fünfhundert private und öffentliche Bauten – die Mehrzahl davon für die Hauptstadt. 1884 erreichte seine berufliche Laufbahn einen glanzvollen Höhepunkt, als er zum Ersten Baumeister des griechischen Königs Georg I. ernannt wurde. Ziller hatte ein breit gefächertes Repertoire vorzuweisen: Zu seinen Aufträgen zählten nicht nur monumentale Staatsbauten, sondern auch Kirchen, Grabmäler, Landschaftsplanungen und Villen. Zudem interessierte er sich für die Erforschung antiker Bauwerke, begleitete beispielsweise 1864 einen österreichischen Konsul auf einer Ausgrabungsfahrt in die Troas. Die Ergebnisse der Grabungen wurden später in einer Broschüre veröffentlicht.

Letztendlich war es seinem Interesse an der Archäologie zu verdanken, dass sich aus einer zufälligen Begegnung mit Schliemann in den 1860er-Jahren eine langjährige Bekanntschaft entwickelte. Auf Schliemanns Bekundung hin, Troja entdecken zu wollen, hatte Ziller ihm die Broschüre geliehen. Zu jenem Zeitpunkt ahnten sicherlich beide noch nicht, dass viele Jahre später der eine im Auftrag des anderen ein ganz besonderes Projekt in Angriff nehmen würde.

*

Im Frühjahr 1878 schreibt Schliemann folgende Zeilen an Ziller: »Da ich zeitlebens in kleinen Häusern wohnte, möchte ich die restlichen Jahre meines Lebens in einem großen Bau verbringen. Ich möchte Weiträumigkeit und nichts mehr. Du kannst jeglichen Stil auswählen – meine einzige Forderung ist eine breite Marmortreppe, die vom Erdgeschoß zum ersten Stock führen soll und als oberen Abschluss eine Terrasse.«

Mit sechsundfünfzig Jahren hat Schliemann den Entschluss gefasst, ein Haus zu bauen, mit dem Gedanken, dieses zum endgültigen Wohnsitz, zu seinem Ruhesitz zu machen. Um die letzten Jahre seines Lebens hier zu verbringen …

Eigentlich kann er sich kaum noch daran erinnern, wie es ist, Tag für Tag, Woche für Woche, Monat um Monat oder womöglich Jahr um Jahr morgens das Haus zu verlassen, das man am Abend dann wieder betritt. Zuletzt war das, wenn er genauer darüber nachdenkt, in seiner Kindheit in Ankershagen der Fall gewesen. Nach seinen beruflichen Anfangsjahren in Amsterdam begann ein beispielloses Nomadentum, das er bis zum heutigen Tag nur phasenweise unterbrochen hat. Gewiss, einen festen Wohnsitz hatte er immer gehabt, zumindest auf dem Papier. Fast zwanzig Jahre in St. Petersburg, rund fünfzehn Jahre in Paris, und jetzt, seit fast zehn Jahren, in Athen. Die meiste Zeit hatte er dennoch immer woanders verbracht, weit weg von seinem Wohnsitz. Nicht nur, dass er das Reisen an sich liebt und fast besessen ist davon, fremde Kulturen und Menschen kennenzulernen. Es hatte einfach auch keinen Grund für ihn gegeben, länger am Stück zu Hause zu bleiben. Er war gereist, um Geschäfte zu erledigen, er war gereist, um sich zu bilden. Er war gereist, um zu flüchten, besonders in Zeiten unangenehmer Ehekrisen. In den vergangenen Jahren war er gereist, um Grabungen durchzuführen und Vorträge zu halten. Und selbst, um sich von seiner Rastlosigkeit zu erholen, hatte er Reisen unternommen: zu den Kurorten, in denen er immer wieder neue Energie und Kraft geschöpft hatte. Um dann aufs Neue zu verreisen.

Der Gedanke eines eigenen Hauses ist in Schliemann schon länger gereift, genau genommen, seit er mit seiner zweiten Familie in Athen lebt (wenn er nicht gerade irgendwo unterwegs ist). Ihr derzeitiger Wohnsitz, eine Villa, genügt ihm nicht mehr. Als er Ziller offiziell beauftragt, weiß er bereits, auf welchem Grundstück das Haus gebaut werden soll. Es liegt im Herzen der aufstrebenden Stadt: in der Universitätsstraße, einem großen Prunkboulevard, der zum Syntagma-Platz führt. Die Universität, die Athener Akademie und das königliche Residenzschloss befinden sich nicht weit entfernt. Die Schliemanns werden in absolut exklusiver Lage wohnen, mit Nachbarn, die alle der Athener Oberschicht angehören.

Wie das Haus aussehen soll, darüber macht Schliemann Ziller zu diesem Zeitpunkt keine besonderen Vorgaben – noch nicht. Denn er weiß schon jetzt, dass sein Haus mehr als ein gewöhnliches Haus sein soll. Hier werden sich nicht bloß die Wohnräume seiner Familie befinden. Ebenso wenig träumt er nur von einem Ort, an dem er seiner Arbeit nachgehen und seine kostbaren Funde ausreichend geschützt aufbewahren kann. Seine Vision ist viel größer: Das Haus soll den Charakter seines Bauherrn sowie dessen Leistungen und Lebensgefühl in jedem Quadratzentimeter ausstrahlen. Aber wie lässt sich diese Idee schon so früh in all ihren Details planen? Schliemann belässt es bei der vagen Beschreibung seiner Vorstellung. Er wird Ziller deutlich machen, dass Geld sowohl beim Baumaterial als auch bei der Ausführung niemals eine Rolle spielen soll. Zugleich wird er sich von Ziller über jeden noch so kleinen Arbeitsschritt informieren lassen. Denn naives Vertrauen bei der Erfüllung der eigenen Vision scheint Schliemann wenig angebracht. Später soll Ziller einmal gesagt haben: Nie vorher und nie nachher habe er so bauen dürfen. Immer hieß es, dass er nur das Beste nehmen solle – der Kaufmann hätte sein Gold mit fürstlicher Hand verschwendet. Für das Beste sei Schliemann auch kein Weg zu weit gewesen. Er schickte Ziller nach Wien, um Möbel zu kaufen, oder nach Paris, um die schönsten Kronleuchter zu finden. Doch all das kann Ziller im Frühjahr 1878, als Schliemann ihm den Brief schickt, aus jenen Zeilen noch nicht herauslesen.

*

Am 16. März 1878 bringt Sophia einen Sohn zur Welt. Schliemann ist gerade noch rechtzeitig in Paris eingetroffen, nur wenige Tage vor der Geburt. Aufgrund der jüngsten Ereignisse in seinem Leben haben sich seine Namenswünsche geändert. Er will das Neugeborene nicht mehr Odysseus nennen – es soll Agamemnon heißen. Er informiert seine Geschwister über die Ankunft des Stammhalters, nicht ohne zugleich sein neues Projekt anzukündigen: den Bau seiner Villa in Athen. Wie ein Schloss wird sie sein, und er will sie, so schreibt er, seiner wunderbaren Frau schenken.

Es bleibt ihm nicht verborgen, wie mitgenommen Sophia in diesen Tagen aussieht. Er war zwar seit vergangenem Oktober fast ununterbrochen unterwegs, hatte selbst an Weihnachten seine Frau und Tochter nicht besucht. Dennoch wusste er über die Situation zu Hause in allen Einzelheiten Bescheid; Sophia hatte sie ihm in ihren langen Briefen nicht vorenthalten.

Zunächst einmal hatte sie mit seinem ständigen Geiz kämpfen müssen. Wie immer, wenn er auf Reisen war, stellte er ihr einen in ihren Augen sehr knappen, in seinen hingegen angemessenen Geldbetrag zur Verfügung und erwartete zudem von ihr, ihn über ihre Ausgaben stets auf dem Laufenden zu halten. Er gebe ihr so wenig Geld, schrieb sie einmal, dass sie manchmal die Kohlen für die Heizung nicht bezahlen könne … Für Schliemann lag die Ursache dafür klar auf der Hand: Letzthin habe das Geld doch immerhin für ein Kaffeekränzchen mit Keksen und feinsten Häppchen gereicht, zu dem sie die Damen der griechischen Kolonie eingeladen hatte. Für ihn ist ihre Finanzlage nur eine Frage ihrer Prioritäten.

Ein andermal schickte er ihr kostbare Schotten- oder Flanellstoffe, für die sie sich sehr bedankte. Und zwischendurch versuchte sie auch, an seinen Problemen Anteil zu nehmen: wenn er sich beispielsweise Sorgen darüber machte, ob Gladstone tatsächlich die Einführung zu seinem Mykene-Band schreiben würde.

Viele Themen mussten in den vergangenen Monaten Platz auf Briefbögen finden: Sophias alltägliche Unpässlichkeiten, die beruflichen Ereignisse in Schliemanns Leben, die schwierigen Phasen mit Tochter Andromache. Aber auch ihre tiefe Zuneigung zueinander drücken sie immer wieder in langen Passagen aus, Sätze voll zärtlicher Worte. In Sophias Briefen schwebte über allem eine ständige Angst und Traurigkeit: Angst vor einer erneuten Fehlgeburt, Traurigkeit über die Abwesenheit ihres Mannes. Selbst bei Andromache wurde vom Arzt bereits Niedergeschlagenheit diagnostiziert, als sie Bläschen im Mund bekommen hatte und daraufhin die ganze Nacht nicht schlafen konnte. Zudem sorgt sich Sophia um Schliemanns Ohrenleiden, über das er nur ungerne spricht. Er empfand die Krankheit vor allem als etwas Lästiges, das ihm unnötig viel Energie und kostbare Zeit stahl. Ihr Bruder Spiros, der eigens wegen Sophia nach Paris gekommen war, gehörte zu den wenigen Vertrauten, die sie in dieser Zeit um sich hatte.

Die Hoffnung, dass mit Agamemnons Geburt und nach Schliemanns Rückkehr alles wieder besser würde, erfüllt sich nicht. Nach dem Wochenbett erkrankt Sophia schwer. In einem Brief an einen Freund beschreibt Schliemann ihren Zustand als »delirium hystericum«. Es ist eine andere Bezeichnung für Tobsucht. Schliemann fürchtet, dass seine Frau verrückt wird.

Sie sind mittlerweile von Paris nach Athen zurückgekehrt, wo Sophia wieder im Kreis ihrer Familie Geborgenheit findet – einer Familie, mit der sich Schliemann nach wie vor nicht eng verbunden fühlt. Ihr unpässlicher Zustand kommt ihm überhaupt äußerst ungelegen, ist es doch sein Plan, noch in diesem Jahr eine neue Grabung in Troja zu beginnen. Mitkommen kann sie dieses Mal wohl wieder nicht. Doch Schliemann kann sein Vorhaben ebenso wenig ändern, immerhin geht es um Troja.

Ende Juli 1878 reist er nach Konstantinopel, um seine neue Grabungserlaubnis zu holen. Da er die Kampagne nicht vor Herbst beginnen darf, nutzt er die verbleibenden Wochen, um auf Ithaka an verschiedenen Stellen zu graben.

Sophia und Agamemnon, 1879

Als er schließlich wieder in die Troas zurückkehrt, fühlt es sich an wie eine Heimkehr ins Glück. Die stillen Morgenstunden, wenn er zur Küste reitet, das erfrischende Bad im Meer, der anschließende Aufbruch zum Hissarlik, der Sonnenaufgang, mit dem zugleich seine Euphorie steigt, an diesem Tag etwas Neues zu entdecken – er ist beseelt vom Leben hier draußen. Zugleich vermisst er Sophia in diesen Augenblicken besonders schmerzlich. Auf einen Brief mit der Bitte, sie möge doch zu ihm kommen, erhält er bald eine Absage. Nein, sie wird die Kinder nicht verlassen, auch wenn es ihr großer Wunsch sei, bei ihrem Mann zu sein. Und sie fügt hinzu: »Du begehst eine große Sünde, jedesmal, wenn Du mich verläßt, ja, Du kannst keine größere Sünde begehen, weil es keine größere Wonne geben kann, als zusammen zu sein, Du aber findest an dem Zusammensein keinen Gefallen.«

*

Frühjahr 1879

Der Nachteil von Erfolg und Ruhm ist Neid. Und der Nachteil eines guten Gedächtnisses: Nicht nur das Gute, sondern auch das Schlechte prägt sich tief ein. Bei Schliemann treffen beide Nachteile zusammen. Seit er Troja gefunden hat, muss er sich nicht nur mit Lob, sondern auch mit Kritik auseinandersetzen. Leider geht Letzteres nicht spurlos an ihm vorüber.

Was musste er in den vergangenen Jahren nicht alles über sich lesen? Seine Entdeckungen seien lauter Hirngespinste, wunderliche Auslegungen. Dann die affigen Karikaturen von ihm, von Sophia gar, wie sie mit einem Spaten durch die Gegend rennt. Ebenso schlimm sind die vielen spöttischen Bemerkungen: Schliemann würde bestimmt bald auch das Grab der Kleopatra, oder, besser noch, das Rheingold entdecken.

Manche dieser Kommentare liegen bereits Jahre zurück, doch wenn er sie sich in Erinnerung ruft, ist seine Empörung noch genauso groß, als seien sie eben erst abgedruckt worden. Auch wenn er sich stets die Zeit genommen hat, sich zu verteidigen, gegen Kritik zu wehren – seine Verletzung konnte dadurch nicht heilen.

Heute ist wieder so ein Tag, an dem die Erinnerungen aufflackern. Als würden sie vom kalten Frühlingswind angefacht, der über die Troas weht. Doch es ist nicht die karge Landschaft, die Schliemann auf unangenehme Gedanken gebracht hat. Der Grund ist vielmehr sein Begleiter: Rudolf Virchow, der erst vor einigen Tagen in die Troas gekommen ist. Seit Gladstone ihn damals nach seinem Vortrag im Londoner Burlington House auf den deutschen Arzt und Anthropologen aufmerksam gemacht hatte, steht Schliemann mit ihm in Kontakt. Schon längst hatte er ihn eingeladen, zunächst noch zu den Ausgrabungen in Griechenland. Aufgrund seiner vielen beruflichen Verpflichtungen hatte Virchow damals absagen müssen. Dieses Jahr hat es nun endlich geklappt, auch wenn sich die Reisevorbereitungen wegen neuer Quarantänevorschriften gegen die Einschleppung der Pest alles andere als einfach gestaltet hatten.

Virchow will an Schliemanns Grabungen teilnehmen und darüber hinaus die geologischen Verhältnisse der Region kennenlernen. Gemeinsam unternehmen sie ausgedehnte Ausflüge in die Ebene und ins Gebirge. Für Schliemann sind die Erkundungen spannend; sie können sein bisheriges Bild vom Leben, das die Menschen auf dem Hügel Hissarlik einst führten, um viele neue Erkenntnisse ergänzen.

Heute sind die beiden Herren auf ihren Pferden im Ida-Gebirge unterwegs. Das Gespräch, das Schliemann mit Rudolf Virchow führt, hat nun erneut seinen Unmut geweckt, den er vor allem gegenüber den deutschen Wissenschaftlern hegt. Nicht zum ersten Mal kommt Virchow auf dieses ungeliebte Thema zu sprechen. In seiner für ihn so typisch unaufdringlichen Art bemüht er sich, Schliemann davon zu überzeugen, dass die negative Haltung einiger Gelehrter nicht stellvertretend für das gesamte Land stünde. Schliemann weiß, dass Virchow nicht ohne Grund versucht, ihn von den guten Seiten der Deutschen zu überzeugen: Virchow möchte Schliemann dazu bewegen, den »Schatz des Priamos« seinem Vaterland zu überlassen. Die Frage, wo der Schatz letztendlich bleiben soll, beschäftigt Schliemann tatsächlich nach wie vor.

Die Meinung der Öffentlichkeit sei doch eine ganz andere als die der Kritiker, und sie sei ebenso bedeutend, fährt Virchow unbeirrt fort. Diese habe sich durchaus auf Schliemanns Seite gehalten. Schliemann stellt sich gerade vor, wie köstlich sich die Leser der Satirezeitschrift *Kladderadatsch* über die Karikatur amüsiert haben müssen, auf der Sophia und er auf der Suche nach dem Rheingold wie zwei blinde Hühner geradewegs auf den Fluss zusteuern und zu ersaufen drohen. Als er zu Virchows Bemerkung einen Einwand vorbringen will, zieht der völlig unangekündigt an den Zügeln seines Pferdes und steigt ab. Er läuft ein paar Schritte zurück und bückt sich zu einem Strauch mit kleinen Blüten. Neugierig steigt Schliemann ebenfalls ab. Nachdem Virchow den Strauch einige Momente betrachtet hat, pflückt er ein paar Zweige davon ab und überreicht sie Schliemann. Auf seinen verdutzten Blick hin erklärt Virchow, dass es ein Strauß von Ankershagen sei. Tatsächlich, die zarten weißen Blüten kommen Schliemann bekannt vor. Sie stammen vom Schlehdorn, der hier offenbar ebenso wächst wie in seiner alten Heimat.

Es sind solche Gesten, die Schliemann an seinem Landsmann ganz besonders schätzt. In den wenigen Jahren, die sie sich nun kennen, hat sich vor allem durch Briefe und trotz aller Unterschiede bereits eine Art Freundschaft zwischen den beiden Männern entwickelt. Das, was andere an Schliemann als wunderlich und fantastisch beschreiben, scheint Virchow, selbst von nüchternem, sachlichem Charakter, nicht besonders zu stören. Während der gemeinsamen Erkundungen der Troas steigt Schliemanns Achtung für Virchow nur noch mehr. Er lernt viel Neues von ihm, nicht nur über die Flora und Fauna dieser Landschaft, sondern auch, was die Grabung betrifft: Virchow macht ihn beispielsweise auf die Bedeutung der Keramikfunde zur Datierung der Siedlungsschichten aufmerksam. Zudem erkunden sie verschiedene Grabhügel in der Ebene von Troja, von denen überliefert ist, dass hier einige der homerischen Helden bestattet liegen sollen. Virchow, in erster Linie Arzt und Pathologe, weiterhin auch als Anthropologe, Prähistoriker und Politiker tätig, betrachtet die Dinge aus einer anderen Perspektive – vornehmlich aus der Sicht eines Naturwissenschaftlers. Über die fachliche Kompetenz hinaus überrascht der deutsche Professor Schliemann mit seiner unerwartet guten Kondition. Immerhin verbringen sie manchmal mehr als einen halben Tag in den Sätteln, was durchaus anstrengend sein kann.

Als sie wieder aufsitzen und eine Weile schweigend weiterreiten, sinnt Schliemann darüber nach, ob sein Schatz nicht doch in Berlin einen angemessenen Platz finden würde.

Alles in allem gewinnt Schliemann, nicht zuletzt dank seiner Kollegen Virchow und dem französischen Orientalisten Émile Burnouf, der ebenfalls an Schliemanns Ausgrabungen teilnimmt, viele neue Erkenntnisse; gerade auch, was die Gegebenheiten der Region betrifft, in der Troja eingebettet liegt. Und so weiß er trotz der vielen Gegenstimmen aus wissenschaftlichen Kreisen, die immer wieder die Bedeutung seiner Entdeckungen in der Luft zu zerreißen versuchen, dass er inzwischen ebenso viele fachlich qualifizierte Stimmen auf seiner Seite hat. Die gelehrten Freunde und ihre Überlegungen werden seinem nächsten Werk, das alle seine bisherigen Publikationen in den Schatten stellen soll, einen besonderen Glanz verleihen.

Im Mai 1879 beendet Schliemann die Grabungen in Troja mit dem Gefühl, sein Ziel erreicht zu haben. Etwa sieben Achtel des homerischen Troja hat er eigenen Schätzungen zufolge freigelegt. Den Rest will er stehen lassen. Damit die künftigen Besucher erkennen, welch schwere Arbeit er geleistet hat.

*

Immer noch durchschneidet der Graben, den Schliemann 1871 anlegen ließ, den Hügel Hissarlik. Überwachsen von Gräsern, an manchen Stellen schmal und steil wie eine Schlucht, an anderen wiederum eher breit und flach wie ein ausgetrocknetes Flussbett, scheint der eigentlich von Menschenhand geschaffene Einschnitt fast schon natürlichen Ursprungs zu sein – wie etwas, das immer da war und niemals verschwinden wird. Und so hat sich Schliemanns Wunsch, mit dem er die Grabungen 1879 abgeschlossen hatte, tatsächlich erfüllt: Bis heute werden die Besucher hier an seine Taten erinnert.

Karikatur von Heinrich und Sophia Schliemann in der *Kladderadatsch*, 1874

*

Im Mai 1879 schreibt Virchow an Schliemann: »Hochverehrter Freund, mein Telegramm wird Ihnen schon berichtet haben, daß für Ihre Frau nichts zu befürchten ist. Ich war ganz überrascht von ihrem guten Aussehen und ihrer Liebenswürdigkeit. Die genauere Untersuchung, bei welcher übrigens eine Veranlassung zu einer Prüfung innerer Organe gar nicht vorlag, ergab, dass es sich um nichts anderes, als um eine allerdings erhebliche Nervosität und um Störungen der Circulation vorübergehender Natur handelt.« Schliemann hatte Virchow vor dessen Abreise aus Troja die Bitte mit auf den Weg gegeben, er solle doch bei seinem Zwischenaufenthalt in Athen Sophia untersuchen. Denn mittlerweile sieht er in ihm längst nicht mehr nur den Fachkollegen, sondern vertraut auch auf sein ärztliches Urteil. Virchow ist, wie sein Brief bestätigt, Schliemanns Bitte nachgekommen. Er könne jedoch dessen Sorgen über Sophias Gesundheitszustand nicht teilen. Virchow erkenne zudem keinerlei Anzeichen für irgendeine Form der Hysterie. Schliemann lässt das Thema damit trotzdem nicht auf sich beruhen. Stattdessen kommunizieren sie in ihren Briefen fortan gleichermaßen über Archäologisches wie auch über Krankheitsbilder, nicht nur über das von Sophia, sondern auch über die von anderen Verwandten; beispielsweise über das Herzleiden seiner Schwiegermutter.

Nachdem Virchow aus Athen abgereist ist, äußert er sich in einem Brief an Schliemann erneut über Sophias Befinden. Sie hätte beim Abschied sehr aufgeregt auf ihn gewirkt und sehne sich offenbar nach der Rückkehr ihres Ehemannes. Der Arzt weist darauf hin, dass sie sich immerhin nicht nur um sich selbst kümmern müsse, sondern auch um die anderen Kranken in der Familie, vor allem um ihre Mutter und ihren zwischenzeitlich ebenfalls erkrankten Bruder Spiros. Er formuliert seine Bedenken in behutsamer Weise: »Sie ist durch die grossen Verhältnisse, in welche sie gesetzt ist, und durch Ihre Erziehung auf höhere Ansprüche gekommen, und Sie müssen danach trachten, den socialen Verkehr mehr zu pflegen. Auf alle Fälle halte ich es für dringend wichtig, dass sie die Kissinger Kur gut durchführt.«

Es sind zwei Worte in diesem Brief, die Schliemanns Aufmerksamkeit erregen. Mit Kissinger Kur meint Virchow das Wasser, das aus den Quellen des deutschen Bad Kissingen geschöpft wird. Selbst die bayerischen Könige reisen dorthin, weil sie sich von diesem Wasser Gesundheit versprechen.

Schliemann ist von Virchows Rat mehr als angetan. Euphorisch greift er zum Stift, um den Arzt wiederum über seinen Plan zu informieren, der ihm eben in den Sinn gekommen ist.

Einige Tage später erhält Schliemann eine Antwort von Virchow, die richtigstellt: »Mein Rath ging eigentlich nicht dahin, dass Sie mit ihr nach Kissingen gehen sollten. Vielmehr rieth ich dazu, dass sie in Athen selbst das Kissinger Wasser gebrauchen sollte. Indess, wenn es ihr gut thun sollte, könnte allerdings ernstlich die Frage erörtert werden, ob sie nicht noch in Kissingen selbst an der Quelle eine Kur macht.«

Für Schliemann ist es nun beschlossene Sache: Einzig ein Kuraufenthalt kann Sophia noch helfen. Virchow scheint sich immer mehr als guter Ratgeber für alle möglichen Lebenslagen zu erweisen.

Schon knapp zwei Monate später, im Juli 1879, hält sich Schliemann mit seiner Familie in Bad Kissingen auf. Dieser Kurort ist besonders mondän, mit illustren Gästen aus aller Welt. Die Schliemanns befinden sich in der vornehmen Gesellschaft von Adeligen, Offizieren, Millionären, aber auch Gelehrten und Politikern. Selbst Otto von Bismarck verbringt diesen Sommer hier und lädt die Schliemanns an einem Abend zum Essen ein. Schliemann freut sich über das Interesse des Kanzlers an seinen Entdeckungen in Troja und Mykene.

Privat beschäftigt ihn jedoch eine ganz andere Sorge: Er sucht eine neue deutsche Hausdame für Sophia und für die Erziehung der Kinder. Und wer könnte ihm nicht auch bei diesem Problem besser helfen als Virchow? Tatsächlich enttäuscht der deutsche Professor auch dieses Mal nicht – neben all seinen Verpflichtungen schafft er es mit Unterstützung seiner Gattin Rose, eine Dame zu finden, die sich für die Stelle im Haushalt der Schliemanns eignen könnte. Und die Themen in den Briefen der beiden Herren wechseln fröhlich weiter. Ob Erörterungen zu den Grabungen in Troja, über Personalsuche, Passagen zu Homer, zu Krankheitsdiagnosen, geologischen Fragen oder wegen Ratschlägen hinsichtlich sexueller Probleme: In den folgenden Jahren gibt es kaum etwas, mit dem sich Schliemann nicht vertrauensvoll an den neu gewonnenen Freund wenden würde.

Auch während der Kur im Sommer 1879 kann Schliemann die Arbeit nicht ruhen lassen – zumindest nicht gedanklich. Oberste Priorität hat dabei sein nächstes Buch, in dem er so bald wie möglich die Ergebnisse zu den neuen Grabungen veröffentlichen will. Und wiederum formuliert er eine

Bitte an Virchow, diesmal in fachlicher Hinsicht: Er wünscht sich von ihm ein Vorwort für sein Werk.

Zudem beabsichtigt er, im Anschluss an den Kuraufenthalt eine kleine Rundreise mit Sophia zu machen. Sie wird ihn nicht zu irgendeiner berühmten archäologischen Stätte führen, sondern nach Norddeutschland, in die alte Heimat. Denn er plant für sein Buch auch eine eigene Vorrede, für die er einen Ausflug in die Vergangenheit machen muss. Zu einem Ort, den er seit siebenundzwanzig Jahren nicht mehr aufgesucht hat. Es geht für wenige Tage nach Ankershagen.

*

Die Autobiografie ist eine selbst erzählte Lebensbeschreibung. Der Leser einer solchen könnte meinen, ein authentisches Bild von der Geschichte eines Individuums zu erhalten – noch authentischer als in einer Biografie, die von einem Autor verfasst wurde, der nicht unmittelbar am Geschehen beteiligt war. Denn niemand scheint doch dem, was beschrieben wird, näher sein zu können, als der Selbstbiograf. Schließlich war er persönlich dabei und schöpft das Geschilderte aus seinen eigenen Erinnerungen.

Lebensgeschichten sollen Geschichten des Lebens erzählen: Man geht gemeinhin davon aus, dass sie wirklich passiert sind, man erwartet Fakten statt Fiktion. Doch ist, wie es der englische Germanist Roy Pascal formulierte, »die Verfälschung der Wahrheit durch den Akt der erinnernden Besinnung ein so grundlegendes Wesensmerkmal der Autobiografie, daß man sie als deren notwendige Bedingung bezeichnen muß.« Der Rückblick des autobiografischen Erzählers auf seine Vergangenheit ist zwangsweise koloriert durch seine eigene Gegenwart. Er urteilt über das Geschehene, will erklären, projiziert manche seiner bis heute erfüllten wie auch unerfüllten Wünsche weit zurück in die Erinnerung. Waren diese aber tatsächlich schon zu Anfang seines Lebens da gewesen, oder sind sie womöglich erst zu einem späteren Zeitpunkt entstanden? Wie kann der Selbstbiograf etwas aus seiner Kindheit beschreiben, ohne dabei Gefahr zu laufen, seine vermeintlich kindlichen Empfindungen mit den Erfahrungen und Sehnsüchten des Erwachsenen zu vermischen? Dennoch entsprechen für ihn die Schilderungen der Wahrheit – aber eben seiner eigenen Wahrheit. Und deshalb sei eine »biographische

Wahrheit« nicht zu erreichen, wie Sigmund Freud 1936 seine Kritik an dem Genre ausdrückt. Es erfordert einen Grund, sein Leben niederschreiben zu wollen. Wenn der Selbstbiograf seinem Leben im Nachhinein einen Sinn zu verleihen versucht, so wird er für seine Beschreibung ganz intuitiv Erinnerungen auswählen, die der Erläuterung der Sinngebung dienen. Er wählt die Abfolge der Schilderungen, lässt Lücken, schließt wiederum andere. Er betont bestimmte Begebenheiten, vernachlässigt manch andere. Er webt einen roten Faden durch seine Vergangenheit, weil er nicht mehr nur ein Erzähler ist, sondern zum Schöpfer seiner eigenen Geschichte wird. Und so vermag die Autobiografie eher das Innenleben des Erzählers in manch einem Fall auf besonders eindrückliche Weise widerzuspiegeln.

*

Alle Widerworte, alle Gegenargumente waren ins Nichts gelaufen. Niemand hatte ihn davon überzeugen können, es rückgängig zu machen.

Im Jahr 1880 erscheint Schliemanns Buch mit dem Titel *Ilios* zunächst auf Englisch in London, später als deutsche Ausgabe in Leipzig: mit fast tausend Seiten und tausendsechshundert Abbildungen. Und mit einem Vorwort, dessen Abdruck sowohl der englische Verleger Murray als auch Rudolf Virchow allzu gern verhindert hätten.

Doch da stand es nun für jeden zu lesen: »Wenn ich dieses Werk mit einer Geschichte des eignen Lebens beginne, so ist es nicht Eitelkeit, die dazu mich veranlasst, wol aber der Wunsch, klar darzulegen, daß die ganze Arbeit meines spätern Lebens durch die Eindrücke meiner frühesten Kindheit bestimmt worden, ja, daß sie die nothwendige Folge derselben gewesen ist; wurden doch, sozusagen, Hacke und Schaufel für die Ausgrabung Trojas und der Königsgräber von Mykenae schon in dem kleinen deutschen Dorfe geschmiedet und geschärft, in dem ich acht Jahre meiner ersten Jugend verbrachte. So erscheint es mir auch nicht überflüssig, hier zu erzählen, wie ich allmählich in den Besitz der Mittel gelangt bin, vermöge deren ich im Herbste meines Lebens die großen Pläne ausführen konnte, die ich als armer kleiner Knabe entworfen hatte. Wol darf ich hoffen, dass die Art und Weise, in der ich meine Zeit und meine Mittel verwendet habe, allgemeine Anerkennung finden, und daß für alle Zukunft auch die Geschichte meines

Lebens etwas dazu beitragen wird, unter dem gebildeten Publikum aller Nationen die Freude an jenen großen und schönen Bestrebungen zu verbreiten, die, wie sie mich während so mancher harten Prüfungen aufrecht erhalten haben, mir auch den Rest meiner Tage noch erheitern sollen.«

Schliemann war dabei geblieben: Seine Geschichte musste erzählt werden, und zwar von ihm selbst. Letztendlich waren viele Passagen nicht zum ersten Mal abgedruckt worden; er hatte sich aus einer älteren Vorrede seines Buches *Ithaka, der Peloponnes und Troja* bedient. Dennoch: Im Vergleich zur neuen Vorrede war die ältere Version nicht mehr als ein Gerüst. Schliemann hatte die damalige Fassung für die aktuelle Publikation um viele Details ergänzt, sodass sie nun mehr als siebzig Seiten umfasst.

Er beschreibt, wie er bereits in Ankershagen zum ersten Mal mit Mythen in Berührung kam, erwähnt etwa die Sage von der Jungfrau, die nachts aus dem kleinen Teich vor seinem Elternhaus stieg, oder die Sage vom Raubritter Henning Bradenkirl, der grausame Foltermethoden im mittelalterlichen Schloss von Ankershagen angewendet haben soll. Für ihn, den jungen Heinrich, seien diese Mythen wahre Geschichten gewesen, deren Spuren er immerzu suchen wollte. Ebenso unbeirrt habe er den Geschichten geglaubt, die sein Vater ihm erzählt habe. Dieser sei es letztendlich auch gewesen, der ihn in die Welt der homerischen Helden eingeführt habe: »Aber als er mir, dem damals beinahe achtjährigen Knaben, zum Weihnachtsfeste 1829 Dr. Georg Ludwig Jerrer's ›Weltgeschichte für Kinder‹ schenkte, und ich in dem Buche eine Abbildung des brennenden Troja fand, mit seinen ungeheuern Mauern und dem Skaiischen Thore, dem fliehenden Aineias, der den Vater Anchises auf dem Rücken trägt und den kleinen Askanios an der Hand führt, da rief ich voller Freude: ›Vater, du hast dich geirrt! Jerrer muss Troja gesehen haben, er hätte es ja sonst nicht hier abbilden können.‹« Als sein Vater ihm daraufhin widersprach, habe er nur erwidert: »›… wenn solche Mauern einmal dagewesen sind, so können sie nicht ganz vernichtet sein, sondern sind wol unter dem Staub und Schutt von Jahrhunderten verborgen.‹ Nun behauptete er wol das Gegenteil, aber ich blieb fest bei meiner Ansicht, und endlich kamen wir überein, daß ich dereinst Troja ausgraben sollte.«

Niemand habe den kleinen Schliemann ernst genommen – mit Ausnahme von zwei Mädchen: die Geschwister Luise und Minna Meincke. Letztendlich wurde vor allem Minna zu seiner treuen Gefährtin. Schliemann beschreibt, wie sie auf all seine gewaltigen Zukunftspläne verständnisvoll einging, wie sie ihn auf seinen Streifzügen begleitete, ob nun zum Spukschloss Henning Bradenkirls oder zur Kirche, um die ältesten Todeslisten zu durchforsten. In ihrer kindlichen Einfalt schworen sie sich gegenseitig ewige Treue und Liebe. Doch lag einiger Ernst in diesem Schwur, denn Jahre später, bei ihrem letzten Zusammentreffen, kamen die Gefühle wieder hoch: »Als wir einander in die Augen sahen, brachen wir beide in einen Strom von Thränen aus und fielen, keines Wortes mächtig, einander in die Arme. Mehrmals versuchten wir zu sprechen, aber unsere Aufregung war zu groß; wir konnten kein Wort hervorbringen.«

Von nun an wollte Schliemann mit größter Energie und Eifer im Leben vorwärtskommen – alles tat er, um sich Minna als würdig zu erweisen. Und so habe er viele Jahre später, als er es zu einem erfolgreichen Kaufmann in St. Petersburg gebracht hatte, an einen Freund der Familie Meincke geschrieben und um Minnas Hand angehalten. Dass sie aber bereits einen anderen geheiratet hatte, sei für ihn ein harter Schicksalsschlag gewesen.

Abgesehen davon, dass eine Autobiografie in einer – sonst objektiv angelegten – wissenschaftlichen Publikation höchst unkonventionell ist, sind es vor allem die Abschnitte über sein Verhältnis zu Minna Meincke, über die sowohl Virchow als auch Murray nur die Stirn runzeln können. Doch Schliemann will sie ebenso erwähnt haben wie die übrigen Erinnerungen an seine Kindheit und Jugend. Der kurze Abstecher nach Ankershagen im Jahr 1879 hatte seine Eindrücke von damals aufgefrischt. So hatte er etwa mit den Gutsbesitzern des Schlosses gesprochen und sie über ihr Wissen zum legendären Henning Bradenkirl ausgefragt. Er hatte Minnas Schwester Luise getroffen und sie in einem Brief nachträglich um eine Fotografie von Minna gebeten, »mit der ich mich im Winter 1829–1830 verlobt habe, die mir aber untreu wurde und mich im Stich ließ …«.

Als die englische Ausgabe bereits veröffentlicht war, die Publikation der deutschen Fassung hingegen noch bevorstand, hatte er auch Minna geschrieben, um ihr zu verkünden, dass er sie in seinem neuesten Werk unsterblich gemacht habe. Seine ehrenhafte Erwähnung ihrer Person, um die, wie er meinte, Frauen aller Länder sie beneiden würden, wurde von Minna überraschenderweise nicht mit der Dankbarkeit aufgenommen, die er erwartet hätte. Ganz im Gegenteil hatte sie völlig pikiert und für Schliemann in jeder Hinsicht unverständlich reagiert. Daraufhin hatte er seine Schwester Wilhelmine um Rat gefragt, die mit Minna in Kontakt stand. Diese wiederum hatte ihm empfohlen, den ganzen »Liebestraum« aus seinem Buch fortzulassen. Minna sei eine alternde Frau, ihr Mann alt und krank, die Kinder erwachsen – es würde allen nur unangenehm sein und anders aufgenommen werden, als Schliemann es in seinem »treuen Herzen« meine. Schliemanns Antwortbrief war so streng ausgefallen, dass sich Wilhelmine in ihrem folgenden Schreiben für ihre einseitigen Ansichten entschuldigte.

Und so war für Schliemann alles beim Alten geblieben: Das Vorwort wurde im Deutschen genauso und mit allen Details abgedruckt, wie er es von vornherein beabsichtigt hatte.

Nach der Beschreibung seiner Kindheit erzählt Schliemann in der Autobiografie von dem Schiffbruch vor Holland und seiner Methode des Sprachenlernens, von den kaufmännischen Erfolgen in Russland und der abenteuerlichen Reise nach Kalifornien. Seine erste Ehe mit Jekaterina, die immerhin siebzehn Jahre gedauert hatte, erwähnt er mit keinem Wort, dafür aber so außergewöhnlich glückliche Fügungen wie das »Wunder von Memel«, bei dem im Jahre 1854 während eines Großbrands in der Hafenstadt Memel seine Waren, mehrere Hundert Kisten Indigo, verschont geblieben waren. Ausführlich beschreibt er in einem anderen Abschnitt die ersten Grabungsjahre in Troja und stellt die Prognose auf, dass bis in die fernste Zukunft Reisende aus allen Weltteilen kommen würden, um die Ergebnisse seiner uneigennützigen Tätigkeit zu bewundern. Er beschließt seine Vorrede mit der Versicherung an die Leser, dass er Wissenschaft niemals als Geschäft betreiben werde.

Ilios ist Rudolf Virchow gewidmet, und dieser wiederum hat, ganz nach Schliemanns Wunsch, trotz aller Bedenken das Vorwort verfasst. Nach dem Hauptteil zur Troas, der mythischen Geschichte Trojas sowie den Funden in den einzelnen Grabungsschichten folgen im Anhang Beiträge von Fachkollegen wie Virchow, dem Ägyptologen Heinrich Brugsch und Calvert, dessen Verhältnis zu Schliemann sich zwischenzeitlich wieder entspannt hat. Schliemann bleibt im Großen und Ganzen bei seinen Standpunkten und schließt das Werk mit den Worten: »Möge diese Forschung mit Spitzhacke und Spaten mehr und mehr beweisen, daß die in den göttlichen Homerischen Gedichten geschilderten Ereignisse keine mythischen Erzählungen sind, sondern auf wirklichen Tatsachen beruhen.«

Was die Verkaufszahlen betrifft, wird *Ilios* ein Erfolg; dennoch spart die Presse nicht mit negativen Schlagzeilen. Schliemann wird nicht müde, sich mit der Kritik zu beschäftigen, sosehr sie ihn auch empört. Er vergisst so gut wie keine der Personen, die je etwas Schlechtes über ihn geschrieben haben. Manch einen davon verurteilt er aufs Schärfste, andere wiederum versucht er, doch noch von seinen Leistungen zu überzeugen. So schickt er im Oktober 1880 seinem »unerbittlichen Gegner« William Simpson, der drei Jahre zuvor für die *Illustrated London News* mehrere kritische Beiträge über die Troja-Grabungen verfasst hatte, eine Ausgabe der *Ilios*. Denn wer weiß schon, ob selbst ein »Schmähschreiber« wie Simpson nicht doch noch zur Einsicht gebracht werden könne.

*

Der Torflügel aus glänzendem Metall, verziert mit geschwungenen Ornamenten, Sphingen und Eulen, steht offen. Dahinter führt ein breiter Weg direkt auf ein Rundbeet zu, in dessen Mitte eine griechische Statue thront. Eine weibliche Figur, vielleicht eine Amazone. Der Lärm der Straße scheint ferner, als er es tatsächlich ist, verschwindet im gleichmäßigen Gurgeln und Plätschern eines Springbrunnens. Unweigerlich richtet sich der Blick nach rechts, zum Haus, in dessen kolossalem Schatten das Rundbeet liegt – nein, kein Haus, vielmehr eine Villa. Kubisch geformt, mit einem Sockel aus grauem Stein, darüber eine Fassade mit Rundbogenfenstern, umrahmt von dekorativen Pilastern, Gesimsen und Ädikulen. Gleich zwei geschwungene Marmortreppen führen zum Eingang empor. Was mag sich dahinter verbergen?

Schon der erste Raum, den man durch einen hölzernen Windfang betritt, beeindruckt durch ionische Säulen und goldene Schwebefiguren, die an den schlicht weißen Wänden besonders hervortreten. Über eine Treppe mit gusseisernen verzierten Geländerstäben gelangt man in das obere Stockwerk. Oder man tritt durch eine der beiden Türen, die vom Vestibül ins Innere des Hauses führen. Rechter Hand geht es weiter durch einen Raum, der kleiner scheint als die Eingangshalle, aber dennoch in seiner Gestaltung nicht vernachlässigt worden ist: Der Boden besteht aus buntem Terrazzo, umrahmt von einem rotweißen Mäander. Von hier aus erreicht man einen weitläufigeren Raum mit dunklen blauen Wänden. Der süßliche Geruch von Tabak liegt in der Luft. Auch dieses Zimmer kann nicht das letzte gewesen sein, denn gleichsam magnetisch wird man von der nächsten, weit geöffneten Tür angezogen.

Der dahinter liegende Saal übertrifft alles, was einen an dieser Villa bisher bereits in Erstaunen versetzt hat. Durch drei hohe Fenster kann man nach draußen blicken, auf dem Fußbodenmosaik sind unzählige Medaillons abgebildet. Keines der Motive darin gleicht dem anderen: mal ein Schmetterling, mal ein Ohrring, ein Henkelbecher oder ein Oktopus. Im Kontrast zum vorherigen Raum strahlen die Wände in gelblichem Ton, sind rechteckig durch blaue Bänder gegliedert, die zugleich goldene Kandelaber sowie Inschriften in griechischen Buchstaben umrahmen. Und während man die Verse zu entziffern versucht, erregen Friesbänder an der Decke die Aufmerksamkeit des Betrachters, die sich fast über die gesamte Raumlänge erstrecken, mit vielen kleinen nackten Figuren. Alle gehen sie einer Beschäftigung nach: Manche graben mit Schaufeln in der Erde, andere begutachten Vasen und kleine Idole oder zeichnen ein antikes Gefäß nach. Doch sind die Putten wirklich alle der Fantasie entsprungen? Lassen sich nicht bei zweien auffallende Ähnlichkeiten mit dem Hausherrn und der Hausherrin erkennen? Die männliche Figur mit Rundbrille etwa, die versunken in einer Schrift liest, oder die weibliche mit dem dunklen Haarknoten, die voller Interesse eine Statuette mustert?

Stimmen erklingen aus der Ferne. Es geht weiter durch eine Halle, nicht mehr so prächtig wie der Saal, doch ebenfalls über und über mit dekorativen Elementen geschmückt. Dann ist das Ziel erreicht: ein Saal mit einem langen Tisch in der Mitte, um den zahlreiche Menschen Platz genommen haben. Der Bratenduft und auch die Malereien an den Wänden – unter anderem Stillleben mit edlem Essgeschirr und Früchten – verraten, dass es sich hier um den Speisesaal handeln muss. Bis auf einen einzigen sind plötzlich alle Anwesenden verstummt. Am Ende des Tisches steht Schliemann und hat seine Rede begonnen.

Für die offizielle Einweihung seiner Villa in Athen hat er sich den 30. Januar 1881 ausgesucht. Die Einrichtung der Innenräume hatte er gerade noch rechtzeitig vollenden können: Nur wenige Tage zuvor waren die letzten fehlenden Lampen aus Paris eingetroffen. Nicht nur für die Schliemanns ist das Fest ein großes Ereignis, sondern für die ganze Stadt. In den Athener Zeitungen liest man am selben Morgen von der Einweihung, die Herr und Frau

Schliemann in ihrem »Iliou Melathron« geben wollen: »Die beste Gesellschaft ist zahlreich eingeladen und kann nun den künstlerischen Glanz jener hellerleuchteten Säle des Melathron bewundern.«

Schliemann liest Spuren der Bewunderung auf den Gesichtern mancher Gäste ab, die er kurz vor dem Essen auf einem Rundgang durch das Haus geführt hat. Mit Stolz hat er ihnen seine archäologische Sammlung im Untergeschoss sowie seine Arbeitsbereiche im Obergeschoss präsentiert, die die Hälfte des gesamten Stockwerkes einnehmen. An die große Bibliothek grenzen gleich zwei Arbeitszimmer, eins für den Sommer und ein weiteres für den Winter. Das Elternschlafzimmer sowie die Kinderzimmer liegen in unmittelbarer Nähe. Eine praktische Verkürzung der Wege, da Schliemann in den Stunden vor dem Zubettgehen immer noch arbeitet. Außerdem lassen sich Andromache und Agamemnon schnell herbeirufen, wenn er zwischendurch einmal Zeit findet, ihnen eine Sprachlektion zu erteilen.

Ganz oben schließt seine Villa mit einer flachen Dachterrasse ab, so, wie er es sich von Anfang an gewünscht hat. Auf der einen Seite kann er die

»Iliou Melathron«, ca. 1900

Akropolis sehen, auf der anderen reicht die Sicht bis hin zum Meer; und egal, wohin man schaut, wird das weite Panorama gegliedert durch vierundzwanzig lebensgroße Götterstatuen, die auf der Balustrade stehen und ebenfalls in die Ferne blicken.

Nach der Besichtigung der Dachterrasse hat er die Besucher endlich zu den eigentlichen Repräsentationsräumen geführt: Dazu gehören der Ballsaal, in dem mehrere Hundert Gäste Platz finden würden und der mit herrlichen Deckenfriesen ausgestattet ist – neben sich selbst und seiner Frau hat er auch seine beiden Kinder und sogar Minna Meincke abbilden lassen –, des Weiteren mehrere Salonräume, in denen zukünftig Schliemanns Donnerstagssoireen stattfinden werden, verschiedene Empfangsräume – und schließlich der Speisesaal mit Blick in den Garten, der mit seiner Bepflanzung aus Rosen, Palmen und Obstbäumen einer Oase inmitten der Großstadt gleicht.

Endlich lebt Schliemann in einem Heim, das ihm angemessen ist. Es bietet sowohl seiner Familie ausreichend Platz, zugleich aber auch Möglichkeiten für seine wissenschaftliche Tätigkeit. Die Innenausstattung spiegelt ganz und gar seine eigene Lebenshaltung wider: Antikenzitate in jedem Zimmer, ob nun in Form von Inschriften oder in Motiven; Stehpulte in den Arbeitsbereichen, an denen er bevorzugt seinen Studien nachgeht; vergoldete Stühle statt bequemer Sofas sowie Badezimmer, in denen vor allem kaltes Wasser fließt. Das »Iliou Melathron« soll keine Behaglichkeit ausstrahlen, denn Schliemann gestattet weder sich selbst noch seinen Familienmitgliedern irgendeine Form von längerer Rast. Zwar empfängt er gerne Besucher – aber eben auch nur für bestimmte Zeit.

Schliemanns Rede zieht sich hin, vor allem, weil er jeden Einzelnen seiner Gäste ansprechen möchte. Unter den verschiedenen Gesandten und griechischen Politikern sitzt auch der deutsche Botschafter Joseph Maria von Radowitz. Er ist nicht nur Schliemanns Einladung gefolgt, um das neueste, originellste Haus Athens kennenzulernen, sondern auch, weil er im Auftrag Kaiser Wilhelms I. einen gnädigen Dankerlass zu übermitteln hat: Wenige Wochen zuvor hatte Schliemann endgültig die Entscheidung getroffen, seine trojanische Sammlung dem deutschen Volk zu schenken.

Letztendlich ist dieser Schritt den ausdauernden Überzeugungsversuchen Virchows zu verdanken, beginnend in dem Moment, als er Schliemann im

Andromache, Sophia und Agamemnon, um 1880

Ida-Gebirge den Schlehdornstrauß überreicht hatte. Die Jahre davor war Schliemann hin- und hergerissen, wem er seinen Schatz anvertrauen solle. England, Frankreich, Russland, den USA: Jedem dieser Länder hatte er seine Sammlung bereits zum Kauf angeboten.

Virchow hatte nicht nur immer wieder versucht, Schliemann für das Vaterland zu begeistern, sondern darüber hinaus für ihn auch die späteren Verhandlungen mit den preußischen Ministerien geführt. Im Dezember 1880 war Schliemann schließlich selbst noch einmal nach Berlin gekommen, um den möglichen künftigen Ausstellungsort zu besichtigen und seine Bedingungen zu unterbreiten.

So ist die Einweihungsfeier in zweierlei Hinsicht ein Tag der Freude, zumindest für Schliemann. Sophia schenkt allen Gästen ein freundliches Lächeln – er hingegen weiß, dass ihr innerlich anders zumute ist. Bis zum letzten Moment hatte sie versucht, ihn davon abzuhalten, die Sammlung den Deutschen zu schenken. In einem ihrer letzten Briefe zu diesem Thema vom 18. Dezember 1880 hat sie ihren Vorwurf der vergangenen Jahre noch einmal sehr klar formuliert: Er mache die Sammlung zum Gespött der Leute, wenn er sie einem Land nach dem anderen anbiete, »wie die Zigeuner, die keine feste Wohnstätte besitzen und sich deshalb überall herumtreiben«. Dann hatte sie hinzugefügt: »Ich finde es verwunderlich, wenn Du für die Ausstellung der Sammlung alle Museen der Welt in Betracht ziehst, nur Deinen eigenen Palast nicht … Du mußt aber wissen, daß abgesehen davon, daß Du es selbst bedauern wirst, die Sammlung nicht mehr im eigenen Haus genießen zu können, mich das sehr traurig machen wird.«

Als sie erfahren hatte, dass er sich über ihren Rat, vielmehr ihre Forderung hinweggesetzt hatte, war sie in eine für Schliemann beängstigende Verzweiflung geraten. Nicht zum ersten Mal erscheint sie ihm nervös und leidend, doch er hat bereits eine Idee, wie ihr über den Kummer hinwegzuhelfen sei. Es könne ihr eigentlich um nichts anderes gehen, als um einen Ersatz für den Verlust des Schatzes; einen Ersatz in Form einer Ehrung, wenn nicht gleich mehrerer. Er hatte direkt an Virchow geschrieben, dessen Hilfe er auch in dieser Angelegenheit benötigte. »Veranlassen Sie doch, daß die Stadt Berlin meine Frau und mich zu Ehrenbürgern ernennt, und tun Sie sonst, was nur irgend von anderen Auszeichnungen erreichbar ist … Wir haben ja unseren schönsten Besitz an die deutsche Nation abgetreten.« An anderer Stelle

Heinrich und Sophia Schliemann, 1880

begründet Schliemann seinen Wunsch damit, dass seine Frau so ehrgeizig sei. Virchow gab zu bedenken, dass sich eine solche Sache nicht so eilig erreichen ließe, er möge doch noch einige Monate warten, zumindest, bis die Aufstellung der Sammlung erfolgt sei und diese für das Publikum eröffnet werden könne.

Abgesehen von Sophias Unmut gibt es aber wiederum Verwandte, die Schliemann voller Begeisterung zu seiner Entscheidung gratulieren. So hatte sein Schwager Wilhelm Kuhse Sophia und ihm bereits Anfang Januar mitgeteilt: »Das Herz eines jeden gebildeten Deutschen wird Euch Lieben für diese Schenkung dankbar sein, und ich freue mich unendlich darüber.«

Über den Abend der Einweihung wie auch über dieses Haus, das Museum und Palast in einem zu sein scheint, wird noch lange in den Zeitungen berichtet werden. Selbst Jahre später erscheinen Beiträge mit Titeln wie *Schliemann in seiner Häuslichkeit* oder *Dr. Schliemann At Home*. Die Anekdoten über die Besonderheiten dieses Gebäudes, vor allem aber über die Eigenheiten des Hausherrn unterhalten die Leser immer wieder aufs Beste. Wer war bislang schon auf die komische Idee gekommen, dem gesamten Personal homerische Namen zu geben? Oder aber, die Dachstatuen in einer nächtlichen Aktion mit Tüchern zu umwickeln, um auf das Missfallen der griechischen Regierung über die Nacktheit der Figuren zu reagieren?

Der deutsche Botschafter von Radowitz wird seine Erinnerungen an das ungewöhnliche Fest des 30. Januar 1881 ebenfalls schriftlich festhalten und dabei all seine Eindrücke, die er an jenem Abend vielleicht aus diplomatischer Höflichkeit verschwiegen hatte, unverblümt zum Ausdruck bringen: »Das Mahl schien in seinem kulinarischen Teile mehr dem Geschmack, der im alten Troja geherrscht haben mag, angepaßt, als den Bedürfnissen des modernen Magens. Bei Tische erhob sich Schliemann und hielt eine Rede, indem er jeden der anwesenden Diplomaten einzeln apostrophierte. Dabei sprach er sich über die verschiedenen von ihnen vertretenen Länder aus in einem merkwürdigen Französisch, mit noch viel merkwürdigeren Bemerkungen, die oft, wenn auch sicherlich nicht beabsichtigt, an Insulten streiften und auf den Antlitzen meiner Herren Kollegen alle Schattierungen von Verblüffung und Verlegenheit hervorriefen.«

Mit dem »Iliou Melathron« hatte Schliemann eine Welt geschaffen, die seinem Rhythmus und seinen eigenen Gesetzen unterlag. Nicht selten war diese Welt für die Besucher sehr befremdlich, wenn nicht gar anstrengend. Dass von Radowitz nach der Schenkung nun öfter den persönlichen Umgang mit Schliemann pflegen musste, stellte für ihn eher eine lästige Pflicht dar: »Infolgedessen musste ich die Besichtigung von über tausend alten Töpfen aus Troja, die keinerlei künstlerisches, nur paläontologisches Interesse beanspruchen konnten, über mich ergehen lassen.«

*

So gut das Jahr 1881 für Schliemann begonnen hat – der ersehnte Orden steht weiterhin aus. Während er sich auf Anraten Virchows in Geduld üben soll, versucht er lieber auf anderen Wegen, Virchows Bemühungen zu beeinflussen. Doch weder die wertvollen Gemmen aus Troja noch die Geldsumme, die er ungebeten an Rose Virchow schickt, scheinen ihren Zweck zu erfüllen. Jedenfalls kritisiert Virchow die »unmotivirt großen Geschenke«.

Überhaupt gehen ihre Meinungen beim Thema Ehrungen weit auseinander. Für Schliemann ist es beispielsweise völlig unbegreiflich, weshalb

Virchow ein großes Bankett vehement ablehnt, das Schliemann allein für ihn organisieren möchte – einschließlich aller Ehrenbezeugungen, die dazu gehören würden. Dennoch ist Virchow in seinen Briefen bemüht, sich der Angelegenheit zumindest ein wenig zu öffnen, weiß er doch, wie viel Schliemann daran liegt: »Aber ich mache niemand einen Vorwurf daraus, wenn er Orden nimmt oder trägt. Ja, ich bin gern bereit, jedem guten Manne etwas zu helfen, wenn er ein Bedürfniß nach Orden empfindet.« Schliemann darf also hoffen, mit der Hilfe seines Freundes bald gute Neuigkeiten zu erhalten – und dann endlich einmal aus Deutschland.

Mitte April 1881 treffen sie bereits ein: Schliemann wird vom Großherzog von Mecklenburg-Schwerin mit der Medaille »Den Wissenschaften und Künsten« in Gold bedacht. Wenige Tage später ernennt ihn die »Berliner Gesellschaft für Anthropologie, Ethnologie und Urgeschichte« zum Ehrenmitglied. Das Beste soll aber noch kommen.

*

Am 7. Juli 1881 sind die Fenster des Berliner Rathauses gegen neun Uhr abends hell erleuchtet. Neugierig blicken Passanten den festlich gekleideten Damen und Herren hinterher, die nach und nach durch die Pforte in das Gebäude verschwinden.

Die Flure, die Vorräume, die Treppen sind mit Blumen geschmückt. Die geladene Presse zählt ungewöhnlich viele weibliche Gäste. Schnell verstummen die Gespräche, als die ersten Klänge des Tannhäusermarsches ertönen. Die Besucher in den hinteren Reihen recken ihre Hälse, um einen Blick auf den Oberbürgermeister, vor allem aber auf die Dame im schwarzseidenen Kostüm zu erhaschen, die an seinem Arm in den Saal schreitet. Danach folgt Schliemann in Begleitung des Bürgermeisters. Als der Marsch beendet ist, tritt Virchow nach vorne, um die erste Rede des Abends zu halten. Darin würdigt er die großartige Schenkung der trojanischen Sammlung und hebt besonders hervor, »daß ein solcher Mann, nachdem ihm das Höchste geglückt, den Ertrag seiner Arbeiten dem Vaterlande darbringt, obwohl es ihm solange entfremdet war«. Als vierzigste Person überhaupt bekommt Schliemann an diesem Tag die Ehrenbürgerwürde der Stadt verliehen – das ist selbst für die Berliner ein außergewöhnliches Ereignis, von dem schon zuvor berichtet worden war und zu dem in den folgenden Tagen noch weitere Artikel in den Zeitungen erscheinen werden. Auch der Generaldirektor der Berliner Museen hält eine Dankesrede, in der er insbesondere Sophias Leistungen würdigt. Ein dreifaches Hoch erfolgt daraufhin, nicht allein auf Schliemann, sondern auf das Ehepaar.

Schliemann kann seine Rührung nicht verbergen. Für ihn bedeute diese Auszeichnung mehr als die Ehrendiplome aller Hauptstädte der Welt, beginnt er seine Rede. Nachdem er seinen Werdegang nachgezeichnet und von der Ausgrabung in Troja erzählt hat, ertönt Beifall, daraufhin folgt die Eröffnung des Büfetts. Eine halbe Stunde nach Mitternacht brechen Schliemann und seine Frau auf. Schließlich werden auch am nächsten Tag viele Pflichten zu erfüllen sein. Schliemann ist bereits seit Juni in Berlin, um die Ausstellung der Sammlung im Kunstgewerbemuseum gut vorzubereiten.

Der mediale Nachklang ist sehr positiv, sowohl über den »kleinen Mann mit sympathischem, wohlwollenden Gesichtsausdruck« als auch über Sophia, von der jeder der ihr Vorgestellten die Überzeugung mit nach Hause genommen habe, dass eine gelehrte Frau durchaus eine liebenswürdige Dame sein könne – so berichten die Schreiber des *Berliner Tagblattes*, ohne ihr Erstaunen darüber zu verbergen.

Zur erlauchten Festgesellschaft mit unzähligen Vertretern aus der Berliner Prominenz gehörten auch drei Schwestern Schliemanns. Elise, Doris und Wilhelmine wie auch sein Schwager Wilhelm Kuhse waren eigens für die Verleihung der Ehrenbürgerwürde in Berlin angereist. Elise beschreibt in einem Brief an ihren Bruder den Abend als einen Glanzpunkt in ihrem Leben, für Doris wiederum sei das Fest wie ein Traum gewesen. Sie betonen ihren großen Stolz auf ihn, so etwa Elise, wenn sie in ihrem Umfeld nur noch als die Schwester des sehr berühmten Doktor Schliemann aus Athen bezeichnet werde. Um das Neueste über ihren Bruder zu erfahren, müssen sie nur noch die Zeitung aufschlagen.

Trotz des Wohlwollens seiner Verwandtschaft kann sich Schliemann seinen jährlich wiederkehrenden Scherz in der Weihnachtszeit 1881 nicht verkneifen. Wie immer lässt er von Schröder & Co. in Hamburg für seine Schwestern, Freunde und Bekannte das obligatorische Geldgeschenk überweisen. Es soll aber seiner Anweisung nach ausdrücklich an Frau Professorin Louise Pechel, Frau Amtsräthin Doris Petrowsky sowie Frau Professorin

Wilhelmine Kuhse gehen. Vergeblich hatten sie ihn darum gebeten, sie von der Blamage der ihnen fälschlich zugeschriebenen Titel endlich einmal zu verschonen.

Das Jahr 1881 endet für Schliemann noch glorreicher, als es begonnen hatte. Ein gewisser »Octogenarius« hat ihm als Ehrenbürger Berlins ein Lobgedicht gewidmet. Hinter dem Pseudonym verbirgt sich der Generalfeldmarschall Graf Helmuth von Moltke, ein ebenso berühmter wie bedeutender Militärstratege und Türkeikenner, der eigentlich zu den Anhängern der Bunarbaschi-Theorie gehört. Ausgerechnet von seinem einstigen Kritiker ein solches Gedicht zu erhalten – die Suche nach wissenschaftlicher Anerkennung, die Hinwendung zum Vaterland hätte ohne Frage nicht glücklicher verlaufen können. Und so heißt es passend in den letzten beiden Strophen:

Und Deine goldne Habe –
Der Wissenschaft Gewinn –
Legst Du als Opfergabe
Am *heim'schen* Altar hin.

Heil Dir! Der unerschrocken,
Der Forschung Sieg verlieh'n –
Es kränze Deine Locken
Noch lang des Eichlaubs Grün!

Geburt

»Citius, altius, fortius« – »schneller, höher, stärker«. Als der Dominikanerpater Henri Didon am 7. März 1891 im südlich von Paris gelegenen Arcueil den Teilnehmern eines Schülersportfestes diesen Leitspruch mit auf den Weg gab, hörte vor allem eine Person in der Menge genau zu. Der Wettkampfleiter Pierre de Coubertin (1863–1937), damals achtundzwanzig Jahre alt, war so beeindruckt von den drei Worten, dass er sie auch nicht vergessen konnte, als das Fest längst vorbei war.

Der Sohn einer Adelsfamilie mit italienischen Vorfahren hatte ein Studium der Kunst, Philologie und Rechtswissenschaften an der Sorbonne absolviert. Die eigentlich für ihn bestimmte Karriere als Offizier hatte er nie eingeschlagen, denn viel mehr interessierte ihn die Pädagogik. Auf Studienreisen, die ihn unter anderem nach England führten, hatte ihn vor allem der Sportunterricht fasziniert. Als er etwa mitbekam, mit welcher Begeisterung die Schüler ihre Übungen absolvierten, reifte in ihm allmählich eine Idee: Die Erziehung der Jugend müsse andere Wege gehen, Wege, auf denen die körperliche Ertüchtigung fortan eine viel größere Bedeutung spielen sollte. Im Sport sah er den Schlüssel zum Erfolg. Hätten die Soldaten mehr Sport gemacht, so hätte Frankreich den Krieg gegen die Deutschen möglicherweise gewonnen – davon war Coubertin überzeugt. Darüber hinaus verfolgte er eine weitere Vision: den sportlichen Wettkampf gegeneinander, aber im friedlichen Konsens. Nicht auf dem Schlachtfeld.

1894, drei Jahre, nachdem Pater Didon auf dem Sportfest in Arcueil seine Rede gehalten hatte, sprach Coubertin dieselben drei Worte in etwas abgewandelter Form auf der Schlusssitzung eines Kongresses in Paris aus, zu dem er Mitglieder von Athletikverbänden aus vielen Ländern eingeladen hatte. Das Ziel der Versammlung war die Wiedereinführung der Olympischen Spiele. Der 23. Juni, der letzte Tag des Kongresses, ging zugleich als das offizielle Gründungsdatum des *Internationalen Olympischen Komitees* in die

Geschichte ein. »Citius, altius, fortius« – »schneller, höher, stärker« sollte also die zukünftige Devise lauten. Ein Motto, das nicht nur die olympische Idee, sondern zugleich die Seele eines ganzen Jahrhunderts kurz und bündig zusammenfassen könnte.

Durch den sportlichen Wettkampf zu einer internationalen, friedlichen Verständigung der Völker – auf diese Grenzen überwindende, überaus fortschrittliche Idee war Coubertin gekommen, als er von einem besonderen Projekt gehört hatte: von der Ausgrabung Olympias.

Seit der römische Kaiser Theodosius Ende des vierten Jahrhunderts nach Christus die Spiele als heidnische Tradition verboten hatte, war die antike Spielstätte durch Erdbeben, Flutwellen und Erdrutsche nach und nach vom Erdboden verschluckt worden. Doch auch wenn oberflächlich längst nichts mehr sichtbar war, spürten die Menschen über die Jahrhunderte hinweg die Präsenz eines heiligen Ortes im Tal von Olympia. Aufgrund der dort ausgetragenen Spiele und ihres einst panhellenischen Charakters wurde Olympia im 19. Jahrhundert zum Symbol für die Philhellenen, die aus ganz Europa gekommen waren, um die Griechen in ihrem Unabhängigkeitskampf gegen die Türken zu unterstützen.

Die Ausgrabungen zwischen 1875 und 1881, die Coubertin zur Wiederbelebung der Olympischen Spiele inspiriert hatten, wurden von Ernst Curtius geleitet. Schon 1852 hatte Curtius in Berlin für die Grabungen in Olympia geworben. Das idealisierte Bild, das er dabei von Griechenland und den Griechen entworfen hatte und das hervorragend zu den zeitgenössischen Vorstellungen von Patriotismus und nationaler Einheit passte, hatte den Zuhörern gut gefallen; zu den berühmten Unterstützern des Unternehmens gehörte etwa Alexander von Humboldt. Als jedoch der Krimkrieg (1853-1856) ausgebrochen war, mussten alle Vorbereitungen vorerst gestoppt werden. Erst Ende der 1860er-Jahre wurde die Idee von der Ausgrabung Olympias auf Anregung König Wilhelms I. wiederaufgenommen. 1874 wurde schließlich der Grabungsvertrag zwischen der griechischen und der deutschen Regierung geschlossen. Darin standen einige recht innovative Klauseln: So war etwa vereinbart worden, dass sämtliche Funde in Griechenland verbleiben sollten.

Seit der Reichsgründung 1871 galt Olympia als Prestigeprojekt. Das Deutsche Reich finanzierte die Grabungen, und ein Direktorium in Berlin, dem

Curtius sowie der Architekt Friedrich Adler und der Diplomat und Orientalist Clemens August Busch angehörten, wurde laufend über das Geschehen am Ausgrabungsort unterrichtet. Die Öffentlichkeit erfuhr ebenfalls in regelmäßigen Berichten von den Resultaten, unter anderem durch den *Reichsanzeiger*, das offizielle Regierungsorgan. Olympia zu einem Denkmal mit nationaler Bedeutung zu erheben – das war die Mission der Ausgräber wie auch ihrer politischen Unterstützer. So erklärte Curtius: »Denn nicht für die gelehrte Archäologie graben wir Olympia aus, sondern für Alle, welche offenen Sinn haben, um Kunstwerke des Alterthums und große Zeiten der Völkergeschichte zu würdigen.«

Olympia, das archäologische Glanzstück des Deutschen Reiches – für Schliemann hingegen ein ambivalentes Thema.

Auch ihm war das Potenzial von Olympia als Ausgrabungsort nicht entgangen. Bereits kurz nach dem Auffinden des trojanischen Schatzes hatte er mehrmals mit der griechischen Regierung um eine Grabungserlaubnis verhandelt. Doch seine Bemühungen waren ins Leere gelaufen, im Gegensatz zu denen seines Konkurrenten Curtius, dem der deutsche Staat als Rückendeckung diente. Schliemann hatte sich persönlich angegriffen gefühlt, nicht nur wegen der Absage Griechenlands, sondern auch wegen der anschließenden Reaktionen der deutschen Presse. Seit den Grabungen in Olympia hatte sie Schliemann wie eine heiße Kartoffel fallen gelassen. Nein, eigentlich noch schlimmer: Über ihn waren ausschließlich Berichte mit negativem Beigeschmack veröffentlicht worden. Aus diesem Grund hatte er 1876 seine jahrelange Zusammenarbeit mit der *Augsburger Allgemeinen Zeitung* beendet. Schließlich gebrauche die seinen Namen ja nur noch im feindlichen Sinne, publiziere nichts als Schmähschriften über ihn, wie Schliemann in einem Brief an den Chefredakteur der *Frankfurter Zeitung* sichtlich beleidigt schreibt. Dennoch hält er es mit dem Thema Olympia ähnlich wie mit den kritischen Anfeindungen aus der Fachwelt: Auch wenn sie ihm zuweilen äußerst lästig sind, würde er die Konfrontation niemals scheuen.

Und nun, im frühen Sommer des Jahres 1882, steht Schliemann erneut von frühmorgens bis zum Sonnenuntergang auf dem Hügel Hissarlik, allerdings mit einem neuen Mitarbeiter an seiner Seite: Wilhelm Dörpfeld, ein Ausgräber mit außerordentlich guten Kenntnissen der Stratigrafie. Ein junges Talent. Wäre Schliemann nicht nach Olympia gefahren, hätte er ihn vielleicht niemals kennengelernt.

Wilhelm Dörpfeld (an der Mauer links stehend) mit Besuchern vor dem Löwentor in Mykene

Das erste Treffen mit Dörpfeld liegt bereits ein Jahr zurück. Einige Wochen nach der Einweihungsfeier des »Iliou Melathron« war Schliemann zusammen mit Sophia zur Peloponnes aufgebrochen. Auch wenn er bereits mit der Vorbereitung der Ausstellungseröffnung in Berlin beschäftigt war, wollte er nun endlich die Gelegenheit ergreifen und die Grabung von Olympia besuchen. Er wollte erfahren, was die Archäologen in den letzten Jahren von diesem Heiligtum ans Licht gebracht hatten, zugleich aber auch sehen, was ihm selbst nach der enttäuschenden Absage an spektakulären Entdeckungen entgangen war. Mit leicht zerknirschtem Gesichtsausdruck hatte er schließlich an einem sonnigen Frühlingstag zwischen den freigelegten Fundamenten gestanden und wurde von Dörpfeld in Empfang genommen. Der blonde junge Mann wusste jedoch nicht nur die Funde zu präsentieren, sondern auch Interessantes über die Grabungsmethoden zu erzählen. Beeindruckt von den Schilderungen – Dörpfeld besitzt bemerkenswerte rhetorische Fähigkeiten –, hatte Schliemann allmählich seine reservierte Haltung abgelegt. Bei einem gemeinsamen Abendessen tauschten sie sich über Olympia ebenso wie zu Schliemanns Ausgrabungen aus, und zwischen den beiden Männern entwickelte sich ein spannendes, fruchtbares Gespräch. Schliemann war sich nach der Reise gewiss, dass er diesen Mann bei seinen nächsten Kampagnen unbedingt dabeihaben wollte.

Vier Jahre früher, 1877, war Dörpfeld auf Anfrage seines Vorgesetzten Friedrich Adler zu den Grabungen nach Olympia gekommen. Zuvor hatte der gebürtige Wuppertaler an der Berliner Bauakademie ein Studium zum Bauführer absolviert. Das Examen hatte er mit Auszeichnung bestanden, nicht nur dank seines Fleißes und seines Hangs zu pedantischer Sorgfalt, sondern auch, weil er eine ordentliche Portion Glück gehabt hatte: So war er der einzige Kandidat gewesen, der auf Anhieb eine Zeichnung der athenischen Propyläen hatte anfertigen können – nur weil er sich aus reinem Zufall vorher einmal mit diesem Bauwerk beschäftigt hatte.

Bald war er in Olympia als technischer Leiter zuständig für die Versorgung und Betreuung der manchmal bis zu dreihundertfünfzig Arbeiter, aber auch für die Kassenführung sowie die Untersuchung der größeren Bauwerke. Nicht zuletzt hatte er die Berichterstattung an das Direktorium in Berlin übernommen. Und das alles mit gerade einmal fünfundzwanzig Jahren.

Während seiner Forschungen in Olympia interessierte er sich besonders für die Metrologie. Nach der Vermessung verschiedener Bauten hatte er für den olympischen Fuß eine Länge von dreihundertzwanzig Millimetern errechnet, während die Fachkollegen bislang von einem viel kleineren Maß ausgegangen waren. Auch in seinen späteren Jahren würde Dörpfeld es immer wieder wagen, althergebrachte Meinungen infrage zu stellen, indem er sie aus einer völlig neuen oder ganz unkonventionellen Perspektive betrachtete.

Insbesondere die Sorgfalt des ordnungsliebenden Dörpfeld ist Schliemann fremd, doch genau dieses Vorgehen wünscht er sich auch für seine eigenen Grabungen. Die Bedeutung der Stratigrafie hat Schliemann längst erkannt – jetzt braucht er den richtigen Mann, der genügend Geduld aufbringt, um die Methode zuverlässig und akkurat anzuwenden. Eben einen Mann wie Dörpfeld. Es mangelt ihm zwar ein wenig an Fantasie, doch gerade wegen ihrer gegensätzlichen Art – wo der Ältere emotionale Schöpferkraft mitbringt, glänzt der Jüngere durch disziplinierte Sachlichkeit – werden sie sich bei der Grabungsarbeit hervorragend ergänzen. Und ein paar Gemeinsamkeiten gibt es dann doch: etwa die Entschlossenheit, mit der sie ihre eigene Meinung verteidigen, vor allem gegenüber kritischen Stimmen aus den Reihen der Klassischen Philologie.

Als Schliemann Dörpfeld um die Mitarbeit bei seinen Grabungen gebeten hatte, standen diesem noch weitere berufliche Optionen offen. Schließlich hatte sich Dörpfeld für eine Stelle im »Deutschen Archäologischen Institut« in Athen entschieden. Da ihm vertraglich ein Drittel seiner Dienstzeit zur freien Verfügung stand, hatte er Schliemanns Angebot annehmen können. Auf diese Weise hatte Schliemann einen der besten, wenn nicht sogar den besten Mitarbeiter der Olympia-Grabung erfolgreich abgeworben.

Schliemann ist froh um Dörpfelds Unterstützung. Er hat ihn als Grabungsleiter in Troja eingesetzt, denn das Leben erscheint ihm mit jeder neuen Kampagne mühsamer zu werden. Über den Ruinen weht tagsüber ein starker Wind, der ihm ständig den aufgewirbelten Staub in die Augen treibt – abends, wenn er die entzündeten Lider zu schonen versucht, übernimmt Dörpfeld für ihn das Briefeschreiben. Nachts herrschen wiederum so frostige Temperaturen, dass selbst das Wasser in den Waschschüsseln gefriert.

Wie so oft, wenn er an diesem besonderen Ort ist, fehlt ihm seine Frau ganz besonders. Schließlich schafft Schliemann es, Sophia zu überreden, mit Andromache Anfang Juni nach Troja zu kommen. Aber kaum ist sie bei ihm, sorgt er sich um ihren schlechten Gesundheitszustand. Wen könnte er da besser um Rat fragen als Virchow? Schliemann berichtet ihm umgehend von seinen Sorgen. Die Antwort lässt nicht lange auf sich warten: Die Witterungsbedingungen in Troja seien nichts für Sophia und seine Tochter, ausgerechnet jetzt, in der schlimmsten Malariazeit – er solle die beiden lieber umgehend nach Athen zurückschicken. Schliemann fügt sich der Empfehlung seines Freundes und registriert die Erleichterung seiner Frau, als sie endlich wieder den Rückweg antreten darf.

Neben Troja und Mykene hat Schliemann weitere prähistorische Stätten im Blick. Da ist zum einen Tiryns, eine frühgeschichtliche Burg, die er vor einigen Jahren auf einer einwöchigen Grabung untersucht hat. Weiterhin Orchomenos, laut Homer ein Herrschersitz, der einst ebenso reich an Goldschätzen gewesen sein soll wie Mykene und Troja: Bereits zwei Kampagnen hatten hier stattgefunden, doch sind seine Untersuchungen noch längst nicht endgültig abgeschlossen.

Die vielen Grabungen, das Sammeln und Dokumentieren der Ergebnisse, die Troja-Ausstellung, die seit diesem Frühjahr 1882 in Berlin zu sehen ist, die umfangreiche Korrespondenz mit Freunden, Fachkollegen, Presseleuten und Verwandtschaft, und natürlich das ständige Beobachten der öffentlichen Reaktionen auf all das, was er bisher entdeckt, geschrieben oder in anderer Form geäußert hat – das Tagesgeschäft ist voller Aufgaben und Verpflichtungen, und dennoch versäumt Schliemann es nicht, sich Gedanken über die Zukunft zu machen. Etwas treibt ihn an, nach einem neuen, bislang unbekannten Ort mit verborgenen Geheimnissen zu suchen.

Welche Quelle speist seine ständige Unruhe? Ist es das Gefühl, dass der Körper älter und schwächer wird? Dass er den längsten Teil seines Lebens hinter sich hat? Schürt dies seinen sehnlichen Wunsch, noch eine weitere krönende Entdeckung für die Archäologie zu machen?

*

»Die gesittete Menschheit wurde von ihren neuen Erfindungen und Fortschritten überrumpelt. … Unseren Vätern ist keine Zeit gelassen worden.« So schrieb es der jüdische Arzt und Schriftsteller Max Nordau (1849 – 1923) in einer Publikation, die er 1892 veröffentlichte und der er den Titel *Ent-*

artung verlieh. In diesem Buch propagierte er die Überlegenheit der westlichen Zivilisation und kritisierte dabei unter anderem berühmte Werke der avantgardistischen Literatur – sie galten ihm als pathologisch »entartet«, ja geisteskrank, weil nicht empirisch messbar und nicht den Idealen des Realismus oder Naturalismus entsprechend. Solche Bücher hatten verheerende Folgen für die Freiheit der Kunst, wie sich in der NS-Diktatur rund vierzig Jahre später zeigen sollte – als die Nationalsozialisten mit derartigen Thesen die Diffamierung moderner Kunst legitimierten.

Nordau befasst sich in diesem Werk aber auch mit den Folgen des Fortschritts: »Gleichsam von einem Tag auf den anderen, ohne Vorbereitung, mit mörderischer Plötzlichkeit mussten sie den behaglichen Gleichschritt des früheren Daseins mit dem Sturmlauf des modernen Lebens vertauschen, und das hielten ihr Herz und ihre Lunge nicht aus.«

Experten auf dem Gebiet der Neurologie sahen im menschlichen Fortschritt Ursachen für eine Belastung der Nerven. Auch Wilhelm Erb führt in seinem Werk *Über die wachsende Nervosität unserer Zeit* von 1893 das zunehmende Nervenleiden auf die vielen umwälzenden Ereignisse zurück, die das moderne Leben fortan prägen sollten. Es habe sich ein die ganze Welt umspannender Verkehr entwickelt, »von dessen Schnelligkeit, Sicherheit und Ausdauer die ausschweifendste Phantasie früherer Jahrhunderte sich wohl kaum eine Vorstellung gemacht hat; Zeit und Raum scheinen überbrückt, wir fliegen mit der Geschwindigkeit des Windes durch ganze Welttheile, wir sprechen direct oder indirect mit unsern Antipoden.«

Doch dieses neue Leben mit all seinen Errungenschaften brachte zugleich schwierige Anforderungen mit sich. Schnelllebigkeit und Wettbewerb erhöhen die Ansprüche an die Leistungsfähigkeit des Einzelnen. Diese Ansprüche wurden nicht nur von außen herangetragen: Auch der Einzelne richtete sie an sich selbst. Denn wer einmal in den Genuss des Wohlstands oder des persönlichen Erfolgs gekommen war, wollte ihn meist nicht mehr missen, sondern lieber weiter steigern. Dafür musste man hart arbeiten, mindestens den ganzen Tag, eher bis weit in die Nacht. Zeit zur Erholung und Ruhe gab es nicht mehr, Hast und Rastlosigkeit bestimmten stattdessen das Leben.

Bei vielen Patienten, die sich als nervös bezeichneten oder eine solche Diagnose von ihren Ärzten erhielten, ließ sich das Phänomen nicht mehr rückgängig machen. Die Moderne, so stellten manche der sogenannten Nervenärzte ernüchtert fest, führte zwangsläufig zu einem strapazierten Nervensystem. Wilhelm Erb fasste diese Erkenntnis, die vom Gefühl einer gewissen Machtlosigkeit zeugt, so zusammen: »... wenn wir alle energische Geistesarbeit, alle Leidenschaften und alle Genusssucht aus unserm Leben verbannen könnten, dann würde sicher ein gutes Stück Nervosität aus der Welt verschwinden. Aber wer von uns mag sich entschliessen, dies Opfer zu bringen?«

*

1852 war Schliemann das erste Mal nach zwanzig Jahren in die Heimat zurückgekehrt, allerdings nur für ein paar Stunden. 1879 war er wiedergekommen und diesmal immerhin zwei Tage geblieben. Das ist mittlerweile auch schon vier Jahre her. Doch jetzt ist er am Rande der Erschöpfung. Er sehnt sich nach Ruhe, und er ist sich sicher, sie nur in Ankershagen finden zu können.

Schon länger beschäftigt ihn der Gedanke eines erneuten Aufenthalts in der Heimat. Diesmal will er jedoch nicht nur für einige Stunden oder Tage, sondern gleich für einen ganzen Monat bleiben. Die Eindrücke von seinen vergangenen Besuchen in Ankershagen, wie kurz sie auch gewesen sein mögen, sind ihm unvergessen in Erinnerung geblieben. Das Dorf liegt so abseits jeglichen Fortschritts, dass Schliemann noch immer auf die Spuren seiner frühesten Kindheit stieß. Mal war es ein Haus, mal ein Baum oder ein Stein, die die Erinnerung an eine Zeit weckten, in der noch alles in Ordnung zu sein schien. Heimat löst das Gefühl einer tiefen Verbundenheit zu einem Ort aus, an den man sich vielleicht auch dann zurücksehnt, wenn man zumindest einen kurzen Ausweg aus der Gegenwart sucht.

1883 scheint endlich die Gelegenheit gekommen. Es ist höchste Zeit für Erholung, wie er im Mai an seinen Verleger Brockhaus schreibt: »... ich bin furchtbar überarbeitet und muß durchaus den ganzen Juli hindurch in Ankershagen, von aller Arbeit fern ausruhen, denn sonst bricht die Maschine zusammen.«

Seit dem Frühjahr bereitet Schliemann alles für die Reise vor. Zu tun gäbe es zwar auch während der Zeit in Ankershagen viel, doch lautet sein Vorsatz, jegliche Arbeit auf die Monate nach seiner Erholungskur zu verschieben. Um die Unterbringung hat er sich bereits gekümmert: Pfarrer Hans Becker, der mittlerweile im Pfarrhaus von Ankershagen lebt, wird, nicht ohne dafür eine großzügige Geldsumme zu erhalten, den Schliemanns mehrere Zimmer zur Verfügung stellen und ebenfalls für die Kost sorgen.

Damit es Schliemann auch in der völligen Abgeschiedenheit nicht an Unterhaltung fehlen wird, hat er bereits seinen ehemaligen Lehrer Carl Andreß aus Neustrelitz eingeladen, mit dem er sich auf Altgriechisch unterhalten will. Am liebsten über die alten Tragiker.

Der Pfarrer erhält von nun an regelmäßig Post aus Athen. Schliemann bittet ihn etwa, ein gutes Reitpferd zu besorgen sowie ausgezeichnetes Bier und dreißig Flaschen Bordeaux. Außerdem soll Becker für ihn in den regionalen Zeitungen Anzeigen schalten, die Schliemanns Aufenthalt ankündigen. Der Pfarrer kümmert sich folgsam auch um diese Anweisung, sodass Anfang Juni in der *Neustrelitzer Zeitung* zu lesen ist: »Herr Dr. H. Schliemann-Athen gedenkt am 20. Juni in Ankershagen einzutreffen und im dortigen Pfarrhause einen vierwöchentlichen Aufenthalt zu nehmen, um in stiller ländlicher Zurückgezogenheit von angestrengter Arbeit auszuruhen und Erholung zu suchen.

Verwandte, Freunde und Bekannte werden dringend gebeten, auf allen und jeglichen Besuch verzichten zu wollen.«

Dass Sophia und die Kinder Schliemann in die alte Heimat begleiten werden, ist für ihn selbstverständlich. Doch vor allem die Vorbereitung der ersten Tage bereitet ihm Kopfzerbrechen. Kaum in Neustrelitz angekommen, wird er von dort nochmals einen Abstecher nach Oxford machen müssen, wo am 14. Juni eine große Feier zu seinen Ehren stattfinden wird. Sophia soll währenddessen in Ankershagen auf ihn warten. Und darin liegt das Problem: Sie stimmt diesem Vorschlag nicht zu, zieht es vor, in Neustrelitz zu bleiben. Schliemann gibt nicht auf, sie bis kurz vor dem Aufbruch umzustimmen. Seine Hartnäckigkeit bewährt sich. Und so verabschiedet er sich Anfang Juni in Neustrelitz von seiner Frau und ihre Wege trennen sich bereits wieder: Schliemann bricht auf nach London, Sophia hingegen muss nach Ankershagen fahren. Sie wird es dort nur wenige Tage aushalten und dann nach Warnemünde zu Schliemanns Schwester Elise reisen, um dort die Rückkehr ihres Mannes abzuwarten. Beim Wiedersehen gibt es heftigen Streit. Doch schließlich treffen sie am 20. Juni 1883 geschlossen als Familie in Schliemanns ehemaligem Elternhaus ein, um einen lang ersehnten Monat voller Ruhe zu verbringen.

Schliemann beginnt seinen wohlverdienten Urlaub genauso wie jeden anderen Tag: um vier Uhr morgens. Für wenige Momente unterbricht er die friedliche Stille im Pfarrhaus, wenn die Holzstufen der Treppen unter seinen Schritten ächzen und die Tür hinter ihm ins Schloss fällt. Dann steigt er auf das von Becker bestellte Pferd und reitet fünf Kilometer über weite Felder und durch kleine Wäldchen, bis er den See bei Bornhof erreicht hat. Nach einem ausgiebigen Bad geht es sogleich zurück. Doch wenn sich in diesen frühen Morgenstunden seine Wege bereits mit dem einen oder anderen alten Bekannten kreuzen sollten – und das geschieht regelmäßig –, so nimmt er sich immer gerne die Zeit für ein Gespräch über die früheren Zeiten.

Dem Frühstück folgen viele Stunden, in denen er sich zurückzieht, um Briefe zu schreiben und sich um andere Angelegenheiten zu kümmern, die einfach nicht aufgeschoben werden können. Bis zum Mittag ist er für gewöhnlich damit beschäftigt.

Andromache und Agamemnon treiben sich meist im Garten herum oder beäugen nochmals die scheinbar wenig aufregenden Dinge, von denen der Vater ihnen schon so manches erzählt hat: die große Linde, auf der mit etwas Mühe seine Initialen noch erkennbar sind, die er als Kind mit einem Beil hineingehauen hatte. Das »Silberschälchen«, aus dem angeblich jede Nacht eine Jungfrau emporsteigt. Ein großer Stein am Weg, auf dem Schliemann früher gerne saß. Das Grab ihrer Großmutter, direkt gegenüber dem Pfarrhaus … Sie genießen dennoch die Vormittage, an denen ihr Vater lieber Korrekturfahnen liest, als sie in Altgriechisch anzureden. Trotz der vielen Unterrichtsstunden fällt es den Kindern immer noch schwer, diese Sprache zu verstehen oder sich gar darin zu unterhalten. Jedenfalls reagieren sie eher verhalten, wenn Schliemann endlich mit der Arbeit fertig ist und sich Zeit für ihre Bildung nehmen will.

Sophia scheint weiterhin etwas zu belasten, obwohl sie jetzt nicht mehr ohne ihn an diesem Ort sein muss. Irritiert wirkt sie, wenn die Dorfbewohner in dem so eigenartig klingenden Plattdeutsch mit Schliemann sprechen. Mit bedrückter Miene stochert sie abends in der pampigen Buchweizengrütze, die in Schliemann so viele Kindheitserinnerungen weckt und ihm vermutlich deshalb besonders gut schmeckt. Seinen Gästen gegenüber ist sie jedoch immer freundlich und zuvorkommend, strahlt ihre noble Schönheit und liebevolle Warmherzigkeit aus. Schliemanns ehemaliger Lehrer Andreß ist nach seinem Aufenthalt jedenfalls ganz angetan von ihr, ebenso wie Minna, die auf Schliemanns Einladung für einen Tag nach Ankershagen kommt. Sie wird ihm einige Monate später in einem Brief schreiben, dass sie sich gefreut habe, seinen »größten Schatz«, nämlich Sophia, kennengelernt zu haben. Schliemann allerdings hatte sich mehr von der Begegnung mit seiner ersten großen Liebe erhofft, die er immerhin nicht nur in *Ilios* erwähnt, sondern auch als Putte an der Decke seiner Villa verewigt hat. Tatsächlich ist er sogar ein wenig enttäuscht, als er Minna wiedersieht. Denn neben ihrer Freude über das Wiedersehen zeigt sie sich traurig und bedrückt: Fast genau ein Jahr zuvor war ihr Ehemann gestorben. Schliemann ist das unangenehm. Er wird es nicht unterlassen, ihr nach ihrer Abreise ungefragt dreihundert Mark zu senden sowie ein paar übellaunige Zeilen.

Alles in allem verlaufen die vier Wochen in Ankershagen nicht so, wie von Schliemann gedacht. Seine besten Absichten, sich ausgiebig zu erholen, erfüllen sich letztendlich nicht – selbst in der Abgeschiedenheit, fernab von Metropolen und Ausgrabungsstätten, und trotz des ausdrücklichen Wunschs nach vollkommener Ruhe. Er hat keine Muße, sich dem ländlichen Frieden hinzugeben – zu einfach ist es, Briefe, Korrekturen und Druckbögen auch aus der Einöde des mecklenburgischen Dorfes in alle Himmelsrichtungen verschicken zu lassen. Vollkommene Ruhe – wie soll das gehen, wenn der Verstand ununterbrochen weiterarbeitet?

Mitte Juli 1883 verlassen die Schliemanns Ankershagen. Er muss sich eingestehen, dass er ein wenig Erleichterung darüber verspürt, der einfachen Lebensart des mecklenburgischen Landes, auf die er sich eigentlich so gefreut hatte, wieder entkommen zu können; die Buchweizengrütze wie auch die übrige mittelmäßige Kost im Pfarrhaus konnte er irgendwann selbst nicht mehr sehen. Die folgende Zeit verbringt er getrennt von seiner Familie: Während er für eine Kur in Bad Wildungen bleibt, reist Sophia bereits einen Tag später mit den Kindern nach Karlsbad ab. Von dort schreibt sie ihm einen Brief. Nachdem es in den vergangenen Wochen mehrfache Auseinandersetzungen zwischen ihnen gegeben hat, scheint Sophia aus der Distanz, nach dem lang ersehnten Verlassen der Enge des Dorfes, das Bedürfnis zu haben, ihre Gedanken und Emotionen noch einmal zusammenzufassen. Sie beschreibt ihre Verzweiflung darüber, dass er sie gegen ihren Willen nach Ankershagen geschickt hat, ihren Eindruck, für ein großes

Verbrechen bestraft worden zu sein, ihre Traurigkeit und ihren Ärger. Um den Kern des Problems zu begreifen, genügt es, den Anfang und das Ende ihres Briefes zu lesen »Mein geliebter Gemahl … Du bist für mich der Grund allen Elends.« – »Wenn ich Dich nicht liebte, würden wir nie zusammenleben können.«

Während des Aufenthalts in Ankershagen war Schliemanns Schwester Wilhelmine mit vierundsechzig Jahren gestorben. Sie erlag am 24. Juni den Folgen einer schweren Grippe. Schliemann versucht einige Wochen später, seinem Schwager Wilhelm Kuhse eine Grabplatte auszureden, die er für sein »Minchen« ausgewählt hat: »Zu schön und zerbrechlich« findet Schliemann den Stein für seine Schwester. Doch vergebens ist seine Mühe. Kuhse antwortet, für seine Wilhelmine, die neunundzwanzig Jahre lang das Glück seines Lebens gewesen war, sei kein Denkmal schön genug.

Diese kleine Meinungsverschiedenheit bezüglich der Frage, welcher Preis für Wilhelmines Grab angemessen sei, wird dem guten Verhältnis zwischen den beiden Männern allerdings keinen Abbruch tun. Ebenso wenig wird Schliemanns Knausrigkeit, die sich in dieser Angelegenheit wieder einmal offenbart hat, der Ausstattung seines eigenen Grabmals – die Pläne dazu beginnen schon bald, in ihm zu reifen – im Wege stehen.

Im November 1883 erscheint Schliemanns Publikation *Troja*. Es geht um die neuesten Erkenntnisse seiner jüngsten Grabungen, und das Buch ist ähnlich aufgebaut wie *Ilios*, enthält Elemente eines Reiseberichts sowie besondere Abhandlungen, diesmal beispielsweise über Spinnwirtel und die Spinnerei im Altertum. Der Autor referiert in seinem üblichen narrativen Stil und behält die Form des Ich-Erzählers bei. Virchow hat auch für dieses Werk einen Beitrag geleistet und beschäftigt sich in einem Artikel mit den »auf Hissarlik gesammelten Knochen«. Schliemanns Haltung gegenüber der Frage, ob Epos und Ruinen zusammengehören, bleibt unverändert: So sei »die Geschichte der uralten Vergangenheit buchstäblich aus der Erde gegraben worden«. Seit jedoch Dörpfeld an den Ausgrabungen beteiligt ist, haben sich Schliemanns Kenntnisse vor allem über die Stratigrafie des Hügels Hissarlik erheblich erweitert. Den Plan, der bereits in *Ilios* erschien, musste er für das neue Buch entsprechend ändern und ergänzen.

Fast zeitgleich zu *Troja* erscheinen ebenfalls Ende des Jahres 1883 zwei Artikel in der Zeitschrift *Das Ausland*. Der Autor setzt sich mit Schliemanns

Ausgrabungen auseinander, seine Behauptungen nehmen allerdings auf die Thesen von *Ilios* Bezug statt auf den Inhalt der jüngsten Publikation. Es dauert nicht lange, bis Schliemann davon erfährt, denn in der *Kölnischen Zeitung* wurde derselbe Bericht veröffentlicht. Als er seinen Verleger Brockhaus bittet, sowohl ihm als auch Virchow die entsprechende Ausgabe von *Das Ausland* zu senden, um auf diesen »unsinnigen« Artikel antworten zu können, ahnt er noch nicht, in welch langwierigen Konflikt er sich stürzen wird – mit einer Person, die genauso verbissen zu kämpfen bereit ist wie er. Der Kritiker gehört überraschenderweise nicht einmal zur akademischen Gelehrtenwelt. Schliemanns neuester Feind kommt aus dem Militär.

*

Der Dilettant: Das ist jemand, der sein Fach nicht beherrscht. Man könnte ihn einen Pfuscher nennen. Während der Begriff heute fast ausschließlich zur Abwertung einer Person und ihres Handelns verwendet wird, hatte er in den vorigen Jahrhunderten noch eine andere Bedeutung. Der Dilettant war ein Nichtfachmann, jemand, der einer Tätigkeit nachging, nicht, weil er es musste, sondern weil er es wollte und konnte. Er frönte einer Liebhaberei. Und diese Definition hatte einen durchaus positiven Beiklang – vor allem in England, und vor allem auf dem Feld der Archäologie.

1734 wurde die Londoner »Society of Dilettanti« formal von jungen vermögenden Gentlemen gegründet. Sie alle waren Teilnehmer einer Grand Tour, der seit der Renaissance für die Söhne des europäischen Adels obligatorischen Form einer Bildungsreise. Die Mitglieder der »Society of Dilettanti« trafen sich nicht nur, um sich in geselliger Gemeinschaft an den Künsten der Antike zu erfreuen, sondern auch, um sich auf diesem Gebiet mit aller Ernsthaftigkeit zu engagieren. So unterstützten sie Künstler, die im antikisierenden Stil arbeiteten, oder förderten etwa die italienische Oper. Durch Spenden der Mitglieder wurden zudem archäologische Expeditionen, Ausgrabungen und Publikationen finanziert. Auf diese Weise gab die »Society of Dilettanti« den Anfängen der Archäologie ganz entscheidenden Auftrieb.

Gerade im 19. Jahrhundert ebneten bestimmte Umbrüche den Weg des Dilettanten. Die Gesellschaft demokratisierte sich, die Ständegliederung war in Auflösung begriffen. Auch die neue Macht der Presse, Meinungen zu verbreiten und auf diese Weise gewichtigen Einfluss auf die Wahrnehmung der Öffentlichkeit zu nehmen, spielte sicherlich eine tragende Rolle. Mithilfe der Presse wie auch durch das Publizieren eigener Werke stand es dem Dilettanten offen, sich und seiner Meinung an der Fachwelt vorbei Gehör zu verschaffen.

Gewiss: Nicht jeder verfügte über die nötigen Voraussetzungen, um sich als Dilettant bezeichnen zu können. Nur wer aus reichem Hause stammte, es eigenständig zu einem großen Vermögen gebracht oder über andere Wege eine gewisse finanzielle Unabhängigkeit erreicht hatte, konnte überhaupt erst die Zeit aufbringen, um einer Tätigkeit aus reiner Liebhaberei nachzugehen.

Es gab viele Dilettanten, die es zu großer Berühmtheit brachten. Und es gab wiederum andere, die uns bis heute fast unbekannt geblieben sind ...

... so wie Ernst Boetticher.

Der erste Abschnitt seines Lebens war eigentlich sehr geradlinig verlaufen. Schon sein Vater hatte eine solide Karriere vorzuweisen: Zunächst Verlagsbuchhändler und Druckereibesitzer, später dann Bürgermeister in Ottweiler im Saarland, war Johann Boetticher 1860, kurz vor seinem Tod, zum Oberamtmann ernannt worden. Im selben Jahr war sein Sohn Ernst als Offizier-Aspirant in die Rheinische Artillerie eingetreten. Das war der Beginn einer langjährigen und erfolgreichen Laufbahn im Militär gewesen. Im Deutsch-Französischen Krieg 1870/71 hatte er mitgekämpft und in diesem Zuge das Eiserne Kreuz 2. Klasse erhalten – sicherlich nicht die einzige Auszeichnung, die ihm verliehen worden war. 1876 hatte Boettichers Karriere abrupt geendet (was genau geschah, geben die erhaltenen Quellen nicht mehr preis). Als Kriegsinvalide bezieht Hauptmann a. D. Ernst Boetticher seitdem eine Pension. Außerdem bleibt ihm, gewissermaßen als sichtbares Zeichen seiner ehrenvollen Vergangenheit, das Recht erhalten, weiterhin seine Regimentsuniform zu tragen. Mit gerade einmal vierunddreißig Jahren hatte Boetticher somit keinen Grund mehr zum Arbeiten gehabt, war vielmehr vor der Frage gestanden, was er mit seiner restlichen Lebenszeit anfangen sollte. Daraufhin hatte er beschlossen zu studieren.

In Berlin hatte er Fächer wie Politik und Geschichte, Nationalökonomie und Philosophie belegt. Für die Archäologie war dabei ein ganz besonderes Interesse erwacht. Neben dem Studium hatte er bald angefangen, eigene Aufsätze für verschiedene Zeitungen zu verfassen.

Die Zeitungsberichte über Schliemanns Ausgrabungen am Hissarlik hatte er in den vergangenen Jahren mit großer Aufmerksamkeit verfolgt. Dabei beschäftigten ihn vor allem Schliemanns Interpretationen zu den Grabungsfunden. *Ilios* hatte Boetticher Seite für Seite durchgelesen, war bald an dem Plan mit den darauf abgebildeten baulichen Überresten der Stadt hängen geblieben. Schon bald hatte es Boetticher in den Fingern zu jucken begonnen: Seine Gedanken mussten sogleich zu Papier gebracht werden. Das war ihm auch mühelos gelungen. Schwierigkeiten hingegen hatte ihm die Suche nach einem geeigneten Verlag bereitet, genauer gesagt die Suche nach einem Verleger, der gewillt war, seine Zeilen zu veröffentlichen. Einmal wurde ihm mit der Begründung abgesagt, dass sich wahrscheinlich kein größeres Publikum für Boettichers Thesen interessiere. Ein anderer Verleger wiederum hatte mehrere Philologen konsultiert, die teils entweder vom Druck abgeraten oder sich selbst für inkompetent erklärt hatten, in dieser Angelegenheit eine eigene Einschätzung verlauten zu lassen. Boetticher hatte es weiter probiert, sich schließlich an Emil Brentano gewandt – einen Kritiker Schliemanns. Der hatte ihm den entscheidenden Rat gegeben, nämlich, die Herausgeber der Zeitschrift *Das Ausland* zu kontaktieren. Dann war endlich eine Zusage gekommen.

Und nun, im Januar 1884, liegt Boettichers Aufsatz aufgeschlagen auf Schliemanns Tisch. Schwarz auf Weiß steht es da in großen Buchstaben: *Schliemann's Troja eine urzeitliche Feuer-Nekropole*. Schliemann ist allein schon vom Titel schockiert. Die eindeutigen Worte lassen Entsetzliches vermuten. Tatsächlich bestätigen sich seine Befürchtungen nach und nach, während er den Aufsatz liest. Der Autor bezieht sich auf verschiedene Aussagen in *Ilios* sowie auf den darin abgedruckten Plan. Zwischen den vielen kleinen Räumen, die an einer Stelle eingezeichnet sind, will er Korridore erkennen. Sie seien für ihn ein Hinweis darauf, dass es sich nicht um eine Siedlung, sondern um einen Friedhof handle – eine Feuernekropole, zu der einst die Verstorbenen der Umgebung gebracht worden seien, um sie hier zu verbrennen und zu bestatten. Alle Funde, alle Befunde werden vom Autor entsprechend umgedeutet. Die in den kleinen Räumen entdeckten, aufrecht stehenden großen Vorratsgefäße, Pithoi genannt, seien angeblich ein weiterer Beweis für seine These. Denn in diesen hätten, wie Boetticher behauptet, die Leichenverbrennungen stattgefunden. Während Schliemann innerlich schon zur Gegenfrage ansetzt, um diese haltlose Behauptung zu widerlegen, liest er die Antwort darauf bereits einige Zeilen weiter: Knochen hätten sich nicht erhalten, weil die Temperaturen so hoch gewesen seien. Die Asche wäre daraufhin in Urnen umgefüllt worden. Sämtliche Funde seien demgemäß als Grabbeigaben zu interpretieren – im Übrigen auch die große Menge an Muscheln, die Schliemann in Troja gefunden hatte. Dabei handle es sich, fährt Boetticher fort, keinesfalls um Küchenabfälle, sondern um Totenopfer.

Die haarsträubenden Äußerungen nehmen kein Ende. Boetticher erkenne weiterhin keine Schichten im Hügel, stattdessen sei Hissarlik »eine durch und durch gleiche Schuttmasse«. Die Festungsmauern interpretiert er als Terrassenmauern, außerdem findet er die Anlage insgesamt eher klein und verneint zudem die Existenz einer Unterstadt. Als wollte er nochmals nachtreten, fügt er hinzu, Troja sei seiner Meinung nach so oder so nicht am Hissarlik zu finden, weil es auf der Anhöhe von Bunarbaschi liege.

Schliemann ist außer sich. Die folgenden Tage wie auch Nächte kann er über nichts anderes mehr nachdenken als über Boettichers infame Behauptungen. Die Vorstellung, wer alles bereits davon gelesen haben könnte – Schliemann kann sie kaum ertragen. Er muss sich verteidigen. Zunächst aber braucht er jemanden, dem er seine Sorgen mitteilen kann.

So erhält Virchow bald darauf einen Brief. Boetticher habe sowohl Schliemann als auch Sophia viel Ärger bereitet. Schliemann zweifle stark, dass er dieses Jahr nach Deutschland kommen werde, »es sei denn, daß Sie es übernehmen wollen Ernst Böttichers wahnsinnige Theorien über den Haufen zu werfen und dem allgemeinen Gelächter preiszugeben.« Für den geplanten Gegenangriff hat er bereits vorgearbeitet: Insgesamt siebzehn Punkte zählt er auf, in denen Boetticher seiner Meinung nach irrt.

Virchow antwortet bereits wenige Tage später, er werde versuchen, den Hauptmann »einigermaßen zurecht zu setzen«, jedoch nicht, ohne Schliemann noch mal ins Gewissen zu reden und ihn zu warnen, dass Boetticher bösartig sei: »Sie nehmen aber die Sache zu tragisch. Wenn Sie wüßten, was Alles über mich in deutschen Zeitungen publicirt wird, so würden Sie wahrscheinlich glauben, ich sei immer auf dem Platze, um zu kämpfen.« Virchow sei überzeugt davon, dass kein verständiger Mensch in ganz Deutschland an die Feuernekropolen glaube. »Und wegen einer solchen Quisquilie wollen Sie nicht nach Deutschland kommen?« Das wäre doch ganz im Sinne dieses Herrn

Boetticher. Virchow kennt Schliemann mittlerweile allerdings gut und weiß wohl, wie wenig Erfolg er mit seinem Beschwichtigungsversuch haben dürfte.

Bereits am 16. Februar 1884 hält Virchow in der Sitzung der »Berliner Gesellschaft für Anthropologie« einen Vortrag über die »Deutung von Hissarlik als einer Feuernekropole« und widerlegt jeden einzelnen Punkt von Boettichers Thesen. Später informiert er Schliemann darüber, dass er seine Bitte erfüllt habe. Die Ergänzung eines sanften Tadels verkneift er sich dabei nicht: »Sie haben also wieder Ihren Willen gehabt und ich bitte damit Ihr tyrannisches Gemüth zu beruhigen.«

Virchows Hoffnungen erfüllen sich nicht. Boetticher publiziert kurz darauf eine Entgegnung, zunächst von Schliemann unbemerkt, denn er muss sich in den kommenden Monaten um andere Angelegenheiten kümmern. Da er viel umherreist, vor allem auf der Peleponnes, erfährt er erst im Sommer von Boettichers Reaktion. Doch die Zeit hat in diesem Fall keine Wunden geheilt: Er ist von den Angriffen des Hauptmannes genauso verletzt wie am ersten Tag. Diesmal wendet er sich an Dörpfeld, schickt ihm sogleich die Argumente, mit denen er die Boetticher-Thesen widerlegen soll. Mit wachsender Ungeduld wartet Schliemann auf das Erscheinen eines entsprechenden Artikels. Doch erst nach zwei weiteren Aufforderungen kommt der Mitarbeiter endlich seinem Wunsch nach.

Nicht nur Dörpfeld gerät in den Strudel der Kontroverse, auch andere Persönlichkeiten aus der Fachwelt beziehen Position, entweder für Schliemann oder für Boetticher. Schliemann selbst äußert sich erst am 5. August 1884 zu dieser Angelegenheit, anlässlich eines Kongresses der »Deutschen Anthropologischen Gesellschaft«. In seinem Vortrag hebt er vor allem die Parallelen von Troja und Tiryns hervor. Für Boetticher, dessen Reaktion wieder fast unmittelbar erfolgt, scheint Schliemanns Argument auch dieses Mal nicht überzeugend: Selbstverständlich gebe es Ähnlichkeiten bei Troja und Tiryns, denn Letztere sei eben auch nur eine Feuernekropole.

Egal, ob Schliemann einen neuen Bericht veröffentlicht oder vor Publikum einen Vortrag hält – mit Boettichers Antwort muss er fortan immer rechnen. Selbst wenn er dessen Namen nicht einmal erwähnt hat. Hartnäckig greift er Schliemanns Theorien auf und deutet diese für seine eigenen Thesen um. So werden von ihm etwa Blöcke, die laut Schliemann von einer Mauer in Tiryns herabgefallen sind, wiederum als Blöcke interpretiert, die einst den

Aufgang zu einer Grabkammer verschlossen haben sollen – somit ein weiterer Beweis für eine einstige Nekropole. Neben Boettichers konsequenten Versuchen, Schliemanns Theorien zu zerschlagen, stellt er neue Hypothesen auf, die für seine Idee der Feuernekropolen sprechen. Dazu gehört auch die Behauptung, dass sämtliche unglasierten Tongefäße aus der Antike in einen sepulkralen Zusammenhang gesetzt werden sollten, weil sie zur Aufbewahrung von Flüssigkeiten zu porös gewesen seien.

Boetticher bleibt bei der Auseinandersetzung nicht mehr nur auf fachlicher Ebene, sondern greift Schliemann auch persönlich an: »Litte Herr Schliemann weniger an Hellenomanie, so würde er seine reichen Mittel nunmehr gemeinsamer Erforschung der Urkultur unseres Vaterlandes widmen und so vielleicht noch zu meiner Überzeugung gelangen, dass die am Hissarlik und in Tiryns aufgedeckte Kultur einer fernen Urzeit bis herauf zu uns reichte und nirgends Paläste, wohl aber die Stätten ihres Götter- und Totenkultes hinterlassen hat.« Außerdem wirft er Schliemann wie auch Dörpfeld vor, Grabungsbefunde bewusst falsch dargestellt zu haben. An Selbstbewusstsein mangelte es diesem Dilettanten – der bis dahin noch kein einziges Mal in Troja gewesen ist – jedenfalls nicht.

Manchmal können die von Boetticher Verleumdeten nicht anders, als belustigt auf die Sturheit dieses Hauptmannes zu blicken. So schreibt Dörpfeld in einem Brief an seinen Schwiegervater Friedrich Adler: »Wahrscheinlich wird er nächstens auch die Akropolis von Athen für einen Leichenverbrennungsofen erklären; der Frankenthurm und das türkische Minaret sind ja vorzügliche Schornsteine und die Grotten des Pan, Apollo etc. eignen sich ja sehr gut als Heizlöcher …« Dennoch beginnt auch Dörpfeld allmählich, Boettichers Angriffe ernst zu nehmen und mit wachsendem Ärger und großer Besorgnis zu verfolgen. Manchmal weiß er nicht mehr, wie er auf die Vorwürfe noch angemessen reagieren soll.

Bald erregt der Streit um das wahre Wesen der Grabungen am Hissarlik internationale Aufmerksamkeit. In Frankreich erscheint ein Bericht, der die Ereignisse zusammenfasst und Boetticher in ein positives Licht rückt. Schliemann wiederum sucht Mitstreiter in England, so den Politiker Karl Blind, der einen Artikel gegen Boetticher verfassen soll.

Doch manch einer erkennt, dass die hitzige Auseinandersetzung absurde Dimensionen annimmt und sich längst nicht mehr um das eigentliche Thema dreht. Möge die Debatte um die wahre Bedeutung des Hügels doch im Interesse der Sache in ruhigeres Fahrwasser kommen, wünscht sich etwa Christian Belger, Mitherausgeber der *Berliner Philologischen Wochenschrift*.

Vordergründig scheint sich 1886, fast drei Jahre nach Boettichers erstem Angriff, der Streit zumindest an der Oberfläche zu beruhigen. Doch in den Köpfen spuken die öffentlichen Beleidigungen weiter herum, vor allem der Vorwurf des Betrugs – die Möglichkeit einer Täuschung. Ist Troja vielleicht doch nicht das sagenumwobene Troja? Ist das, was der berühmte Schliemann entdeckt hat, vielleicht doch nichts weiter als ein Friedhof? Auch wenn Schliemanns eigener Glaube an Troja durch keinen einzigen von Boetticher zu Papier gebrachten Satz jemals ins Wanken geraten ist, verfolgt der Hauptmann ihn sogar im Schlaf. Er wird noch unzählige Briefe schreiben, die mindestens in einem Satz den Namen Boetticher erwähnen. Schliemann fragt sich vor allem, wie diesem sinnreichen Erfinder, der niemals in der Troas war, nie eine Ausgrabung unternommen oder gar an einer teilgenommen hat und mit dem er selbst noch nicht einmal persönlichen oder brieflichen Kontakt hatte, in der deutschen Presse jemals so viel Aufmerksamkeit zuteilwerden konnte.

Kritiker kamen und gingen, seit Schliemann mit seinen archäologischen Tätigkeiten begonnen hatte; nicht wenige hatte er im Laufe der Zeit von seiner eigenen Theorie überzeugen können. Dass Boetticher jemals eines Besseren belehrt werden kann, scheint bislang unmöglich. Wie ein Damoklesschwert bedroht Schliemann fortan die Gefahr, jederzeit wieder von dem Hauptmann aus Berlin attackiert zu werden. Bald wird sich zeigen, dass diese Debatte ihren Höhepunkt noch längst nicht erreicht hat.

*

Minos – so hieß ein sagenhafter König von Kreta. Seine alleinige Herrschaft über die Insel soll nicht von Anfang an selbstverständlich gewesen sein – er musste sie zunächst gegenüber seinen beiden Brüdern durchsetzen. Auf seine Bitte hin schickte Poseidon ein göttliches Zeichen aus dem Meer: einen prächtigen weißen Stier. Das überzeugte die Brüder, und sie überließen Minos den Thron. Doch statt Poseidon das Tier zum Dank zu opfern, nahm Minos es in seiner eigenen Herde auf. Die Rache des Gottes folgte sogleich: Er pflanzte Pasiphae, der Gattin des Minos, ein unnatürliches Verlangen nach dem Stier ein. Ihre Liebesgier war so groß, dass sie sich von dem Tier schwängern ließ. Durch diesen Akt wurde Minotauros gezeugt – ein Mischwesen aus Stier und Mensch, ein menschenfressendes Ungeheuer, das in einem Labyrinth gefangen gehalten werden musste. Minos, der nicht nur weise und gerecht, sondern darüber hinaus auch sehr mächtig war, verlangte von den Athenern jährlich sieben Jungen und sieben Mädchen, die dem Minotauros geopfert wurden. Erst dem Helden Theseus gelang es mithilfe von Ariadne, einer Tochter von Minos, das Ungeheuer zu töten und somit der grausigen Tributforderung ein Ende zu setzen.

Das also ist die Legende von Minos, dem Schirmherrn Kretas.

Manchmal, wenn mit dem Untergehen der Sonne die aufgestaute Hitze des Tages allmählich schwindet, ihre letzten Strahlen auf der bewegten Wasseroberfläche züngeln und Schliemann an Deck des Segelschiffs den Zauber dieses täglichen Naturschauspiels genießt, muss er an Kreta denken. Dann stellt er sich vor, wo er sich jetzt befinden würde, hätten sich seine Pläne im Sommer 1886 erfüllt. Er wäre auf der Suche nach den Spuren einer Kultur, die einst sehr mächtig gewesen sein muss – vor allem aber auf der Suche nach dem Palast ihres bekanntesten Herrschers. Im Mai war er zusammen mit Dörpfeld nach Kreta gereist. Sie hatten begonnen, das Terrain um die Hafenstadt Iraklio zu erkunden, wo Schliemann den Palast vermutet.

Doch es ist anders gekommen. Die Verhandlungen mit dem Grundbesitzer des Hügels von Knossos hatten sich äußerst schwierig gestaltet, sowohl, was den Preis, als auch, was das Abstecken des Grundstücks betrifft. Schliemann hatte das Projekt Kreta schließlich aufgegeben. Vorerst jedenfalls.

So steht er nun, statt auf dem Hügel von Knossos, rund fünfhundert Kilometer weiter südlich auf einem kleinen Schiff, das er sich für drei Monate gemietet hat, um eine Fahrt auf dem Nil zu machen.

Es ist Januar 1887, eine besonders schöne Jahreszeit in Ägypten. Die Luft riecht nach Frühling, der Himmel ist meist wolkenlos und die weite Landschaft wird zwischendurch von kolossalen Ruinen längst vergangener Zeiten durchbrochen. Die Verbindung von herrlicher Natur und altehrwürdiger Kultur empfindet Schliemann als Balsam für seinen überaus aktiven Geist und seinen mittlerweile stark beanspruchten Körper.

Diese Reise soll ihm endlich die lang ersehnte Erholung bringen – so wie vor nunmehr achtundzwanzig Jahren, als er schon einmal auf einer Barke diesen Fluss hinuntergefahren war. Lange her scheint jene Nilfahrt, für die er seinen kleinen Sohn Sergej und seine hochschwangere Frau Jekaterina in St. Petersburg zurückgelassen hatte. Während er damals die Einsamkeit bewusst gesucht hatte, bereut er es in diesem Moment sehr, dass Sophia nicht bei ihm ist. Eigentlich hätten sie gemeinsam zu dieser Reise aufbrechen sollen, doch wieder einmal hatte sie sich im letzten Moment für die Kinder entschieden und war lieber mit ihnen in Athen geblieben. Die arabische Schiffsmannschaft ist Schliemanns einzige Gesellschaft.

Etwa ein Jahr zuvor, im Winter 1885, hatten Schliemann und seine Frau einen großen Ehestreit. Auch wenn es nicht die erste Krise war, so war dennoch etwas anders als sonst: Der Ton seiner Frau ihm gegenüber hatte sich verändert. Aber auch der Auslöser des Streits war ein anderer. Diesmal war es nicht um Sophias Passivität gegangen, sondern vielmehr um ein Verhalten, das er von ihr zuvor nicht gekannt hatte. Sie hatte, ohne ihn zuvor darüber in Kenntnis zu setzen, Andromache aus dem Pensionat in Lausanne geholt, das Schliemann als besonders geeignet für die Erziehung seiner Tochter ausgewählt hatte. Sophia hatte befürchtet, ihre Tochter wäre dort der sittlichen Verderbnis ausgeliefert. Ihre Gründe waren für ihn zweitrangig: In seinen Augen hatte sich Sophia geradezu rebellisch über seine Entscheidung hinweggesetzt.

Mit dem Beginn seiner Nilfahrt im Winter 1886 hat Schliemann zugleich ein weiteres Jahr hinter sich gelassen, in dem es keinerlei Konstante gegeben hat – außer vielleicht die seines kontinuierlichen Unterwegsseins. Es war zerstückelt durch seine Reisen. Erst war er auf Kuba, aus Sorge um seine dortigen Eisenbahnaktien, dann in Athen, Orchomenos, Berlin, auf Kreta, in Amsterdam …, oder wie war die Reihenfolge doch gleich? Und ebenso zerstückelt war das Jahr seiner Familie. Nachdem die Ärzte bei Sophia eine Blutarmut festgestellt hatten, war sie auf Schliemanns Anordnung nach Franzensbad gereist. Doch die Wasserkur hatte in keiner Weise zur Gesundung geführt. Schließlich war sie mit den Kindern nach Karlsbad übergesiedelt. Aber auch dort hatte sie es nicht lange ausgehalten. In Amsterdam traf Schliemann seine Familie, doch nach wenigen Tagen hatten sie sich wieder voneinander verabschiedet – er war wegen seiner rheumatischen Beschwerden auf dem Weg nach Aachen, Sophia wiederum hatte beschlossen, der Kinder wegen ins Seebad nach Ostende zu fahren. Damit Andromache und Agamemnon wenigstens im Meer baden könnten. Schliemann war damit nicht einverstanden gewesen. Doch Sophias frühere Folgsamkeit ist nur noch selten zu spüren. Sie hatte ihm in einem Brief sogar unverblümt eine Begründung dafür gegeben: »... Du meinst außerdem, daß ich keine Vorschläge machen darf, und das nach 17 Jahren schwieriger Ehe? Ich glaube, daß mir eine bessere Note als jeder anderen Ehefrau gebührt. Ich habe Dir als gute Gefährtin gedient und folglich kann ich Rechte auf Deine Rechte geltend machen.« Die Briefe zwischen Schliemann und seiner Frau haben ihre persönlichen Gespräche in letzter Zeit fast vollständig ersetzt. In diesem Jahr waren sie nur selten gleichzeitig am selben Ort gewesen.

Die Nilreise gestaltet sich abwechslungsreich. Manchmal geht Schliemann an Land, um eine der Ruinenstätten zu besichtigen, manchmal will er mit den Menschen in Kontakt kommen und von deren Lebensweise erfahren. Er kennt keine Berührungsängste, hilft im Gegenteil gerne, wenn ihn verletzte oder kranke Einwohner um Rat fragen. An den Abenden schreibt er neben Briefen regelmäßige Einträge in sein Tagebuch.

Dennoch empfindet er auch die Nachteile seiner geringen Auslastung. Bald schon fehlt sie ihm, die Arbeit. Und so belässt er es doch nicht bei einer reinen Erholungstour: Auf der Reise sammelt er altägyptische Vasen und lässt schließlich dreihundert Stück in sechs Kisten von Kairo nach Berlin schicken.

Ägypten ist mindestens ebenso faszinierend wie die Troas oder Kreta – und es ist darüber hinaus von einer rätselhaften Aura umgeben, die Schliemann tief berührt und seine Fantasie beflügelt. Er erlebt Momente der Fassungslosigkeit, als er mit dem Kopf im Nacken zur Sphinx des Chephren hinaufblickt. So groß, so unbegreiflich – mehr fällt ihm dazu nicht ein, als er sie in seinem Tagebuch beschreiben will.

Allein wenn er sich vorstellt, dass die Kultur in diesem Land zur Entstehungszeit der homerischen Epen bereits Jahrtausende älter war, scheinen all die Pyramiden und Tempel – nicht nur Zeugen jener uralten Zeit, sondern auch Ausdruck eines starken religiösen Glaubens – noch ein Stück weit erhabener aus dem Wüstensand zu ragen. Und während seine jüngsten

Erinnerungen an Knossos in dieser Umgebung verblassen, würde Schliemann nunmehr so gerne nach dem Palast der Kleopatra und dem Grab Alexanders des Großen suchen.

Mehr als zweihundertfünfzig Seiten seines Tagesbuchs füllt er mit seinen Erlebnissen; zugleich beschreibt und skizziert er darin griechische Inschriften, die er auf seiner Reise entdeckt, wie auch Plastiken, Malereien von den Tempelwänden und Keramik.

Eigentlich hätte sich Schliemann nicht nur Sophia, sondern auch eine andere, ihm einst sehr nahestehende Person als Begleitung auf seiner Nilreise gewünscht. Doch diese hatte ebenfalls abgesagt. Virchow scheint ihm immer noch nicht verziehen zu haben. Zum Zerwürfnis zwischen ihnen war es bereits im Sommer 1885 gekommen. Der Auslöser war ein für Schliemann schlimmes Versäumnis seines Freundes, das sich auf dem »Deutschen Anthropologenkongress« in Karlsruhe abgespielt hatte. Schliemann war als Ehrengast für einen Vortrag über seine neuesten Ausgrabungen in Tiryns eingeladen gewesen. Auf einem den ersten Kongresstag abschließenden Bankett hatte Virchow nicht dafür gesorgt, dass Schliemann neben dessen Gattin Rose Virchow sitzen durfte. Ein Affront, ausgerechnet von einem engen Vertrauten. Vielleicht hatte, rückblickend betrachtet, genau das nach all den Beleidigungen und Demütigungen, die er in jenem Jahr bereits von dem rasenden Hauptmann hatte ertragen müssen, das Fass zum Überlaufen gebracht. Jedenfalls kam für Schliemann nur eine Reaktion infrage, die er Virchow brieflich mitgeteilt hatte: »Sie haben somit unsere Freundschaft auf mutwillige, gewaltsame Weise gebrochen. Alles, was meiner Frau und mir somit zu tun übrig bleibt, ist, für dies Leben Abschied von Ihnen zu nehmen.« Virchow hatte sich eine Antwort darauf nicht nehmen lassen. Seine Wortwahl war ebenfalls klar und deutlich, doch seine Enttäuschung verbarg er nicht. Zugleich zeigt sich seine gute Beobachtungsgabe wie auch seine grundsätzliche Bereitschaft, die ganze Angelegenheit auf sich beruhen zu lassen: »Sie sind ein mißtrauscher Mensch und Sie haben mir diesmal nicht zum ersten Mal Böses zugetraut. Aber ich nehme es Ihnen diesmal mehr übel, weil Sie mich geradezu für einen Toren gehalten haben. Es soll mich das nicht abhalten, mit dankbarem Herzen der vielen angenehmen und lehrreichen Tage zu gedenken, die ich mit Ihnen zugebracht habe, und Sie können darauf rechnen, daß ich Ihnen gern wieder dienen werde, wo es nötig ist.

Indes empfinde ich, daß dieses Bedürfnis bei Ihnen immer kleiner wird, je mehr die Welt Sie schätzen lernt. Ich sage Ihnen also in meinem und meiner Frau Namen ein freundliches Lebewohl.«

Daraufhin folgte ein Jahr eisigen Schweigens. Erst im Sommer 1886 hatte sich Schliemann wieder so weit über Virchows fatalen Fauxpas beruhigen können, dass er eine erste Annäherung versuchte. Doch bisher ist zwischen ihnen längst nicht alles so wie früher – jedenfalls hat seine versöhnliche Geste noch nicht ausgereicht, um Virchow für einen gemeinsamen Aufenthalt in Ägypten zu gewinnen.

Mehrere Versuche vonseiten Schliemanns und sogar ein Einmischen Sophias ist notwendig, um das freundschaftliche Verhältnis zwischen den beiden Männern wiederherzustellen. Auch der Wunsch, mit Virchow auf dem Nil zu fahren, wird sich letztendlich noch erfüllen: im Frühjahr 1888, für anderthalb Monate. Es wird ein großes Abenteuer für die beiden älteren Herren, mit militärischem Begleitschutz und Angriffen von Derwischen, mit Landausflügen, die sie bei unerträglich heißen Temperaturen nach Luxor und Assuan, und auch nach Abu Simbel und zu den dortigen Felsentempeln des Ramses führen. Fasziniert werden sie die Wandgemälde betrachten, für Virchows Forschungen werden sie sogar Schädel aus den Felsengräbern mitnehmen; für seine eigene Sammlung hingegen wird Schliemann einen hellenistischen Frauenkopf aus Marmor heimlich nach Athen schmuggeln. Und wieder einmal wird er mit seinem Sprachtalent die Menschen des Landes wie auch seinen Reisebegleiter beeindrucken, wenn er bei den Besuchen in den Dörfern den Bewohnern in einwandfreiem Arabisch die Suren des Koran rezitiert.

In seinen letzten Lebensjahren wird Schliemann beginnen, die alten Kulturen, die ihn so sehr begeistern, in einem größeren Zusammenhang zu betrachten. Doch sein Vorhaben, einer weiteren uralten Kultur ihre Geheimnisse zu entlocken, wird scheitern: Letztendlich wird er weder in Ägypten noch auf Kreta jemals eine groß angelegte Ausgrabung durchführen. Daran waren nicht nur die äußeren Umstände schuld. Schliemann selbst verspürt nicht mehr die einstige Kraft und Ausdauer, mit der er seinen hochgesteckten Zielen früher nachging. Allmählich wendet er sich ab von seinen noch nicht ausgeführten Plänen und sucht seine Erfüllung in dem, was er bereits erreicht hat. »Ich bin mittlerweile alt geworden bei meinen archäologischen Forschungen in der homerischen Geographie; daher scheint es mir richtiger zu sein, dieser auch den Rest meines Lebens zu widmen«, schreibt Schliemann in einem Brief im Juli 1888.

*

Im Jahr 1895 führte Arthur Evans (1851–1941) Kaufverhandlungen um den Hügel von Knossos – inspiriert von den spektakulären Entdeckungen Schliemanns in Troja und Mykene wollte sich der britische Museumsdirektor auf die Suche nach der Zivilisation machen, die einst auf Kreta geblüht hatte. Zunächst besaß er ein Viertel des Hügels, doch nach dem Ende der türkischen Herrschaft konnte Evans auch das restliche Land erwerben und erhielt von Georg V., dem neuen Staatsoberhaupt des Protektorats, die Grabungslizenz.

Im gleichen Jahr begannen die Ausgrabungen, die bis 1935 andauern sollten. Seine Arbeiter legten eine prächtige Palastanlage frei, die auf eine ausgesprochen reiche bronzezeitliche Zivilisation hinwies. Evans bezeichnete diese Kultur, nach König Minos, als »minoisch«. Wie Schliemann war Evans ein Mann, der sich nicht unbedingt an Konventionen hielt. Wie Schliemann stieß er dabei ebenfalls auf teils heftige Kritik. Fehlende wissenschaftliche Präzision warf man ihm bei seiner archäologischen Tätigkeit vor, insbesondere aber störte man sich an seinen Rekonstruktionsversuchen: Durch Ergänzungen aus Beton an Teilen der Ruinen wollte er den Palast wieder in seine »ursprüngliche« Gestalt bringen. Andererseits wurde ihm auch höchste Anerkennung für seine Leistungen zuteil, so etwa 1911, als er von König Georg V. zum Ritter geschlagen wurde.

Neben der Anlage an sich sind vor allem die außergewöhnlichen Fresken sowie die insgesamt dreitausend beschrifteten Tontäfelchen von Bedeutung. Dank der drei Schriftvarianten – Hieroglyphen, Linear A und B – sowie verschiedener Keramiktypen konnte die neu entdeckte Kultur in neun Perioden eingeteilt werden.

Evans' Name ist heute untrennbar mit der Entdeckung der minoischen Kultur auf Kreta verbunden. Wer weiß, wie diese Geschichte verlaufen wäre, wenn es das Schicksal im Jahr 1886 mit Schliemann anders gemeint hätte. Wenn er mit seinen Arbeitern eines frühen Morgens auf dem Hügel von Knossos gestanden hätte – bereit, eine neue Entdeckung zu machen.

*

Am Morgen des 1. Dezember 1889 scheint die Welt endlich einmal nicht untergehen zu wollen. Als Schliemann die Tür seiner kleinen Hütte öffnet, strahlt ihm die Sonne ins Gesicht und eine milde Brise weht über Hissarlik. Die Arbeit in regennasser Kleidung, die heftigen Nordstürme und Temperaturen, die manchmal kaum über fünf Grad stiegen – wie erleichtert ist er doch, dass die Witterungsverhältnisse heute nicht so grässlich sind wie in den vergangenen Wochen. Es wäre ihm sehr ungelegen gekommen, denn der besondere Gast, mit dem er heute das Ausgrabungsgelände besichtigen will, soll die Stätte von ihrer besten Seite kennenlernen.

Höflich, aber innerlich angespannt, begrüßt er Hauptmann Boetticher – den Mann, der ihm in den letzten Jahren so viele Probleme bereitet hat. Es ist eine merkwürdige Situation, schließlich hat Schliemann die Einladung selbst ausgesprochen. Anlass ist die erste Troja-Konferenz. Mit dieser hofft er, seinem größten »Schmähschreiber« endlich Einhalt gebieten zu können.

Den kompletten November über war Schliemann mit den Vorbereitungen beschäftigt. Viel Zeit hatte er dafür nicht gehabt. Schließlich war überhaupt erst im August seine Entscheidung gefallen, eine solche Konferenz in die Wege zu leiten.

Nach mehreren Jahren Ruhe war der Streit zwischen Boetticher und Schliemann im Frühsommer 1889 von Neuem ausgebrochen. Erst hatte der Hauptmann für die von Schliemann erhofften Grabungen in Knossos die Einsetzung einer internationalen Kommission gefordert, um dessen Tätigkeiten zu beaufsichtigen. Das hatte sogar in der *Kölner Zeitung* gestanden – für Schliemann ein weiteres Beispiel für die allzu freudige Bereitschaft der großen deutschen Zeitungen, jeden noch so verächtlichen Unsinn über ihn abzudrucken. Es folgten weitere Beiträge Boettichers sowie seine erste Monografie. Selbstverständlich zum altbewährten Thema: Hissarlik, die angebliche Feuernekropole. Obwohl seine These beispielsweise auf dem Wiener Anthropologen-Kongress keine Zustimmung gefunden hatte und Fachkollegen Schliemann immer wieder rieten, dem »Pyro-Nekro-Polo-Manen« nicht so viel Beachtung zu schenken, konnte Schliemann nicht anders, als sich aufzuregen. Auf jede Verteidigung seiner Sache, ob nun durch Dörpfeld oder Virchow, folgte fast unmittelbar eine Gegenreaktion von Boetticher. Den Herrschaften sei eben bewusst, dass sie keine seiner Thesen widerlegen könnten, resümierte der Hauptmann einmal.

Der Gipfel war bei einem Anthropologen-Kongress in Paris erreicht: Der Archäologe Salomon Reinach hatte über eine Abhandlung Boettichers referiert – mit einem allzu wohlwollenden Beiklang. Die Idee, das Wortgefecht mit dem lästigen Kritiker endlich einmal persönlich zu führen, und zwar direkt in Troja, war Schliemann schon zuvor gekommen. Und jetzt hatte Reinachs Vortrag ihm den letzten entscheidenden Anstoß zu diesem Schritt gegeben. Lang und voller Emotion verkündete er daraufhin auf dem Kongress, er werde Boetticher auf eigene Kosten nach Troja einladen, um ihn durch Dörpfeld an Ort und Stelle von der Nichtigkeit seiner Argumente zu überzeugen. Schliemann wird vor lauter Ärger kaum gemerkt haben, dass sich die allermeisten Zuhörer nicht allzu sehr für die vorgestellten Hypothesen Boettichers interessiert hatten. Für ihn war, so oder so, das Maß voll.

Virchow hatte von Schliemanns Ankündigung durch die Presse erfahren und ihm daraufhin sichtlich beunruhigt geschrieben: »Ihr Anerbieten an Bötticher habe ich in der Nationalzeitung gelesen. Sollte er dasselbe annehmen, so bedauere ich Herrn Dörpfeld von ganzem Herzen. Eine solche Reise mit einem solchen Mann machen zu müssen, ist eine Art von Strafe. Da müßten Sie schon noch einen Dritten mitschicken.« Vorsichtig hatte er dem noch hinzugefügt: »Hoffentlich haben Sie nicht an mich gedacht.« Zu Virchows Erleichterung verschonte ihn Schliemann.

Neben den Überlegungen, wer alles am Kongress teilnehmen sollte, hatte Schliemann im November eigens zu diesem Anlass sogar noch eine aufwendigere Baumaßnahme durchgesetzt. In kürzester Zeit hatte er an der Südseite des Hügels ein kleines Dorf aus mehreren Holzhäusern errichten lassen. Letztendlich war die »Schliemannburg«, wie sie später von Freunden und Mitarbeitern genannt wurde, trotz des Dauerregens rechtzeitig fertig geworden. Und auch die eingeladenen Teilnehmer sind alle pünktlich eingetroffen.

Vor den neu gebauten Hütten versammeln sich mehrere Herren: Neben Schliemann und Boetticher stehen unter anderem Dörpfeld und Calvert sowie der Architekt George Niemann und Artillerie-Major Bernhard Steffen, die als unabhängige Zeugen an der Konferenz teilnehmen. Während sie zum Ausgrabungsgelände gehen, sind die Gespräche eher verhalten; in den Köpfen klingen die vielen kritischen Bemerkungen und Beleidigungen der

Vergangenheit nach. Zwischendurch wird ein Gruppenfoto aufgenommen, für das sich die Teilnehmer in Position bringen: der eine mit den Händen in den Manteltaschen, der andere etwas zu weit abseits, Schliemann mit großzügigem Abstand zu Boetticher. Nur ihre Gesichter spiegeln denselben Ausdruck wider: Ernst und Entschlossenheit. Noch am freundlichsten blickt ein unbeteiligter Arbeiter Schliemanns in die Kamera. Die Geschehnisse und Äußerungen auf der Konferenz sollen zur Sicherheit aller Parteien in einem Protokoll festgehalten werden. Niemann zückt Papierblock und Stift, als die offizielle Diskussion beginnt.

Zu den ersten Themen gehört das Vorkommen von Muscheln bei den Ausgrabungen. An Virchows Beschreibung dazu in *Ilios* hat keiner der Teilnehmer etwas auszusetzen.

Die Teilnehmer der ersten Troja-Konferenz,
darunter Heinrich Schliemann (Dritter von rechts), Ernst Boetticher (Dritter von links) und Wilhelm Dörpfeld (Zweiter von links), 1889

Nächster Punkt: der Fund von Urnen mit menschlicher Asche, beschrieben in *Ilios*, Seite sechsundvierzig. Um Boettichers These nicht zu unterfüttern, muss Schliemann seinen eigenen Fehler jetzt eingestehen: Damals habe er so ziemlich jedes entdeckte Gefäß als »Ascheurne« bezeichnet, nach seiner jetzigen Auffassung hätten nur wenige tatsächlich diese Funktion gehabt. Im Übrigen sei er auch bei der Formulierung der »zahlreichen Menschenknochen« etwas zu übermütig gewesen. Kein Fachmann hätte die Knochen als solche bestimmt, vermutlich sind es zumeist Tierknochen. Zusammen würden sie zudem für gerade einmal zwei Skelette ausreichen.

Nächster Punkt: Boettichers Aufsatz, in dem er die Erscheinung von Schliemanns *Ilios* in das Jahr 1884 verlegt. Dörpfeld räumt ein, dass dieses Buch bereits im November 1883 erschienen sei. Zu jenem Zeitpunkt könne Schliemann von Boettichers Ansichten noch nichts gewusst haben und somit das Geschriebene auch nicht vorsätzlich dahingehend mit Falschinformationen bearbeitet haben.

Die Herren bleiben vor dem Pflaster des Südwesttores stehen und vergleichen die Lagen mit den abgebildeten Schichten des Plans in *Ilios*. Gemeinsam stellen sie fest: unten braune, darüber hellbraune Masse, dazwischen Holzkohlenreste. Dörpfeld erkennt Lehmziegelschutt, Boetticher entnimmt Proben, die er später untersuchen will. Nach der Besichtigung einiger weiterer Funde endet der erste Tag der Konferenz.

Kontroverser wird es am zweiten Tag. Boettichers Ansicht, Dörpfeld habe an einer Stelle absichtlich Mauerzüge weggenommen, um künstlich einen größeren Tempelraum zu erschaffen, soll durch die Beobachtung vor Ort sowie durch das Erstellen eines Profils widerlegt werden. Alle Zeugen sind hinterher davon überzeugt, dass an den Mauern nichts verändert wurde – alle außer Boetticher. Sie führen die Untersuchungen fort, schließlich wird der Beweis erbracht: kein Vorhandensein irgendwelcher Mauerreste, die der Hauptmann voraussetzt. Boetticher erklärt sich nun vor den Teilnehmern. Seine Auffassung sei darauf zurückzuführen, dass er in seinem langjährigen Studium von *Ilios* und *Troja* widersprüchliche Darstellungen gefunden habe. Von einer absichtlichen Verleumdung Dörpfelds könne keine Rede sein. Boetticher habe also »bona fide« gehandelt, sicherlich nicht »mala fide«. Für den heutigen Tag belassen es die Teilnehmer dabei.

Der dritte Tag. Wieder besichtigen die Konferenzteilnehmer das Südwesttor, einen Teil der Burgmauer, wieder sind sich alle Zeugen einig, dass die Beobachtungen vor Ort die Thesen in Schliemanns Werken bestätigen – alle außer Boetticher.

Für den vierten Tag ist unter anderem eine Begutachtung der Überreste des Südosttores geplant. Auch wenn erst eine Grabung völlige Klarheit bringen würde, stellen die Zeugen fest, dass mit Wahrscheinlichkeit an dieser Stelle eine dem Südwesttor ähnliche Toranlage vorlag, die dem Zwecke der Verteidigung diente. Boetticher hält den Ausdruck »Wahrscheinlichkeit« für zu weit gehend.

Auf diese Weise setzt sich auch der letzte Tag der Konferenz fort. Manche Streitpunkte lassen sich erst durch zukünftige Ausgrabungen klären. Aber auch bei den Fragen, die durch die Beobachtung vor Ort beantwortet werden, lenkt Boetticher nur teilweise ein. Wenn überhaupt von Einlenken die Rede sein kann. Die sogenannte Unterstadt von Troja etwa halte er nach wie vor für ein Fantasiegebilde. Schliemann sehnt mit wachsender Ungeduld den letzten Tag der Konferenz herbei.

Dann ist es endlich so weit. Noch bevor die Teilnehmer zu einem abschließenden Ausflug nach Hanay Tepe und Bunarbaschi aufbrechen, verlangt Schliemann von Boetticher eine öffentliche Entschuldigung – dafür, dass er ihn und Dörpfeld jahrelang als Lügner und Fälscher hingestellt habe. Doch der Hauptmann weigert sich und spricht nichts weiter als sein Bedauern darüber aus. Zudem hält er Troja weiterhin für eine Feuernekropole. Schliemann erklärt hierauf jeglichen Verkehr zwischen ihnen für beendet. So schließt die erste Troja-Konferenz, und alle Teilnehmer reiten los zu ihrem letzten gemeinsamen Ausflug – alle außer Boetticher. Dieser hat bereits die Heimreise angetreten.

So zäh und unerfreulich die Begegnung mit Boetticher auch war, so hat er zumindest das Protokoll anerkannt, wenn auch nicht unterschrieben. Niemann und Steffen wiederum halten die Beschuldigungen des Hauptmannes für unbegründet und sind sich darüber einig, dass Schliemanns Troja keine Feuernekropole war. Außerdem hat Schliemann aufgrund der Debatte mit Boetticher den weitreichenden Entschluss gefasst, die Grabungen in Troja erneut aufzunehmen. Denn er will, dass es keine offenen Fragen mehr dazu gibt. Und er möchte eine zweite Tagung in Troja vorbereiten. Diesmal ohne Boetticher.

*

Am 17. Juli 2001 erschien in der *Berliner Morgenpost* ein Interview unter dem Titel *Traumgebilde*. Der Interviewte war Frank Kolb, ein Tübinger Althistoriker. Unter anderem wurde er nach seiner fachlichen Beurteilung einer aktuellen archäologischen Ausstellung gefragt. Alles in allem war es augenscheinlich kein Beitrag mit einem besonders großen Nachrichtenwert. Vermutlich hätten ihn viele Leser der *Morgenpost* kurz überflogen und weitergeblättert, spätestens am darauffolgenden Tag hätte sich kaum noch jemand daran erinnert. Nicht so in diesem Fall, denn es ging nicht um irgendein Thema. Es ging um Troja.

Auch hundertzwölf Jahre nach der ersten Konferenz auf dem Hügel Hissarlik hatte die Ausgrabungsstätte nichts von ihrer Anziehungskraft verloren. Der Mythos bewegte die Fachwelt und die breite Öffentlichkeit nach wie vor gleichermaßen. Als im März 2001 die Ausstellung »Troia – Traum und Wirklichkeit« in Stuttgart eröffnet wurde, zog sie in den folgenden drei Monaten rund zweihundertvierzigtausend Besucher an. Neben Hunderten von Exponaten wurden Rekonstruktionen präsentiert, darunter etwa ein Modell von Troja mit einer Unterstadt. Die Ausstellung war unter der Federführung von Manfred Korfmann entstanden – dem Archäologen, der seit 1988 die Grabungen von Troja leitete.

In seinem Interview äußerte Frank Kolb seinen ganzen Unmut über diese Ausstellung. Die Darstellung der trojanischen Hochkultur sei seiner Ansicht nach »reine Fiktion«. Doch blieb er nicht bei der fachlichen Kritik. Er wurde persönlich, indem er Manfred Korfmanns Kompetenz als Archäologe infrage stellte. Dieser würde mit seinem Troja-Modell die Öffentlichkeit bewusst in die Irre führen, denn er täusche Grabungsbefunde vor, die zumindest höchst zweifelhaft seien. Keinerlei Grundlagen besäße Korfmann für die Behauptung, Troja sei zwischen 1700 und 1250 vor Christus ein bedeutender Handelsplatz und eine mächtige Metropole gewesen. Einige Tage später druckte das *Schwäbische Tagblatt* noch einige weitere Äußerungen Kolbs ab. Besonders provokant: Seine Bezeichnung Korfmanns als den »Däniken der Archäologie«. Das ging selbst Erich von Däniken zu weit, der in einem Leserbrief an die *Süddeutsche Zeitung* beleidigt schrieb, dass die Ehre seines Namens unteilbar sei.

In jedem Fall war eine Bombe geplatzt. Innerhalb weniger Tage nahm sich die überregionale Presse des Themas an. Korfmanns Versuch, sachlich auf die Kritik zu reagieren, schlug fehl. Der Streit, der von einem Einzigen entfacht worden war, entwickelte einen kräftigen Sog. Die Emotionen kochten hoch, alle wollten mitreden, die Fachwelt und selbst die Presse spaltete sich in zwei Lager: Kolb oder Korfmann. Um von der emotionalen wieder auf die sachliche Ebene zurückkehren zu können, lud die Tübinger Universität im Februar 2002 zu einem Symposium ein. Auf dieser Konferenz stellten beide Seiten ihre Ansichten nochmals vor. Die anschließende Podiumsdiskussion wurde vom Fernsehen übertragen.

Dennoch ebbte das öffentliche Interesse bald ab, in der Presse wurde es ruhig um das Thema, und mit dem Tod von Manfred Korfmann im Jahr 2005 erlahmte auch die Diskussion innerhalb der Fachkreise.

Die Ausgrabungen wurden seitdem fortgeführt. Manche Fragen konnten geklärt werden: So etwa belegen die bisherigen Erkenntnisse die Existenz einer Unterstadt. Wie sie aber genau aussah, über welche Bauten sie verfügte, wie viele Menschen darin leben konnten – diese Fragen bleiben ungeklärt.

Kaum eine andere fachliche Kontroverse unter Historikern hat bislang die Dimension der medialen Aufmerksamkeit um die Troja-Debatte erreicht. Ob der Streit in Zukunft wieder einmal aufleben wird? So lange die Frage, wie viel Mythos und wie viel wahre Erinnerung in dem Epos stecken, die Menschen scheidet, wird die Debatte vermutlich niemals beendet sein.

*

Mit dem Begriff »Exostose« bezeichnet man eine Knochenwucherung. Sie kann sich an unterschiedlichsten Knochen bilden, so etwa im Kiefer- oder Mittelfußbereich, an der Hand oder auch im Ohr. Exostosen im äußeren Gehörgang werden durch eine regelmäßige Reizung ausgelöst, wie beispielsweise durch Kontakt mit kaltem Wasser. So sind die eigentlich gutartigen Gehörgangsexostosen insbesondere bei Menschen, die häufig baden oder schwimmen gehen, keine Seltenheit. Gefährlich werden sie erst dann, wenn es zu einer Einengung des Gehörgangs kommt. Dann können Wasserrückstände im Ohrbereich zurückbleiben und Entzündungen folgen.

Schon seit langer Zeit hat Schliemann Probleme mit seinen Ohren. Neben Ohrgeräuschen wird er immer schwerhöriger. Die Schmerzen empfindet er als eine lästige körperliche Beeinträchtigung, die Schwerhörigkeit darüber hinaus als eine unangenehme Peinlichkeit. Doch er hat Wege gefunden, um sein schlechtes Hören zu »kaschieren«. Gespräche mit anderen versucht er möglichst oft in pausenlose Monologe seinerseits umzuwandeln. Wo Fragen gar nicht erst gestellt werden können, können auch keine überhört werden.

Seit dem Frühsommer 1890 hat sich die Situation verschlimmert. Schliemann hatte sich im April von den Ausgrabungen in Troja eine Auszeit genommen und war zusammen mit Virchow zu einem Ausflug aufgebrochen. Mehrere Tage waren sie durch das Ida-Gebirge geritten und dabei irgendwann in einen Hagelsturm geraten. Nass bis auf die Knochen, hatte sich Schliemann eine starke Erkältung zugezogen. Seitdem ist er auf dem linken Ohr taub geblieben. Nach der Rückkehr zum Hissarlik wurde er von Virchow untersucht. Er gab Schliemann eine klare Empfehlung: Er müsse sich einer Operation unterziehen, wenn das Leiden ein Ende haben solle. Schliemann hatte sich nicht sofort zu dieser Entscheidung durchringen können. Denn es hätte bedeutet, die Grabungen in Troja für das restliche Jahr einstellen zu müssen.

Nach der ersten Troja-Konferenz im Dezember 1889 hatte Schliemann nur wenige Monate in Athen verbracht, um im März sogleich zurückzukehren. Denn da war bereits die zweite Troja-Konferenz anberaumt. Außerdem war es wichtig gewesen, mit den Grabungen fortzufahren.

Zunächst hatte er es befremdlich gefunden, oder zumindest für Zeitverschwendung gehalten, dass Dörpfeld darauf bestanden hatte, die Siedlungsschichten über Schliemanns »verbrannter Stadt« nicht zu räumen, sondern zuvor dokumentieren zu lassen. Dörpfeld war beharrlich geblieben, hatte seinen Blick nicht mehr von den Funden der sechsten Siedlungsschicht abgewendet: Gebäudestrukturen aus großen Steinblöcken, außerdem Keramikfunde, deren Ähnlichkeit zur Keramik von Orchomenos nicht zu leugnen war. Dann war auch noch eine vollkommen erhaltene Bügelkanne zum Vorschein gekommen – Schliemann hätte sie genauso gut dreihundert Kilometer weiter südwestlich auf der Peloponnes ausgraben können. Sie ist von ihrer Form her quasi identisch zu den Bügelkannen, die er in Mykene entdeckt hatte.

Bei all seiner inneren Überzeugung, dass die zweite Stadt die richtige sein muss, dass sein entdeckter Schatz nur einem König wie Priamos gehört haben kann, hatte Schliemann mit umso mehr Unwillen jedes neue Objekt, jede neue Mauer aus der Schicht von Troja VI verfolgt. Solche Funde werfen bloß weitere Fragen auf, statt Antworten zu liefern. Dass Troja kein Friedhof war, darüber hatte die zweite Konferenz Gewissheit gebracht. Wie aber soll sich Schliemann über Entdeckungen freuen, die, wenn auch diesmal in anderer Hinsicht, erneut Zweifel an seinen Theorien säen könnten? Hatte er auf der Suche nach den Zeugnissen seiner homerischen Helden wirklich zu tief gegraben?

Doch das alles muss warten. Seit dem Ausflug zum Ida-Gebirge haben die Ohrenschmerzen ein unerträgliches Ausmaß erreicht. Schliemann ist schließlich doch dazu gezwungen, die Grabungen Ende Juli einzustellen und nach Athen zurückzufahren.

Als er im Sommer 1890 den Hissarlik verlässt, ist es in gewisser Hinsicht ein Jubiläum: Rund zwanzig Jahre zuvor hatte er das erste Mal auf dem Hügel die Erde aufgegraben. Damals war er noch ohne Grabungsgenehmigung und für kaum zwei Wochen hier gewesen. Nach den ersten drei Kampagnen von Troja hatte er sich für einige Zeit auf andere archäologische Stätten wie Mykene, Orchomenos und Tiryns fokussiert. Und nun hat er sich doch wieder dem Ort zugewandt, mit dem einst alles seinen Anfang genommen hatte.

Die Teilnehmer der zweiten Troja-Konferenz, 1890

Troja steht nicht nur am Beginn von Schliemanns großer archäologischer Karriere, sondern auch am Anfang seiner zweiten Ehe. Nur wenige Monate zuvor hatte er Sophia geheiratet. In vielen Momenten der vergangenen zwanzig Jahre hatte er sich über sein Glück gefreut, eine so liebevolle Gattin und gute Kameradin an seiner Seite zu wissen. Sie kann selbst aus größter Entfernung eine hervorragende Unterstützung sein, so zum Beispiel in diesem Frühjahr, als sie die Teilnehmer der Konferenz empfängt, die auf ihrer Reise nach Troja einen Zwischenhalt in Athen eingelegt hatten. Schliemann erfährt von allen Seiten nur Positives: Im »Iliou Melathron« habe Sophia die Gäste auf herzlichste Weise aufgenommen, umsorgt und verköstigt. Und nicht nur das, sie kümmert sich darum, dass der Alltag und die gesellschaftlichen Verpflichtungen der Familie weiterlaufen – gerade dann, wenn Schliemann wieder einmal fehlt. So etwa muss sich Sophia allein auf die Suche machen nach dem richtigen Ehemann für Andromache. Sie ist bereits neunzehn Jahre alt.

Aber in vermutlich ebenso vielen Momenten hat er sich über ihre anderen Wesensmerkmale – ihr Kränkeln, ihre Trägheit, vor allem aber ihre Unfolgsamkeit – in höchstem Maße geärgert. Seine Ehe ist zweifellos durch ernsthafte Krisen gegangen. Und wie oft hätte er sich doch ihre Präsenz in Troja gewünscht, wie oft hatte seine Frau dennoch gefehlt. Erfreulicherweise war es dieses Jahr anders gewesen. Erst im Juni hatten Sophia und die Kinder Schliemann besucht. Der Aufenthalt auf dem Hügel Hissarlik ist sehr viel bequemer, seit er die Hütten anlässlich der ersten Konferenz hat errichten lassen. Zudem hatte sich die Familie für ihren Besuch eine schöne Jahreszeit ausgesucht. Kein Dauerregen, keine winterlichen Stürme. Nur etwas frisch und windig, dennoch idyllisch, wie Sophia an Schliemanns Schwester Louise schreibt. Manches schien so wie früher, etwa wie damals, als sie zwischendurch selbst an den Grabungen teilgenommen hatte. Dennoch waren Sophia, Andromache und Agamemnon nach gerade einmal zwei Wochen wieder abgereist. Schliemann hatte es selbst so entschieden. Seine Frau kam ihm nach wie vor viel zu abgemagert vor, und selbst Andromache hatte gesundheitlich einen schlechten Eindruck auf ihn gemacht. Er hatte sie umgehend zur Kur geschickt.

Und nun, nur wenige Wochen nach dem Abschied von seiner Familie, macht ihm die eigene Gesundheit seine Absichten, weiterzugraben, zunichte. Er muss gehen. Doch das Verlangen nach Troja quält ihn ebenso sehr, wie die Ohren ihn quälen. Deshalb bricht er nicht auf, ohne bereits einen Termin für seine Rückkehr beschlossen zu haben. Am 31. März 1891 soll die achte Grabungskampagne beginnen. Die Aussicht darauf braucht er dringend.

Schliemann wird Sophia und den Kindern monatelang die Heimkehr verbieten. Für ihre Gesundheit, so seine Begründung. Sie werden sich in diesem Jahr erst wieder Anfang November sehen, für ein Wochenende auf Korfu. Danach darf Sophia wieder zurück nach Athen – erneut ohne Schliemann, der sich wieder auf die Reise begeben wird.

*

Am 20. November 1890 schreibt Schliemann an den Botschafter Joseph von Radowitz, der während seiner diplomatischen Tätigkeit in Athen notgedrungen immer wieder zu Gast im »Iliou Meathron« gewesen war: »Ich war im April d. J. in Troja auf dem linken Ohr taub geworden und consultirte im Mai Dr. von Mellingen in Constantinopel, der erklärte, ich hätte Exostosen in beiden Ohren, die aber nur auf dem rechten Ohr operirt werden könnten; er sagte, dieselben lägen im linken Ohr zu tief, um herausgemeißelt werden zu können, und rieth dafür letzteres jedenfalls preiszugeben. Auf Virchow's Rath ging ich daher am 5ten ds. Mts. zum Professor Schwartze in Halle, den er als ersten Ohrenarzt der Welt beschrieb. Dieser unternahm auch sofort die Operation auf beiden Ohren. Die Vorbereitungen waren nicht gerade amusant, denn ich mußte mich auf eine Bahre hinlegen ähnlich denen, auf welchen die Todten zerschnitten werden; darauf wurde ich chloroformirt und dauerte die Operation 1 ¾ Stunden. Die ganze linke Ohrmuschel mußte herausgeschnitten und, nachdem die Exostosen herausgemeißelt waren, wieder angenäht werden; auf dem rechten Ohr dagegen konnte die Operation auf geradem Wege geschehen. Da das Ohr der empfindlichste Theil des Körpers ist, so würde eine solche Operation ohne Chloroform absolut unmöglich sein! In diesem Leben können nun die Exostosen nicht wiederkommen und hoffe ich schon in einigen Tagen so gut wie je hören und von hier abreisen zu können. Vieles Wunderbare habe ich in meinem Leben gesehen, aber nichts so wunderbar als das Anheilen in 2 Tagen einer abgeschnittenen Ohrmuschel. Ich würde es nicht glauben, hätte ich nicht selbst den Schnitt und die Nähte gesehen. Was für riesige

Fortschritte hat doch die Wissenschaft in den letzten Jahren gemacht! Die antiseptischen Präparate sind ein wahrer Götterbalsam.«

Von Radowitz ist mittlerweile nicht mehr Botschafter in Athen, sondern in der Türkei – weshalb Schliemann ihn zugleich über die Grabungen von Troja auf den neuesten Stand bringt. In erster Linie braucht er von Radowitz' Unterstützung, um rechtzeitig eine neue Grabungsgenehmigung zu erhalten. Trotzdem mag er ihm seine Freude über den geglückten Eingriff nicht verschweigen; die aufwendige Operation liegt gerade einmal sieben Tage zurück. Er ist wirklich erleichtert, denn, wenn es nämlich überhaupt etwas gibt, das Schliemann von seiner Arbeit abhalten kann, dann ist es Krankheit. Und Genesung von der Krankheit. Auf Anraten des Arztes soll er zur Erholung möglichst lange in Halle bleiben, und das Einzige, was er vom Krankenbett aus tun kann, ist, Briefe zu schreiben. Zur Unterhaltung hat er sich außerdem eine Ausgabe von *Tausendundeine Nacht* besorgt. Selbstverständlich auf Arabisch. Trotz derartiger Ablenkung folgt der anfänglichen Freude über die Operation schon bald eine wachsende Ungeduld. Am 30. November beschwert er sich in einem Brief an Sophia: »Gar lästig ist es, zu Hause sitzen zu müssen und von Schmerzen gepeinigt zu sein, besonders für einen Mann, der gewohnt ist, (...) seinen Kopf durch Selbstbeherrschung kühl, seine Füße durch Leibesübungen warm und die Tätigkeit seiner inneren Organe in Gang zu halten ohne Arzneien.« Von Fortschritt und Götterbalsam keine Rede mehr.

Der Ungeduld wiederum folgt bald Verzweiflung über die Schmerzen, die mit der Operation leider doch nicht verschwunden sind. Vor allem im linken Ohr sind sie geblieben, und selbst Professor Schwartze kann die Ursache hierfür nicht finden. Bald beginnt er, sich die sorgenvollste aller Fragen zu stellen: Wie soll er in solch einem Zustand Troja ausgraben?

Am 12. Dezember, nach nur einem Monat in seiner Krankenpension, hält er die Bettruhe nicht mehr aus. Entgegen des ärztlichen Rates verlässt Schliemann Halle. Leipzig liegt nicht weit, selbstverständlich wird er auf dem Weg nach Berlin einen Abstecher zu Brockhaus machen. In Berlin will er Virchow treffen und seine Sammlung besuchen, in Paris nach seinen Häusern sehen. Nun gilt es, das Versäumte rasch aufzuholen, um danach endlich heimzukehren. Denn Schliemann möchte den Jahreswechsel mit seiner Familie verbringen.

*

Was könnten die letzten Bilder in seinem Kopf gewesen sein? Sind es Bilder von den Menschen, die sich durch die engen Gassen Neapels schieben, vorbei an den gelblichen Tuffsteinwänden der Häuser? Bemerkt er das eigenartige Verhalten der Neapolitaner, ihr Gestikulieren, für das sie so bekannt sind? Etwa der Bettler auf dem Gehweg, der mit der Hand an sein Kinn zu klopfen beginnt, sobald man ihn ansieht? Oder der Fischer, der mit seinem Kollegen in einen Streit geraten ist und nun seine Hände aufeinanderlegt und mit beiden Daumen wackelt, um diesen als Esel zu beleidigen? Oder lenken ihn die Gerüche Neapels von all diesen Szenen ab? Der beißende Gestank von faulem Fisch, der über dem Hafen schwebt, oder der süßliche Duft von überreifen Tomaten an den Marktständen?

Vielleicht denkt er stattdessen über den sonderbaren Totenkult dieser Stadt nach. Wie die Neapolitaner die Schädel ihrer Verstorbenen polieren und streicheln, voller Überzeugung, deren Seelen vor dem Fegefeuer zu bewahren. Wie die Priester das Volk zwei Mal im Jahr versammeln, um ihnen das mirakulöse Flüssigwerden des Blutes von St. Januarius zu zeigen. So vieles ist sonderbar an dieser Stadt. So vieles an ihr morbide.

Möglicherweise hängen seine Gedanken überhaupt nicht an dem Ort, an dem er sich gegenwärtig befindet. Vielleicht beschäftigen ihn die Eindrücke von dem Ort, an dem er gestern noch war: Pompeji. Etwa die erst kürzlich freigelegten Überreste eines dorischen Tempels aus dem sechsten Jahrhundert. Oder doch vielmehr das, was man schon länger kennt, was dennoch niemals etwas von seiner Faszination einbüßt: die Gipsabgüsse der toten Pompejaner. Der sichtbar gewordene Ausdruck ihrer Gesichter, jedes davon einzigartig. Manche sind erfüllt von Entsetzen und Angst, manche hingegen erfüllt von Ruhe und Frieden. Es sind Momentaufnahmen Sterbender, die die meisten Betrachter fassungslos zurücklassen. Vermutlich, weil sie nach diesem Anblick noch immer keine Antwort darauf haben, wie sich der Tod wohl anfühlt.

Es könnten so viele Eindrücke und Bilder sein, die ihn an diesem Tag in Neapel einholen. Er hat selbst so viel erlebt und will doch noch so vieles erleben, worüber er nachdenken könnte. Und er hätte auch Zeit dazu, denn er ist allein. Wie so oft, macht er auch diese Reise ohne einen vertrauten Menschen an seiner Seite. Vielleicht ist er deshalb in Gedanken bei seiner Familie: bei seinen Kindern, bei seiner Sophia, die er das letzte Mal vor vielen Wochen gesehen hat. Er vermisst sie, zugleich hat er sie seit ihrer Abreise von

Heinrich Schliemann, wenige Wochen vor seinem Tod, 1890

Troja von sich ferngehalten. Abgesehen von einem gemeinsamen Wochenende auf Korfu. Für die viele Arbeit hatte er absolute Ruhe gebraucht, ebenso wie für die mentale Vorbereitung auf die Operation in Halle. Seine Sorge um sein Leben hatte er nicht mit Sophia teilen wollen.

Vermutlich aber haben die Schmerzen im Ohr, mittlerweile im ganzen Kopf, ein solches Ausmaß erreicht, dass er kaum noch fähig ist, irgendeinen klaren Gedanken zu fassen. Troja, Sophia, seine Kinder, seine Geschwister, die vergangenen Helden, die gegenwärtigen Dämonen, und dann all das, was noch unter der Erde verborgen liegt ... sei's drum. Die Schmerzen verschlingen ihn.

Als Schliemann am 25. Dezember 1890 sein Hotel verlässt – vermutlich auf dem Weg zum Arzt, in der Hoffnung, er könne ihn von den Qualen befreien – wird ihm plötzlich schwarz vor Augen. Danach weiß er nichts mehr.

*

Am ersten Weihnachtsfeiertag 1890 brach auf der Piazza della Santa Carità in Neapel ein älterer Herr zusammen. Er wurde ins Krankenhaus gefahren, dort jedoch zunächst nicht aufgenommen. Denn der Mann trug in seinen Taschen weder Geld noch einen Pass oder irgendeinen anderen Ausweis bei sich. Immerhin fand man den Brief eines neapolitanischen Arztes, den man sogleich holen ließ. Dieser konnte endlich den bewusstlosen Herrn identifizieren: Es war der berühmte Heinrich Schliemann.

Daraufhin wurde er zurück in sein Hotelzimmer gebracht und dort von einem Chirurgen operiert. Bei der Öffnung des linken Ohres flossen Eiter und Blut heraus. Die Entzündung hatte bereits das Gehirn angegriffen. Ein Konsilium von acht Fachärzten kam zusammen und beriet sich über das weitere Vorgehen, mit dem sie dem Patienten vielleicht noch helfen könnten. Vielleicht eine Öffnung des Schädels? Doch jede Rettung kam zu spät: Am 26. Dezember 1890, einen Tag nach seinem Zusammenbruch, starb Heinrich Schliemann. Zehn Tage später wäre er neunundsechzig Jahre alt geworden.

Seine Frau Sophia, die sich zu dieser Zeit in Athen aufhielt, erhielt die Nachricht vom Tod ihres Mannes erst am folgenden Tag. Ihr Bruder und Wilhelm Dörpfeld trafen am 29. Dezember in Neapel ein und holten den Verstorbenen von Neapel zurück nach Athen; dort wurde er zunächst im »Iliou Melathron« aufgebahrt, mit einer hinter ihm aufgestellten Büste von Homer. Am 4. Januar fanden der Trauerzug und die anschließende Beisetzung auf dem Athener Zentralfriedhof statt. Nicht nur Schliemanns Familie und Freunde waren anwesend, sondern viele Minister und Botschafter – selbst König Georg I. war gekommen, um persönlich von dem Archäologen Abschied zu nehmen. Zu den Rednern gehörte auch Dörpfeld, der sich vom Verstorbenen mit den Worten verabschiedete: »Ruhe aus in Frieden! Du hast genug getan.«

Nicht nur in den Athener Zeitungen wurde über das Staatsbegräbnis berichtet. In anderen Ländern erschienen ebenso zahlreiche Berichte und Nachrufe. Am 1. März 1891 fand zudem im Berliner Roten Rathaus eine Gedächtnisfeier zu Ehren Schliemanns statt. Rudolf Virchow hielt, trotz aller Höhen und Tiefen, die ihre Freundschaft durchlebt hatte, eine Rede voller bewegender Worte, die so manch einen Wesenszug auf den Punkt brachten: »Er hat Großes gewollt und Großes vollbracht ...

Was er erreicht hat, ist von ihm durch eigene Kraft erzwungen worden. Unter allen Wechselfällen ist er sich treu geblieben. Seine einzige Sorge war das Streben nach höherer Erkenntnis.«

Das größte Denkmal zu seinen Ehren kam jedoch von Schliemann selbst. Zu Lebzeiten hatte er bereits ein Grabgrundstück an einer besonders schönen Stelle des Zentralfriedhofes gekauft, mit einer herrlichen Aussicht über Athen. Hier, in einem prächtigen Mausoleum, sollte er nach seinem Tod bestattet werden sowie irgendwann einmal alle seine Familienangehörigen. Entwerfen und errichten sollte es der Architekt Ernst Ziller, der bereits den Bau des »Iliou Melathron« betreut hatte. Ein Bauprojekt für fünfzigtausend Drachmen – all das hatte Schliemann in seinem Testament bereits festgelegt.

Noch heute thront Schliemanns Grabmal, umgeben von Palmen und Zypressen, auf einer Anhöhe des Friedhofes. In seinem Aussehen gleicht es einem Heroon, einem Heiligtum, gebaut für einen besonders verehrten Helden. Im massiven Unterbau befindet sich die Grabkammer, darüber ragt ein kleiner Tempel mit dorischen Säulen und figürlichem Fries empor, auf dem Schliemanns Ausgrabungen in Troja, Mykene, Tiryns und Orchomenos abgebildet sind. Zwischen den Säulen steht eine Büste Schliemanns, die, so wie er es bestimmt hatte, in Richtung Akropolis blickt.

Schliemann überließ die Dinge nicht gerne dem Zufall. Mit dem Grabmal hat er es geschafft, seine Vorstellungen auch über den Tod hinaus durchzusetzen. Doch nicht ganz: Eine Büste Sophias, wie er es für die Rückseite des Mausoleums gewollt hatte, wurde nicht mehr aufgestellt. Zudem liegen auch nur fast alle Nachfahren aus seiner zweiten Ehe mit Sophia hier bestattet. So hatte sein Sohn Agamemnon wiederum zu Lebzeiten bestimmt, er wolle auf keinen Fall im Familiengrab beerdigt werden. Sein Grab liegt heute auf einem Friedhof in Paris.

Auf dem Türsturz des Eingangs zur Grabkammer wird der Betrachter darüber aufgeklärt, wessen Geist durch dieses Denkmal fortleben soll. In griechischen Buchstaben steht geschrieben:

> Ich berge Heinrich Schliemann, den weithin berühmten.
> Ahme ihn nach, der den Sterblichen vieles erschloss.

*

An einem Septembertag im Jahr 1841 läuft ein junger Mann über den Friedhof von Neubukow. Vielleicht ist es die Art, wie er seine Tasche hält – fest im Griff, als würde er darin all seine Habseligkeiten bewahren. Vielleicht ist es aber auch der Ausdruck in seinem Gesicht: suchend und zugleich verunsichert. In jedem Fall sieht man ihm an, dass er nicht von hier ist. Schließlich bleibt er stehen. Er blickt auf den Boden und betrachtet eine Weile das kleine Grab, das vor ihm liegt. Hier liegt also Johann Joachim Heinrich Schliemann begraben. Geboren wurde er am 8. Mai 1815. Gestorben ist er am 24. März 1822.

Nicht einmal sein siebtes Lebensjahr hatte er erreicht, der »Erst-Heinrich«. So nennt Schliemann manchmal seinen Bruder, schließlich war dieser ebenfalls von allen »Heinrich« gerufen worden. Wie er gewesen war, welche Streiche er als Junge angestellt hatte, welchen Charakter er hatte – Schliemann weiß es nicht. Jedenfalls nicht aus eigenen Erlebnissen, denn sein Bruder war gestorben, als er selbst gerade einmal zwei Monate alt war. Ein Jahr später war das Ehepaar Schliemann mit ihm und seinen Schwestern Elise, Dorothea und Wilhelmine nach Ankershagen gezogen. Den ersten Heinrich hatten sie hier, auf dem Friedhof von Neubukow, zurückgelassen.

Nun steht Schliemann mit neunzehn Jahren zum ersten Mal vor diesem Grab. Es ist ein sonderbares Gefühl, den eigenen Namen in der Inschrift zu lesen. Nach einigen Augenblicken dreht er sich um. Erst verlässt er den Friedhof, dann verlässt er Neubukow. Er muss weg von Mecklenburg, raus aus der Heimat. Erst einmal zieht es ihn zur Küste – vielleicht bringt ihn von dort ein Schiff nach Amerika.

Sein Leben soll nun endlich beginnen.

Nachwort

Dieses Buch mit Schliemanns Tod zu beenden, wäre schlichtweg falsch. Dafür war sein Vermächtnis zu groß, sein Charakter zu streitbar, seine Leistung zu bemerkenswert, seine Worte zu nachhallend.

Beginnen wir mit seinem Testament. Die letzte Version hatte Schliemann im Januar 1889 abgefasst. Darin ging es um den Verbleib eines geschätzten Vermögens von rund fünfzehn Millionen Francs. Er bedachte darin die Familien in Athen und in St. Petersburg, ebenso wie seine Geschwister und andere Verwandte, Freunde und Kollegen mit großzügigen Beträgen. Darüber hinaus die »Berliner Gesellschaft für Anthropologie, Ethnologie und Urgeschichte«, deren Präsident Rudolf Virchow war, und die »Archäologische Gesellschaft« in Athen. Zudem spendete er kleinere Summen an verschiedene Einrichtungen, unter anderem an ein Waisenhaus, ein Armenhaus und ein Krankenhaus in Athen. Was die testamentarische Verfügung in Hinblick auf sein äußerst teures Grabmal betraf, schienen jegliche Zweifel über die horrenden Kosten verschwunden zu sein, die sich zwischendurch geregt hatten – so etwa im Januar 1885, als er in einem Brief an Virchow überlegt hatte, die Summe für das geplante Familiengrab vielleicht doch lieber auf zehntausend Francs herabzusetzen und mit dem restlichen Geld in Deutschland ein Stipendium für homerische Forschungen zu gründen. Diese Gedanken waren im Jahr 1889 offenbar wieder verflogen.

Seine trojanische Sammlung im »Iliou Melathron« vermachte Schliemann der Stadt Berlin. Sophia erbte das Haus. Allzu viel freie Selbstbestimmung wollte er ihr aber selbst nach seinem Ableben nicht gewähren: Wegen ihrer angeblichen »Unerfahrenheit in Geldgeschäften« fügte er in einem weiteren Punkt hinzu, dass ihre finanziellen Transaktionen nicht ohne die Zustimmung der Testamentsvollstrecker geschehen dürften.

Sophia überlebte Heinrich Schliemann um zweiundvierzig Jahre. Ein ähnliches Schicksal widerfuhr Tochter Andromache: Sie überlebte ihren Ehemann Léon Melás, der bereits 1905 in seinen Mittdreißigern gestorben war, sogar um siebenundfünfzig Jahre. Andromaches drei Söhne blieben kinderlos, ebenso wie ihr Bruder Agamemnon – im Gegensatz zu Schliemanns russischer Familie, von der noch einige wenige Nachfahren leben.

Das »Iliou Melathron« verkaufte Sophia 1926 an den griechischen Staat. Seit 1998 befindet sich in den Räumen der prächtigen Villa das Numismatische Museum. Nach wie vor kann der Besucher die originalen, teils kuriosen Wandmalereien betrachten, deren Zusammenhang er aber letztendlich nur verstehen kann, wenn er auch die Biografie des einstigen Hausherrn kennt. Das andere bauliche Zeugnis Schliemanns, das Mausoleum, hat ebenfalls die Zeiten überdauert und steht bis heute auf dem Athener Zentralfriedhof.

Bis zu seinem Tod hielt Schliemann in der Öffentlichkeit an seiner Überzeugung fest, dass die Schicht Troja II die Überreste jener Stadt enthält, die in den homerischen Epen besungen wird. Die Frage, ob und inwiefern ihm bei seiner letzten Grabungskampagne im Jahr 1890 sowie durch die beeindruckenden Funde in der Schicht Troja VI Zweifel gekommen waren, lässt sich heute nicht mehr beantworten.

Die Forschungen auf dem Hügel Hissarlik wurden nach seinem Tod fortgesetzt. In den Jahren 1893 und 1894 führte Wilhelm Dörpfeld dort weitere Ausgrabungen durch, zunächst mit finanzieller Unterstützung von Sophia Schliemann, später dann vom deutschen Staat. Er untersuchte in der sechsten Schicht weitere Gebäudestrukturen sowie mykenische Keramik, legte

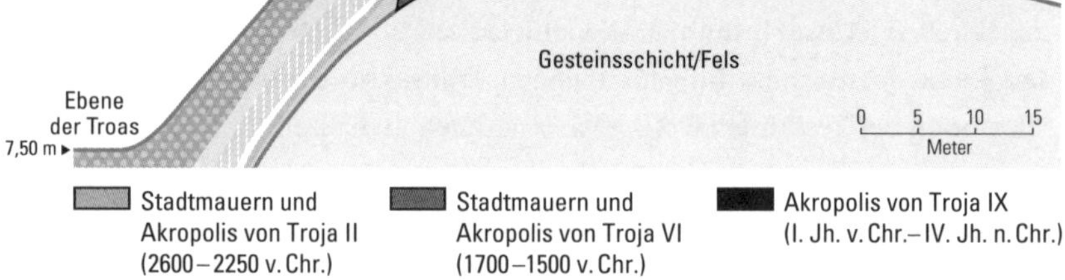

Querschnitt der Grabungsstätte Troja/Hissarlik

aber vor allem eine große Verteidigungsmauer frei. Der Nachweis einer so starken Befestigung brachte ihm die Erkenntnis, dass nur diese Schicht die Stadt des Priamos gewesen sein konnte. Schliemann hatte sich, letztendlich blind für sie, bei seiner leidenschaftlichen Suche nach der homerischen Stadt einfach durch sie hindurchgegraben – rund tausend Jahre zu tief in die frühe Bronzezeit. Seinem Anspruch, falls er Homers Troja nicht gefunden haben sollte, dennoch »in das tiefste Dunkel der vorhistorischen Zeit vorzudringen und die Wissenschaft zu bereichern durch die Aufdeckung einiger interessanter Seiten aus der urältesten Geschichte des großen hellenischen Volks«, ist er mit dieser Leistung in jedem Fall gerecht geworden.

In den 1930er-Jahren leitete der Amerikaner Carl W. Blegen weitere Grabungen und untersuchte dabei insbesondere die Stratigrafie. Die bereits von Dörpfeld eingeführte Einteilung des Hügels in neun Schichten untergliederte Blegen in sechsundvierzig Bauphasen. Damit war nun eine noch genauere Datierung der Funde und Befunde möglich. Blegens These, dass die Schicht Troja VIIa mit der in den homerischen Epen geschilderten Stadt gleichzusetzen ist, findet bis heute den meisten Zuspruch.

Blegen ließ bewusst mehrere Bereiche unberührt – für zukünftige Archäologen, die eines Tages mit verbesserter Technik vielleicht zu noch größeren Erkenntnissen kommen würden. So geschah es dann zwischen 1988 und 2012, in einem gemeinsamen Projekt der Universitäten von Cincinnati und Tübingen. Die hitzige Debatte, die Frank Kolb im Jahr 2001 ausgelöst hatte, zeigte, dass das Thema Troja die Gemüter bis in unsere Gegenwart bewegt.

Nachdem der »Schatz des Priamos« am Ende des Zweiten Weltkriegs als Beutekunst von Berlin in die Sowjetunion gebracht worden war, galt er fast fünfzig Jahre lang als verschollen. Erst 1992 teilte das Pushkin-Museum in Moskau mit, dass er in einem Geheimdepot des Museums liege. Eine Rückgabe nach Berlin wurde seitdem von Russland wiederholt abgelehnt; nach wie vor befinden sich im »Schliemannssaal« des Neuen Museums in Berlin von den berühmtesten Teilen des Schatzes lediglich Kopien. Zwischenzeitlich bekundete auch die Türkei Besitzansprüche an den kostbaren Fundstücken. Ob nun Jahrzehnte oder gar Jahrhunderte her – der Raub eines Kulturguts vermag einen sehr langen Schatten zu werfen.

Manch ein Entdecker bleibt als Person irgendwann hinter seiner eigenen Entdeckung auf der Strecke, gerät spätestens nach dem Tod in völlige

Vergessenheit. Nicht so im Falle Schliemanns. Die erste große Biografie veröffentlichte der deutsch-jüdische Schriftsteller Emil Ludwig im Jahr 1932. Schliemanns Familie war selbst an ihn herangetreten. Unter anderem, weil er öffentlich Kritik an den Nationalsozialisten übte, gehörten Ludwigs Publikationen bei den öffentlichen Bücherverbrennungen des Naziregimes im Jahr 1933 zur Auswahl der zu verbrennenden Werke. Sein Buch über Schliemann geriet in Deutschland bald in Vergessenheit.

Während Ludwig in der Biografie durchaus auch die fragwürdigen Eigenheiten seines Protagonisten beleuchtete und versuchte, die verschiedenen Facetten seines Charakters zu zeigen, wurde Schliemann etwa in dem Bestseller *Götter, Gräber und Gelehrte* von Wolfgang Ceram aus dem Jahre 1949 als Held stilisiert. Erst 1972, fast exakt einhundert Jahre nach seiner weltweit aufsehenerregenden Entdeckung des Schatzes, begann eine umfassende quellenkritische Diskussion. Der »Held« wurde nun unter anderem als »pathologischer Lügner« bezeichnet. Mit diesen recht harten Worten nahm eine erste kritische Schliemannforschung ihren Anfang, dank der wir es heute sehr viel besser verstehen, mit seinen schriftlichen Selbstzeugnissen umzugehen.

Schliemanns Nachlass ist gewaltig – neben seinen Publikationen, Tagebüchern und Geschäftsbüchern gehören dazu auch rund sechzigtausend Briefe. Nicht zu vergessen die vielen Sprachübungshefte, Urkunden oder simplen Merkzettel. Hinderlich für deren wissenschaftliche Auswertung war ein deutscher Gymnasiallehrer namens Ernst Meyer, der 1936 durch Andromache und Agamemnon Schliemann das Recht erhielt, sich als einziger Forscher mit dem Nachlass ihres Vaters beschäftigen zu dürfen. Um ein idealisiertes Bild Schliemanns zu zeichnen, publizierte er die Briefe sehr selektiv und sparte teils große Abschnitte aus. Zudem blockierte er jahrzehntelang anderen Wissenschaftlern den Zugang zu den Schriften. Auch dieser unglückliche Umstand trug letztendlich dazu bei, dass eine kritische Auseinandersetzung mit den Quellen erst so viel später einsetzen konnte. Heute wird der Großteil von Schliemanns Nachlass in der »Gennadius Library« der »American School of Classical Studies« in Athen bewahrt.

Ein weiteres für die Schliemannforschung bedeutendes Archiv liegt in Ankershagen. Außerdem befindet sich hier, direkt in seinem Elternhaus, das Heinrich-Schliemann-Museum. Die Dauerausstellung gewährt einen spannenden Einblick in die glanzvolle Aufstiegsgeschichte des armen Pastorensohnes zum weltberühmten Archäologen. Wenn der Besucher auf dem historischen Pfarrgelände steht, neben einer der ältesten Feldsteinkirchen Mecklenburg-Vorpommerns, wo sich bis heute das Grab von Schliemanns Mutter befindet, sowie dem Pfarrhaus mit dem Garten, in dem noch immer das »Silberschälchen« liegt – dann scheint die Zeit wie stehen geblieben.

Bei aller Kritik, bei aller Verteufelung seiner Person drückte selbst manch einer von Schliemanns größten Widersachern seine innere Gespaltenheit aus. So hielt Ernst Curtius trotz aller Vorbehalte gegenüber Schliemanns Taten auf dessen Gedächtnisfeier am 1. März 1891 im Roten Rathaus in Berlin eine Rede und sprach davon, dass dieser »nach und nach eine ganze Epoche alter Menschheitsgeschichte« entdeckt habe. Auch Adolf Furtwängler, ein ebenso scharfer Kritiker, gestand ein, dass Schliemann, ein »doch halb verrückter und confuser Mensch, der von der eigentlichen Bedeutung seiner Ausgrabungen keine Ahnung« gehabt habe, der Wissenschaft dennoch enorm genützt habe.

Bis heute ist Schliemann eine höchst umstrittene Figur. Doch gerade die Widersprüchlichkeit seines Charakters und die Leidenschaft seines Handelns machen ihn neben seinen archäologischen Entdeckungen und seinem überaus bewegten Leben zu einer Persönlichkeit, die selbst im 21. Jahrhundert nichts von ihrer Faszination verloren hat.

Literaturverzeichnis

Quellen

American School of Classical Studies at Athens, Gennadius Library Archives, Heinrich Schliemann Papers.

Bölke, W.: »Dein Name ist unsterblich für alle Zeiten«. Das Leben Heinrich Schliemanns im Briefwechsel mit seiner mecklenburgischen Familie, Duisburg 2015.

Erb, W. H.: Über die wachsende Nervosität unserer Zeit. Heidelberg 1893.

Hissarlik-Ilion. Protokoll der Verhandlungen zwischen Dr. Schliemann und Hauptmann Boetticher, 1.–6. Dezember 1889, Leipzig 1890.

Homer: Ilias. Übersetzt von Wolfgang Schadewaldt, Frankfurt am Main 1992.

Homer: Die Odyssee. Übersetzt von Wolfgang Schadewaldt, Stuttgart 2001.

Ibsen, H.: Peer Gynt. Ein dramatisches Gedicht. Aus dem Norwegischen übertragen von Hermann Stock, Stuttgart 1982.

Meyer, E.: Heinrich Schliemann. Briefwechsel 1: 1842 – 1875. Berlin 1953.

Meyer, E.: Heinrich Schliemann. Briefwechsel 2: 1876 – 1890 Berlin 1958.

Radowitz, J. M. v.: Aufzeichnungen und Erinnerungen aus dem Leben des Botschafters Joseph Maria von Radowitz, 1839 – 1912.

Schliemann, H.: Ilios. Stadt und Land der Trojaner. Forschungen und Entdeckungen in der Troas und Besonderes auf der Baustelle von Troja, Leipzig 1881.

Schliemann, H.: Ithaka, der Peloponnes und Troja. Archäologische Forschungen, Leipzig 1869.

Schliemann, H.: Reise durch China und Japan im Jahre 1865. Übersetzt von Franz Georg Brustgi, Konstanz 1984.

Schliemann, S.: Heinrich Schliemanns Selbstbiographie. Bis zu seinem Tode vervollständigt, Klagenfurt 2007.

Stoll, H. A.: Abenteuer meines Lebens. Heinrich Schliemann erzählt, Leipzig 1986.

Sekundärliteratur

Arentzen, W.: Schliemann, Heinrich. Without having seen the Queen: the 1846 European travel journal of Heinrich Schliemann, a transcription and annotated translation, Leiden 2012.

Arentzen, W., Asch, M. v. (Hrsg.): The women are more beautiful than any I have ever seen. Heinrich Schliemann's Travels Through Spain in 1859, Leiden 2018.

Bibby, G.: Faustkeil und Bronzeschwert. Frühzeitforschung in Nordeuropa. Ins Dt. übertr. von Arno Dohm, Hamburg 1957.

Calder III., W. M., Cobet, J. (Hrsg.), Heinrich Schliemann nach hundert Jahren, Frankfurt am Main 1990.

Cobet, J.: Heinrich Schliemann. Archäologe und Abenteurer, München 1997.

Coulmas, D.: Schliemann und Sophia. Eine Liebesgeschichte, München 2001.

Daum, A.: Wissenschaftspopularisierung im 19. Jahrhundert. Bürgerliche Kultur, naturwissenschaftliche Bildung und die deutsche Öffentlichkeit, 1848 – 1914, München 2002.

Duesterberg, S.: Popular Receptions of Archaeology. Fictional and Factual Texts in 19th and Early 20th Century Britain. Historische Lebenswelten in populären Wissenskulturen, Bd. 14., Bielefeld 2015.

Easton, D. F.: The Schliemann Papers, in: The Annual of the British School at Athens, 77 (1982), S. 93 – 110.

Flügge, M.: Heinrich Schliemanns Weg nach Troia. Die Geschichte eines Mythomanen, München 2003.

Gamer-Wallert, I. (Hrsg.): Troia. Brücke zwischen Orient und Okzident. Tübingen 1992.

Gehrke, H.-J.: Troia im kulturellen Gedächtnis, in: Zimmermann, M. (Hg.), Der Traum von Troia: Geschichte und Mythos einer ewigen Stadt, München 2006, S. 211 – 225.

Hahnemann, A., Oels, D. (Hrsg.): Sachbuch und populäres Wissen im 20. Jahrhundert, Frankfurt am Main 2008.

Heuck Allen, S.: Finding the Walls of Troy. Frank Calvert, Excavator, in: American Journal of Archaeology, Vol. 99, No. 3 (1995), S. 379 – 407.

Horst, K., Steinmann, B. F., Färber, V.: Mykene – die sagenhafte Welt des Agamemnon. Hrsg. v. Badischen Landesmuseum Karlsruhe, Karlsruhe 2018.

Hölscher, U.: Das nächste Fremde. Von Texten der griechischen Frühzeit und ihrem Reflex in der Moderne. Hrsg. von Joachim Latacz und Manfred Kraus, München 1994.

Kennell, S.: Schliemann and His Papers. A Tale from the Gennadeion Archives, in: Hesperia: The Journal of the American School of Classical Studies at Athens, Vol. 76, No. 4 (Oct. – Dec., 2007), S. 785 – 817.

Klein, C. (Hrsg.): Handbuch Biographie. Methoden, Traditionen, Theorien, Stuttgart 2009.

Kuspit, D.: A Mighty Metaphor. The Analogy of Archaeology and Psychoanalysis, in: Kuspit, D. (Hg.), Sigmund Freud and Art: His Personal Collection of Antiquities, London 1989, S. 133 – 151.

Lehrer, M., Turner, D., Schliemann, H.: The Making of an Homeric Archaeologist: Schliemann's Diary of 1868, in: The Annual of the British School at Athens, Vol. 84 (1989), S. 221 – 268.

Ludwig, E.: Schliemann. Geschichte eines Goldsuchers, Leipzig 1932.

Martin, T.: Iliou melathron. Der Traum von Troja als gebaute Wirklichkeit? Heinrich Schliemanns Stadthaus in Athen und die Inszenierung eines archäologischen Lebenswerks. Berliner Beiträge zur Vor- und Frühgeschichte, [N.F.] Band 22, Berlin 2019.

Niederland, W. G.: Analytische Studie über das Leben und Werk Heinrich Schliemanns, in: Psyche, 18, 1965, S. 563 – 590.

Osterhammel, J.: Die Verwandlung der Welt. Eine Geschichte des 19. Jahrhunderts, München 2009.

Rottloff, A.: Die berühmten Archäologen. Mainz 2009.

Rowland, I. D.: In Pompeji. Was Mozart, Twain und Renoir faszinierte, Darmstadt 2017.

Samida, S.: Die archäologische Entdeckung als Medienereignis. Heinrich Schliemann und seine Ausgrabungen im öffentlichen Diskurs, 1870 – 1890. Historische Kulturwissenschaften, Bd. 3, Münster / New York 2018.

Samida, S.: Heinrich Schliemann. Tübingen 2012.

Samida, S.: Schliemanns Erbe? Populäre Bilder von Archäologie in der Öffentlichkeit, in: Gehrke, H.-J., Senecheau, M. (Hrsg.): Geschichte, Archäologie, Öffentlichkeit. Für einen Dialog zwischen Wissenschaft und Medien, Bielefeld 2010, S. 31 – 48.

Sösemann, B.: Olympia als publizistisches National-Denkmal. Ein Beitrag zur Praxis und Methode der Wissenschaftspopularisierung im Teutschen Kaiserreich, in: Helmut Kyrieleis (Hrsg.), Olympia 1857 – 2000: 125 Jahre Ausgrabungen. Internationales Symposion, Berlin 9.–11. November 2000, Mainz 2002.

Stoll, H. A.: Der Traum von Troja. Lebensroman Heinrich Schliemanns, Rostock 2002.

Stone, I.: Der griechische Schatz. Das Leben von Sophia und Heinrich Schliemann, New York 1975.

Traill, D. A.: Schliemann of Troy. Treasure and Deceit, London 1995.

Traill, D. A.: Schliemanns Discovery of »Priams Treasure«. A Re-examination of the Evidence, in: Journal of Hellenic Studies, civ (1984), S. 96 – 115.

Veit, U.: Mehr als eine Wissenschaft des Spatens – Troia und die Geburt der modernen Archäologie, in: Korfmann, M. O. (Hrsg.), Troia. Archäologie eines Siedlungshügels und seiner Landschaft, Mainz 2006, S. 123 – 130.

Verbovsek, A., Backes, B., Jones, C. (Hrsg.): Methodik und Didaktik in der Ägyptologie. Herausforderungen eines kulturwissenschaftlichen Paradigmenwechsels in den Altertumswissenschaften, in: Ägyptologie und Kulturwissenschaft, hg. v. Assmann, J., Roeder, H., Bd. IV, München 2011.

Villing, A., Lesley Fitton, J., u. a. (Hrsg.): Troia. Mythos und Wirklichkeit, Darmstadt 2020.

Witte, R.: Schliemann einmal heiter betrachtet. Der Erforscher Troias und Mykenes in der satirischen Zeitschrift Kladderadatsch und in humorvollen Beiträgen. Mitteilungen des Heinrich-Schliemann-Museums Ankershagen 8, Ankershagen 2004.

Zavadil, M.: Ein trojanischer Federkrieg. Die Auseinandersetzung zwischen Ernst Boetticher und Heinrich Schliemann, Wien 2009.

Abbildungsnachweis

Karten S. 9 u. S 84/85 sowie Grafik S. 280 © Peter Palm

Abbildungen: S. 15 © Universitätsarchiv Rostock 08.03.5, Photo-Eschenburg-Archiv 00062; S. 21 © bpk; S. 45 © American School of Classical Studies at Athens, Archives, Heinrich Schliemann Papers; S. 61 © Heritage Images / Historisk Bildbyrå / Mustang media / akg-images; S. 63 Heinrich Schliemann Museum Ankershagen; S. 66 © American School of Classical Studies at Athens, Archives, Heinrich Schliemann Papers; S. 67 Heinrich Schliemann Museum Ankershagen; S. 71 © American School of Classical Studies at Athens, Archives, Heinrich Schliemann Papers; S. 75 Heinrich Schliemann Museum Ankershagen; S. 89 Heinrich Schliemann Museum Ankershagen; S. 137 © bpk; S. 149 wikimedia commons; S. 152 © akg-images; S. 159 © Volgi archive / Alamy Stock Foto; S. 176 © akg-images, S. 178 © akg-images, S. 203 © akg-images; S. 205 © akg-images; S. 211 © Staatliche Museen zu Berlin, Museum für Vor- und Frühgeschichte, DP 0042293; S. 215 https://digi.ub.uni-heidelberg.de/diglit/kla; S. 225 © Art World / Alamy Stock Foto; S. 227 © American School of Classical Studies at Athens, Archives, Heinrich Schliemann Papers; S. 229 links © akg.images, rechts © American School of Classical Studies at Athens, Archives, Heinrich Schliemann Papers; S. 238 wikimedia commons; S. 263 © American School of Classical Studies at Athens, Archives, Heinrich Schliemann Papers; S. 269 © bpk, DAI; S. 274 © Bettmann Archive / Bettmann